Friedrich Kümmel

Spricht die Natur?

Zum Verhältnis von Mensch und Natur im Spätwerk von Otto Friedrich Bollnow

Der Verfasser

Prof. Dr. Friedrich Kümmel, geb. 1933, war in der Lehrerbildung an den Pädagogischen Hochschulen Reutlingen und Ludwigsburg tätig und nahm seine venia legendi im Fach Philosophie an der Universität Tübingen bis 2015 wahr. Seit seiner Zurruhesetzung (1998) arbeitet er an Studien zur Logik der Disjunktion, die, im Unterschied zur Logik entscheidbarer Alternativen, auch dem nicht mehr vermittelbaren Widerspruch, der damit verbundenen Aporetik bzw. Dilemmatik und den Unterschieden zwischen der „wahren" bzw. „wirklichen" und einer „scheinbaren" bzw. „verkehrten" Welt Rechnung trägt. Absolute Kategorien wie Sein bzw. Existenz, Selbstsein und Freiheit werden so allererst angemessen behandelbar.

FRIEDRICH KÜMMEL

SPRICHT DIE NATUR?

Zum Verhältnis von Mensch und Natur im Spätwerk von Otto Friedrich Bollnow

VARDAN VERLAG HECHINGEN

Bibliographische Information Der Deutschen Nationalbibliothek

Die Deutsche Nationalbibliothek verzeichnet diese Publikation in der Deutschen Nationalbibliographie; detaillierte bibliographische Daten sind im Internet über http://dnb.ddb.de abrufbar.

ISBN-13: 978-3-941060-11-1

Gedruckt auf alterungsbeständigem Papier
Druck und Bindung:
Vereinigte Druckereibetriebe Laupp & Göbel, D-72810 Gomaringen

2. Auflage 2020

Besuchen Sie uns im Internet:
www.vardan-verlag.de
www.friedrich-kuemmel.de

INHALT

Vorbemerkung

Bei den folgenden Vorträgen handelt es sich um Gesprächseinleitungen für ein Gedenksymposium zum Tode Otto Friedrich Bollnows, das auf Einladung von Professor Dr. Kyu Ho Rhee im Rahmen der Tan Gye Academy Seoul vom 5. und 6. September 1994 im Seoul Educational and Cultural Center stattgefunden hat.*

Der Diskussion wurden folgende Arbeiten aus den zehn letzten Lebensjahren Otto Friedrich Bollnows zugrundegelegt:

– *Bemerkungen über das evozierende Sprechen in der Logik von Georg Misch.*
  In: Josef Derbolav, Clemens Menze, Friedhelm Nicolin (Hrsg.), Sinn und Geschichtlichkeit. Werk und Wirkungen Theodor Litts. Verlag Klett-Cotta Stuttgart 1980, S. 61-77.

– *Versuch über das Beschreiben.*
  In: Hommage à Richard Thieberger. Publications de la Faculté des Lettres et Sciences Humaines de Nice N° 37-1ère série. Études allemandes et autrichiennes, Les Belles Lettres Paris 1989, p. 57-75 (abgekürzt mit VüBeschr).

---

*Die zweisprachige Ausgabe (deutsch-koreanisch), übersetzt von Prof. Dr. Shin-Hann Choi, ist 1995 im TAP Verlag Seoul/Korea erschienen.
Die japanische Übersetzung von Prof. Yuko Nakano wurde 2013 im Hokuju Verlag Tokio/Japan veröffentlicht.

- *Mensch und Natur.*
  Im August 1990 abgeschlossenes nachgelassenes Manuskript, von 44 Seiten (abgekürzt mit MuN).

- *Der Mensch und die Natur als pädagogisches Problem.*
  In: Natur in den Geisteswissenschaften I. Erstes Blaubeurer Symposion vom 23. bis 26. September 1987, hrsg. von Richard Brinkmann, Attempto Verlag Tübingen 1988, S. 75-88.

- *Über den Begriff der ästhetischen Wirkung bei Josef König.*
  in: Dilthey-Jahrbuch für Philosophie und Geschichte der Geisteswissenschaften Band 7/1990-91, hrsg. von Frithjof Rodi, Verlag Vandenhoeck & Ruprecht in Göttingen 1991, S.13-43.

- *Zu einem Zen-buddhistischen Spruch.*
  In: Otto Friedrich Bollnow, Zwischen Philosophie und Pädagogik. Vorträge und Aufsätze. Norbert Friedrich Weitz Verlag Aachen 1988, S. 63-67.

Auf folgende weitere Arbeiten wird ergänzend hingewiesen:

- *Studien zur Hermeneutik II: Zur hermeneutischen Logik von Georg Misch und Hans Lipps.* Verlag Karl Alber Freiburg/München 1983.

- *Die Stadt, das Grün und der Mensch.*
  Eröffnungsvortrag auf dem International Green Forum „Cultural Approaches to the Greening of the Urban Environment“ am 9. Mai 1986 in Senri (Osaka). In: Otto Friedrich Bollnow, Zwischen Philosophie und Pädagogik. Vorträge und Aufsätze. Norbert Friedrich Weitz Verlag Aachen 1988, S. 44-62 (engl. Cities, Greenery and Human Being, in: International Green Forum Report (1986), p. 9-17).

Einleitung

Zum Verhältnis von Mensch und Natur sollen einleitend einige grundsätzliche Fragen und Überlegungen vorweggestellt werden:

1. Zugestanden wird allgemein, daß der Mensch ohne seine natürlichen Existenzgrundlagen auf der Erde nicht leben kann. Er findet hier natürliche und materielle Lebensbedingungen vor, die er sich nicht selber schaffen kann und auf deren Vorgabe durch die Erdnatur er insofern notwendig angewiesen ist. Der globale Naturtod – wenn es einen solchen geben kann – würde zwangsläufig auch zur Auslöschung menschlichen Lebens auf der Erde führen. Um im Bilde zu reden: In der gegenwärtigen Zerstörung der natürlichen Lebensgrundlagen sägt der Mensch sich den Ast ab, auf dem er selber sitzt, ohne ihn, wenn er einmal abgesägt ist, wieder anfügen zu können. Erst in diesem zweiten Können wäre er auch ein Meister der Natur.

2. Aber auch wenn zugestanden wird, daß der Mensch *insofern* Teil der Natur ist, ist lebenspraktisch und philosophisch noch nicht beantwortet, in welchem Sinne dieses Teil-der-Natur-Sein zu verstehen ist. Bis hin zur modernen philosophischen Anthropologie definierte der Mensch sich selber natur*unabhängig,* ja *gegen* die Natur. Aristoteles Bestimmung des Menschen als eines ζῷον λόγον ἔχον (animal rationale) macht darin eine rühmliche Ausnahme. In der additiv klingenden Formel „Tier plus Vernunfthabe" wurde später ein möglicher anthropologischer Dualismus vermutet und kritisiert, andererseits aber auch, verstärkt durch den Darwinismus, die Gefahr einer biologistischen Reduktion auf das bloße „animal" (den „nackten

Affen") gesehen. Um beiden Tendenzen gleichermaßen entgegenzuwirken, bemüht sich die moderne philosophische Anthropologie um den Nachweis einer Sonderstellung des Menschen im Reich des Lebendigen. Arnold Gehlen[1] unternimmt es im Anschluß an Herders These vom „Mängelwesen", die menschliche Lebensform im ganzen von der „Selbsttätigkeit" her zu bestimmen, und auch Helmuth Plessner[2] bezieht sich in seinem ersten anthropologischen Grundgesetz der „natürlichen Künstlichkeit" auf Herder, der schreibt: „Denn die Natur des Menschen ist Kunst. Alles, wozu eine Anlage in seinem Dasein ist, kann und muß mit der Zeit Kunst werden."[3] Selbst in der Anthropologie der Leiblichkeit wird bis hin zu Maurice Merleau-Ponty der Charakter des Selbstentwurfs betont, in dem der Mensch sich als Subjekt durch den Leib hindurch (à travers son corps) intentional auf Welt bezieht.[4] Für die europäische Tradition jedenfalls gilt somit durchgängig, daß der Mensch sich nicht von der Natur her verstand und sein soziales und kulturelles Selbstverständnis auch nur in sehr eingeschränktem Maße an dieser auszurichten und zu normieren versuchte. Ausnahmen machen z. B. einige Indianerkulturen, die im Ver-

---

[1] Arnold Gehlen, Der Mensch. Seine Natur und seine Stellung in der Welt (1940), 10. Aufl., Athenaion Verlag Frankfurt a. M. 1974.

[2] Helmuth Plessner, Die Stufen des Organischen und der Mensch. Verlag Walter de Gruyter Berlin 1928, S. 309 ff.

[3] Johann Gottfried Herder, Lehrsätze über den Charakter der Menschheit, in: Briefe zur Beförderung der Humanität. 2. Sammlung , 25. Brief, Lehrsatz Nr. 11. Werke in 10 Bänden, Deutscher Klassiker Verlag Frankfurt a. M. 1991, Bd. 7, S. 126.

[4] Vgl. Willi Maier, Das Problem der Leiblichkeit bei Jean-Paul Sartre und Maurice Merleau-Ponty. Dissertation Tübingen 1963. Max Niemeyer Verlag Tübingen; Herbert Plügge, Wohlbefinden und Mißbefinden. Beiträge zu einer medizinischen Anthropologie. Max Niemeyer Verlag Tübingen 1962.

hältnis zur Natur eine ganz andere Einstellung und Einsicht bewiesen.

3. Wie und in welchem Sinne kann dann aber noch von *natürlichen* Bedingungen des Menschseins selbst als solchen gesprochen werden? Traditionell ist der Mensch durch Geist, Sprachbesitz und Kultur definiert worden. Diese Definitionen haben ihre Berechtigung, und ihnen zufolge kann der Mensch *als* Mensch *nicht* unter die Kategorie „Naturwesen“ fallen. Gleichzeitig zeigt jedoch die Erfahrung, daß der Mensch ohne ein positives, akzeptierendes Verhältnis zur Natur nicht menschlich und nicht frei sein und auf die Dauer bleiben kann. Es *zeigt* sich, entgegen der Selbstdefinition, daß es nicht nur soziale, kulturelle und ethische, sondern auch *natürliche* Grundlagen und Bedingungen der *Menschlichkeit des Menschen* und *natürliche* Bedingungen seiner *Freiheit* und seines *Freibleibenkönnens* gibt und geben muß.

Es ist naheliegend, diese natürlichen Menschlichkeits- und Freiheitsbedingungen in den Bedingungen *menschlicher Leiblichkeit* aufzusuchen und von daher zu interpretieren. Der menschliche Leib *ist* „Mensch“ und „Freiheit“, aber *auch* „Natur“ und erlaubt grundsätzlich keine Trennung dieser Sphären. Schon ein flüchtiger Blick auf die im 18. Jahrhundert proklamierten und in die modernen Verfassungen eingegangenen Menschenrechte zeigt, wie eng Leib- und Freiheitsbedingungen hier in der Tat miteinander verbunden sind.

Aber auch noch unter einem anderen Aspekt erweist sich der Zusammenhang von Mensch und Natur als unhintergehbar. Zwar erwies sich die bereits in der griechischen Mythologie vorgezeichnete Herauslösung des Menschen aus der Naturbindung und Naturverfallenheit als eine notwendige Aufgabe der

Menschheit und des Einzelnen, vor allem im Blick auf dessen Individuation.[5] Aber gleichwohl kann der Sinn dieser notwendigen *Herauslösung* nicht in einer *Trennung* der menschlichen Existenz vom natürlichen Mutterboden seines Daseins und zugespitzt in einer *Opposition* gegen alles Natürliche liegen. Wenn der Mensch in einem wesentlichen Sinne und nicht eben nur physisch bzw. biologisch Teil der Natur ist, muß alles, was sich gegen die Natur richtet, sich auch gegen den Menschen selber richten. Die Art und Weise, wie mit der Natur umgegangen und wie sie unterworfen wird, kehrt zwangsläufig in den Formen wieder, in denen Menschen sich selbst behandeln und beherrschen. Daß Naturunterwerfung und Menschenbeherrschung ein und dasselbe Phänomen ist, zeigt sich in der Erziehung des Kindes und drastischer noch in der Behandlung des menschlichen Leibes. Verletzung des Kindes und des Leibes ist einerseits Naturverletzung, andererseits und ineins damit aber auch Verletzung des Menschen in seiner Würde, und umgekehrt.

4. Die kulturanthropologische These: daß der Mensch von vornherein ein Kulturwesen sei und vermöge seiner „Kunst" (τέχνη) bzw. der „Technik" im modernen Sinne des Worts nicht nur seine Welt produziere, sondern ineins damit auch sich selbst herstelle, scheint es auf den ersten Blick nicht mehr zuzulassen, sich in der Konstitution menschlicher Wirklichkeit und im eigenen Selbstverständnis auf „Natur" zu berufen. Diese ist aber bei näherem Zusehen nur scheinbar ausgeschlossen. Formeln wie „der Mensch ist *von Natur aus* ein *kulturelles* Wesen" klingen nicht nur paradox, sondern sind durchaus zweiseitig zu lesen und

---

[5] Vgl. Nietzsches Nachzeichnung des Verhältnisses des Apollinischen zum Dionysischen in „Die Geburt der Tragödie aus dem Geist der Musik".

lassen sich grundsätzlich nicht im Sinne einer einfachen Alternative auflösen. Allzu oft hat man aus ihnen jedoch einen Gegensatz herausgelesen und die Aufgabe, sie in ihrer Doppelsinnigkeit tiefer aufzufassen, weder begrifflich-strukturell noch existentiell eingelöst.

Der Mensch ist in der Tat, was er aus sich macht. Wenn dieser Gedanke der Selbstherstellung des Menschen durch „Kunst" (τέχνη) sein unbestreitbares Recht hat, macht es keinen Sinn, vor dieser Einsicht wiederum zurückzuweichen und sich auf eine „Natur" zu berufen, die in keinem Verhältnis zum „Machen" bzw. zur „Kunst" und „Technik" steht. Die griechische Alternativbildung von φύσις und τέχνη scheint auf den ersten Blick eine solche Entgegensetzung nahezulegen, und sie ist in der Folge ja auch oft genug so verstanden worden. Wenn aber *die Natur selbst,* wie Herder und mit ihm die moderne Anthropologie sagt, den Menschen auf den *Weg der „Kunst"* (τέχνη) führt – und das heißt *zunächst* durchaus *auch:* weg von der Natur – so muß doch die andere Seite desselben Gedankens ebenso mitbedacht werden, *daß dann nämlich „Kunst", und sie allein, den Menschen wiederum zur Natur zurückführen kann.*

Am Beispiel des Haiku-Dichters Basho wird deutlich, daß seine Aufforderung, „das Wesen des Bambus vom Bambus zu lernen", den *Weg der Kunst* (do) bezeichnet und keineswegs eine Aufforderung darstellt, an dieser vorbei ein unmittelbares „Zurück zur Natur" anzustreben. Die falsche Alternative von Kunst oder Natur ist hier vielmehr radikal durchbrochen und ein Verhältnis beider hergestellt worden, in dem die „Kunst" nicht mehr im Gegensatz zur „Natur" steht. Die Lehre des Zen ist illusionslos hart: *Es gibt für den Menschen keine Natürlichkeit, es sei denn er erreiche sie mit höchster Kunst.* Wo der unmittelbare Weg „Zurück zur Natur" versperrt ist, kann Natur nur noch auf dem „Weg der

Kunst“ erreicht werden. In diesem Sinne resümiert Ueda den Sinn von Bashos Ausspruch so: „Die Kunst ist der Weg (do), der uns zur Einfachheit der Natur zurückführt und uns von daher frei macht für das Selbst, für das Spiel des Doppelselbst“ in seiner „Doppelwelt“.[6] Ein „Weg der Kunst“ schlechthin ist notwendig, um das verkehrte Verhältnis des Menschen zur Natur wiederum zurechtzurücken und den Menschen in ein Ursprungsverhältnis zurückzuführen, aus dem wahre Natürlichkeit und höchste Kunst gleichermaßen entspringen.

Um diesen *zweiseitigen,* sich ineins nach beiden Seiten hin auslegenden Vorgang ins Auge fassen zu können, darf man nicht in der logischen Alternative befangen bleiben, in der „Natur und Kunst sich gegenseitig fliehen“. Man muß schon die *paradox-logische* Verbindung von Natur und/oder Kunst ins Auge fassen, in der das „und“ ebenso wie das „oder“ in einem „weder-noch“ gründlich negiert und gleichzeitig affirmiert worden ist. Die in Herders paradox klingender Formel angemahnte Zusammengehörigkeit von Natur und Kunst wird in der Doppelbrechung von *Natur: Kunst* und *Kunst: Natur* zur Klimax ihrer beiderseitigen Möglichkeiten gebracht. Die Entgegensetzung ist nötig, man darf in ihr aber auch nicht hängenbleiben, wenn zugleich begriffen werden soll, daß der Weg des Menschen durch und durch künstlich ist und eben dadurch allererst ein Durchbruch zur Natur erzielt werden kann – zu einer Natur, die nur durch eine radikale Entfremdungserfahrung hindurch überhaupt erreichbar wird.

Im Abendland sind es vor allem Platon und Hegel, die, wenngleich verrätselt in den Mythos und verschlüsselt im

---

[6] Vgl. Shizuteru Ueda, Der Ort des Menschen im No-Spiel, in: Eranos Jahrbuch 1987, Insel Verlag Frankfurt a. M., S. 69-103.

Systembegriff, auf diesen äußersten Punkt einer paradoxlogischen Koinzidenz des Gegensätzlichen hingewiesen haben. Hegels Begriff der sich selbst negierenden Negation bestimmt die absolute Negativität als ein solches Durchbrochenseins in sich, und Platon redet vom absoluten Widerspruch als einer Erschütterung im Grunde und einem befreienden Gegenstoß in sich.[7] Nur auf diesem Grund des Durchbrochenseins-in-sich, der kein Grund im Sinne eines festen Bodens ist, wird *Einheit des Verschiedenen* denkbar und *Einfachheit in der Beziehung* möglich. Das heißt aber, daß es zum Ganzen dessen, was ist, *keine Alternative gibt* und vielmehr nur eine Transformation seiner „Form" möglich und geboten ist.

5. Wenn richtig ist, daß der Mensch nicht *ohne* und nicht *gegen* die Natur menschlich und frei sein und bleiben kann, verlangt dies, „Natur" in die Selbstbestimmungsfähigkeit des Menschen und damit auch in seine Selbstdefinition einzubeziehen. Doch wie ist das ohne Überhöhung des Naturbegriffs und ohne Beschneidung des Freiheitsanspruches möglich und begrifflich bzw. kategorial zu leisten? „Selbstbestimmung" verträgt sich nicht damit, in die Natur so wie ein bloßes Naturwesen, z. B. ein Tier, *eingebunden* zu sein. Ihr letztes Wort kann aber auch nicht sein,

---

7 Für Hegel ist, wie für Platon (vgl. insbes. den Dialog Timaios 52 d - 53 c), der *bleibende* Widerspruch die Wurzel aller Bewegung und Lebendigkeit: „Denn die Identität ihm (scil. dem Widerspruch) gegenüber ist nur die Bestimmung des einfachen Unmittelbaren, des toten Seins; er aber ist die Wurzel aller Bewegung und Lebendigkeit; nur insofern etwas in sich selbst einen Widerspruch hat, bewegt es sich, hat Trieb und Tätigkeit", Wissenschaft der Logik, Erster Teil. Gesammelte Werke, Hamburg 1968 ff., Bd. 11, S. 296). Vgl. dazu Kim, Ock-Kyoung, Bewegung und Reflexion. Eine Untersuchung zur Hegelschen Wesenslogik, Dissertation Tübingen 1994 und mein Buch über Platon und Hegel zur ontologischen Begründung des Zirkels in der Erkenntnis, Max Niemeyer Verlag Tübingen 1968.

sich in einen Gegensatz zur Natur zu setzen. In welchem Sinne aber kann Natur selber Grund der Freiheit sein und d. h. wie kann freies Handeln, ohne in Widerspruch mit sich selbst zu kommen, sich in die Natur *einlassen* und eben dadurch allererst frei werden und bleiben?

Für die Annahme natürlicher Freiheitsbedingungen und den Gedanken einer „Naturfreiheit" fehlt bisher der hinreichende Begriff. Bei Kant schließen „Natur" und „Freiheit" sich gegenseitig aus, auch wenn im Interesse ethisch-allgemeiner Geltung „Freiheit" und „Gesetz" wiederum zusammenstimmen müssen und eine Analogie von Freiheitsgesetz und Naturgesetz gedacht werden kann. Unter dem Leitbegriff des Ästhetischen zeichnet sich darüberhinaus ein freies, d. h. nicht unter Regeln fallendes Zusammenspiel zwischen natürlichen Bedingungen und freischöpferischen Möglichkeiten in den menschlichen Seelenkräften ab.

Der sich hier abzeichnende Gedanke einer möglichen „Naturfreiheit" wird in der romantischen Naturphilosophie erneut aufgenommen und im Sinne eines wechselseitigen, *„solidären Verbandes des Menschen mit der Natur"*[8] weitergedacht. Im Sinne einer solchen solidarischen Verbundenheit weist schon die Genesis auf das Hineingezogenwerden der Natur in den „Fall" des Menschen hin (vgl. Gen. 3, 14-19), und entsprechend redet Paulus im Römerbrief von einer Miterlösung und dem Freiwerden der leidenden und ängstlich harrenden Kreatur zusammen mit den Söhnen Gottes (vgl. Römer 8, 19-22). Wenn aber Fall wie Erlösung des Menschen die Natur wesentlich mitbetrifft, heißt das, daß beide *durcheinander* in der Bindung sind

---

[8] Franz von Baader, Sämtliche Werke, hrsg. von Franz Hoffmann u. a. Leipzig 1851-1869, Bd. VII, S. 275 u. ö.

und beide *miteinander* frei werden. *Freiheit des Menschen in Verbindung mit Naturfreiheit* ist aber nicht möglich, solange der Mensch sich von diesem *solidären Verband* mit der Natur lossagt und von außen her gewaltsam über diese zu herrschen sucht. In diesem Sinne polemisiert Franz von Baader gegen die neuzeitliche, „grundschlechte Ansicht dieser Natur als einer todten, stockdummen Maschine" (S. W. XV, 356) und möchte mit Jakob Böhme an einer Naturansicht festhalten, in der die Natur für den Menschen wiederum eine ethisch-religiöse Bedeutung annimmt und mit „Andacht" und „Respekt" behandelt wird. Wird die Natur zur „Maschine" gemacht, so wird zwangsläufig auch der Mensch zu einer solchen herabgewürdigt, und umgekehrt. Auch in der Verkehrung bleibt somit die durchgängige Entsprechung erhalten, die Franz von Baader so ausdrückt: „Wie der Mensch mit Gott steht, so steht er mit sich, mit anderen Menschen, mit seiner und der übrigen Natur. Ist er mit Gott gespannt, so ist er es mit sich, mit Andern, mit der Natur. ... Heimlich oder offenbar regt sich in ihm die Lust zum Gottesmord, zum Selbstmord, zum Mord Anderer und der Natur" (S. W. XV, S. 469 f.). Damit der Mensch aus dieser „intellektuellen Verwirrung" und „Verwilderung"[9] wieder herausfindet, bedarf es einer zwar notwendig von ihm ausgehenden, dann aber beiderseitig werdenden Reunion, in der die Natur ihrerseits eine soteriologische, heilende Funktion für den Menschen gewinnt. Mit Herder kann v. Baader dafür den Symbolgedanken „Erde" bzw. „Mutter Erde" einsetzen[10] und in bezug auf diese nicht nur von einer „Wohnstatt" reden, sondern den alchimistischen Gedanken einer

---

[9] Franz von Baader bezieht sich dabei auf Louis Claude de Saint-Martin, Der Dienst des Geist-Menschen, München 1845.

[10] Vgl. Herders „Ideen zur Philosophie und Geschichte der Menschheit".

„großen Werkstätte“ für die Transmutation der Natur und der Materie selber geltend machen. Der Begriff „Kultur“ erlaubt in diesem Zusammenhang den Rückgriff auf die alte Bedeutung cultura = „Pflege der Natur“ und wird nicht mehr in einen Gegensatz zu dieser gestellt. Die Quintessenz dieses Gedankens liegt darin, daß Vollendung dem Menschen nur möglich ist, wenn er sich nicht an der Natur vergeht. Wahre Freiheit des Menschen ist notwendig mit Naturfreiheit verbunden und wahre Erkenntnis an eine Naturerkenntnis geknüpft, die auch für eine organische und metaphysische Betrachtung der Natur Raum läßt. Letztlich geht es um die Einsicht, daß „Ethik“ und „Physik“ denselben universellen Lebensgesetzen folgen und als zwei Seiten von ein und derselben Sache untrennbar miteinander verbunden sind.

6. Die *logische* Möglichkeit einer solchen Verbindung ist erst noch herauszuarbeiten. Es ist zu zeigen, *welcher Logik* der Begriff einer *natürlich* fundierten *Selbst*bestimmung und Menschlichkeit des Menschen folgt und genügen muß. Hinweise darauf gibt der aristotelische Begriff der φύσις als *Selbstbewegung im und aus dem eigenen Ort,* den Platon zuvor schon seinem Seelen- und Weltbegriff zugrundegelegt hatte. Die Brücke zur Vernunft schlägt der platonische und aristotelische Begriff des „Maßes“. Im Blick auf die Vernunftphilosophie der Neuzeit kann die Aufgabe so umschrieben werden: Kann der Begriff der *Vernunft* (qua Selbstbestimmung oder Selbstgesetzgebung) so gefaßt werden, daß „Natur“ in die vernünftige Selbstbestimmung *einbegriffen* und nicht ihr *entgegengesetzt* bzw. von ihr *ausgeschlossen* ist? Hegel leistet in seiner „Wesenslogik“ (Wissenschaft der Logik, II. Teil) einen Beitrag dazu, wie der Begriff einer Selbst-Natur unter dem Aspekt der Selbst-Bewegung kategorial bestimmt werden

kann. Und am Schluß des III. Teils der „Wissenschaft der Logik" heißt es, daß der „Begriff" bzw. die absolute „Idee" als absolut freies Setzen sich entschließt, sich als Natur frei aus sich zu entlassen.[11] Damit ist bedeutet, daß das Verhältnis von Mensch und Natur nicht, wie in der europäischen Neuzeit, am *niedersten* Punkt festgemacht werden darf, sondern vielmehr *an der höchsten Stelle* verankert werden muß und das Selbstverständnis des Menschen im ganzen zentral betrifft.

In gleicher Weise wäre zu fragen nach dem Begriff der „Selbst-Natur" im taoistischen und zenbuddhistischen Denken und nach seiner logischen Struktur. Die japanische Sprache leistet dazu vorab einen Beitrag, wenn sie in ein und demselben Wortstamm *shi- (dzi-)* „Natur" *(shi-zen* bzw. *dzi-nen)*, „Freiheit" *(dzi-yu)* und „Selbst" (*dzi* als die Nase, auf die zeigend „ich selbst" mich bekunde) zu verbinden weiß.[12] Das zunächst nur adverbial gebrauchte *dzinen-ni* bedeutet „so sein, wie es von (sich) selbst her ist", wobei das „wie" der vielen Seienden im Sinne der *tathata* (der So-wie-dies-heit bzw. So-heit) auch die Seinswahrheit des Menschen selbst zum Ausdruck bringt.[13] Die auf dem Grund des Nichts *(sunyata)* gegebene große Indifferenz meint zugleich die

---

11 „Indem die Idee sich nämlich als absolute *Einheit* des reinen Begriffs und seiner Realität setzt, somit in die Unmittelbarkeit des *Seins* zusammennimmt, so ist sie als die *Totalität* in dieser Form – *Natur.* Diese Bestimmung ist aber nicht ein *Gewordensein* und *Übergang,* wie, nach oben, der subjektive Begriff in seiner Totalität zur *Objektivität,* auch der *subjektive Zweck* zum *Leben wird.* ... Das Übergehen ist also hier vielmehr so zu fassen, daß die Idee sich selbst *frei entläßt,* ihrer absolut sicher und in sich ruhend", Wissenschaft der Logik Dritter Teil, Schlußpartie (vgl. auch Hegels Enzyklopädie § 244).

12 Diese Hinweise verdanke ich Herrn Professor Takashi Morita, Hirakata-shi, Osaka-fu, Japan.

13 Vgl. dazu Shizuteru Ueda, Die zen-buddhistische Erfahrung des Wahr-Schönen, in: Eranos-Jahrbuch 1884, Insel Verlag Frankfurt a. M. 1986, S. 197-240.

durchgängige Negation und die durchgängige Affirmation der vielen Seienden und verbindet im Existenz-Ereignis das existentiell Eigene mit dem objektiv Sachlichen. Nur in diesem Zusammenklang der vielen Seienden öffnet sich der Raum der Artikulation. Basho bestimmt diese Zusammengehörigkeit so: „Wir müssen das Wesen des Bambus vom Bambus, das Wesen der Kiefer von der Kiefer lernen. Das ist der Weg der Kunst.“[14] Die Selbst-Natur legt sich in der Selbstlosigkeit aus und umgekehrt. Es ist deutlich, daß nur eine paradoxe Denkfigur diesem Durchbrochensein-in-sich zur Einfachheit des „So ist es!“ gerecht werden kann – einer Einfachheit im *Resultat,* würde Hegel sagen, in der auch die Negation noch einmal negiert worden ist. Nishida zeichnet in seiner „Logik des Orts“ für eine derartige Durchbruchserfahrung den begrifflichen Rahmen ab und erklärt das Metaphysische als die allerwirklichste Wirklichkeit diesseits und inmitten der erfahrenden Erfahrung. Die Struktur und Logik der Alternativen ist darin nicht überhaupt aufgehoben, aber entgegen ihrem trennenden Gebrauch nun durch eine Doppelseitigkeit und Doppelperspektivität definiert.[15]

7. Wenn derartige, sich durchaus mit Erfahrung verbindende Aussagen nicht lediglich unverbindliche metaphysische Thesen sind – und damit abgetan werden können – sondern als eine Implikation und notwendige Konsequenz der *Denkweise und Begriffsform selbst* verstanden werden müssen, stellt sich die Frage nach dem Verhältnis von Mensch und Natur als ein *genuin philosophisches* Problem, das als solches behandelt werden will und nur

---

[14] Vgl. dazu Shizuteru Ueda, a. a. O., S. 227.

[15] Vgl. dazu Shizuteru Ueda, Der Ort des Menschen im No-Spiel. Eranos-Jahrbuch 1987, Insel Verlag Frankfurt a. M., S. 69-103.

so auch seine Klarheit und Unwiderleglichkeit gewinnt. Alle über das Verhältnis von Mensch und Natur aufgestellten Thesen bleiben ohne diese philosophische Durchdringung und logisch-strukturelle Abklärung bestenfalls hypothetische Imperative im Sinne Kants und können weder eine theoretische noch eine ethische Verbindlichkeit gewinnen. Anders gesagt geht es darum, wie ein der Natur verbundenes Denken philosophisch so unabdingbar gemacht werden kann, daß es eben dadurch unabweisbar verpflichtend wird. Dies ist nicht zu erreichen über andere Werte und eine neue Ethik, so unverzichtbar diese in anderer Hinsicht auch sind. Aber auch das bloß faktische Argument, daß der Mensch ja „ohne die Natur nicht leben kann" und dabei ist, „sich den Ast abzusägen, auf dem er selber sitzt", kann, so trivial richtig dies ist, eine solche Verbindlichkeit offensichtlich nicht schaffen, solange der Mensch nicht in bezug auf sich selber radikal umzudenken gelernt hat.

Was wir hier und heute zu untersuchen haben ist die Frage, wieweit und in welchem Sinne ein hermeneutisches Philosophieren im Sinne Otto Friedrich Bollnows einen Beitrag zur Klärung der angesprochenen Probleme leisten kann.

1 Die Natur als Grenze des Verstehens

Die erste These stellt den Ausgangspunkt von Bollnows Überlegungen dar:

1. These: *Das Verhältnis von Mensch und Natur bezeichnet eine Grenze des Verstehens und der Hermeneutik, und es stellt sich die Frage, in welchem Sinne diese Grenze zu verstehen ist.*

1.1 Die existentielle und wissenschaftliche Entfremdungserfahrung führt zu einer Sinnkrise der Gegenwart

Hintergrund und Kontrastfolie der Lebensphilosophie ist die existentielle und wissenschaftliche Entfremdungserfahrung des 19. Jahrhunderts. Spürbar wird ein Leiden am Beziehungsverlust, ineins zu sich selbst und zur Natur, begleitet von einem Verlust des Gefühls der Wirklichkeit. Die Kultur zerfällt in einzelne Sektoren, die sich nicht mehr in eine überzeugende „Kultureinheit" integrieren lassen und nur noch im Sinne einer Typologie geistiger Strebungen den verschiedenen Persönlichkeiten zugeordnet werden können.[16]

Es zeigt sich heute darüberhinaus, daß ein reiner Systemfunktionalismus nicht nur zum Verlust der Einheit führt, sondern auch den Zerfall der segmentierten Funktionen selber nicht aufhalten kann. *Wo nur noch das „Wenige" geht, geht dieses bald auch nicht mehr.* Der Bankrott bloßer Systemfunktionalität hat sich in der gegenwärtigen Lage zur Agonie der Systeme zuge-

---

[16] Vgl. Eduard Spranger, Lebensformen. Geisteswissenschaftliche Psychologie und Ethik der Persönlichkeit. 2. Aufl., Max Niemeyer Verlag Halle a. d. Saale 1921, 2. Abschnitt: Die idealen Grundtypen der Individualität.

spitzt. In den politischen und sozialen Systemen brechen die grundlegenden Funktionen zusammen, zu deren Regelung und Aufrechterhaltung diese Systeme einst geschaffen worden sind. Hinzuweisen ist in diesem Zusammenhang auf die Handlungsunfähigkeit gesellschaftlicher Subsysteme im Großen und Kleinen und die damit verbundene Politikverdrossenheit, den Wertezerfall, den Funktionsverlust der Familie bis hin zur Schulmisere und zum Ausbrechen primitiver Gewalttätigkeit. Dies zeigt, daß die Probleme humaner Vergesellschaftung noch keineswegs gelöst sind, sondern sich vielmehr in radikalisierter Form weltweit stellen. Damit ist nicht nur die gesellschaftliche Reproduktion mittels Bildung und Kulturaneignung in Frage gestellt; wo elementare Erfordernisse des Zusammenlebens nicht mehr gewährleistet sind, ist auch die subjektive Möglichkeit von Erfahrung und deren Kommunizierbarkeit nicht mehr gegeben. Mit der Verständigungsbasis verliert die gemeinsame Lebenswelt ihre tragenden Verbindlichkeiten: die anerkannten Kulturgüter, Werte und Lebensanschauungen. Wie Nietzsche es vorausgesehen hat, ist der von ihm diagnostizierte „Nihilismus" erst im Kommen und noch keineswegs überwunden.

Das *hermeneutische Verstehensapriori:* daß die menschliche Lebenswelt uns ja vertraut und von innen her erschlossen ist, so daß es nur darum gehen kann, den darin bereits hinterlegten Sinn produktiv auszuarbeiten und weiterzuentwickeln, stellt vor dem Hintergrund der Zeitlage eine Prämisse dar, von der nicht mehr wie selbstverständlich ausgegangen werden kann. Nietzsche hat hier klarer gesehen. Im Blick auf die menschliche Lebenslage als eine zunehmend absurd erscheinende Situation ist es nicht mehr möglich, sich in traditionell durchaus fundierende Grundverhältnisse einschwingen und deren innere Stimmigkeit und Verbindlichkeit noch glaubhaft machen zu können.

Unmittelbare Anleihen bei der Geschichte lassen sich nicht mehr machen. Es geht vielmehr darum, die „Lesbarkeit der Welt" (Blumenberg[17]) erst wieder herzustellen, ohne dabei zurückgreifen zu können auf die alten Bildungstraditionen, die beanspruchen, Buchstaben und Sinnmuster für dieses Lesenkönnen bereits vorgeben zu können. Das Ob und Wie des Lesenkönnens selbst ist in eine tiefe Sinnkrise geraten.

1.2 Der lebensphilosophische Hintergrund und seine existenzphilosophische Radikalisierung und Destruktion

Dilthey begründet die Erkenntnis in Anlehnung an Kant, und zugleich widmet er sich im Gegenzug zu diesem im geschichtlichen Leben insbesondere der Abgrenzung zweier Erkenntnistypen. Er möchte den formalen, quantifizierenden Naturwissenschaften ein geisteswissenschaftliches, auf Leistungen des Erlebens, Ausdrucks und Verstehens aufbauendes Erkenntnisideal zur Seite stellen und die qualitative lebendige Wirklichkeit ins Zentrum der Betrachtung rücken. Der Zugang zu dieser scheint ihm, trotz aller europäischen Entfremdungserfahrungen, noch problemlos möglich zu sein. Es bedarf dazu lediglich einer Aufdeckung der tieferliegenden Schichten des Vorbewußten, das in den alltäglichen Zugriffen verdeckt ist, aber doch als ihnen immer schon voraus- und zugrundeliegend ins Bewußtsein gehoben werden kann. Dem in Theorie und Praxis bereits ausgelegten Weltverständnis liegt ein vorbewußtes, vorsprachliches und präreflexives „schweigendes Denken" zugrunde, das die primären „Erlebniseinheiten" konstituiert und sie von vornherein mit Sinngehalten und Bedeutungszusammenhängen

---

[17] Vgl. Hans Blumenberg, Die Lesbarkeit der Welt. Suhrkamp Verlag Frankfurt am Main 1981 (suhrkamp taschenbuch wissenschaft 592).

verbindet. Lebenssinn kann im zirkelhaften Aufbauverhältnis von Erlebnis, Ausdruck und Verstehen ans Licht gehoben und produktiv weiterentwickelt werden. Damit werden Bedeutung, Wertschätzung, Zwecksetzung und Sinngebung zu zentralen Lebenskategorien, die den geistigen Zusammenhang der menschlichen Welt ineins mit erfüllender Seinshaltigkeit verbürgen.

Es geht Dilthey somit um die Thematisierung eines tieferen Lebensverständnisses, das auch dem alltäglichen Handlungsvollzug zugrundeliegt, von ihm aber bereits übergangen und tendenziell ausgeschlossen worden ist. Was im Alltagsverstehen verdeckt bleibt, kann zwar, muß aber nicht eine Alternative zu diesem darstellen. Im Blick auf die Doppeldeutigkeit dieser Verhältnisbestimmung wird deutlich, daß es sich bei der von Dilthey gestellten Aufgabe nicht nur um eine Aufklärungsarbeit, sondern letztlich doch um einen Wechsel des Bezugssystems im ganzen handelt. Der Grabenbruch „zweier Kulturen" (Peter Snow[18]) soll nicht nur diagnostiziert, sondern überwunden werden mittels eines Bezugsrahmens des Verstehens, der auch die „andere Seite" noch zu umgreifen erlaubt. Es geht um die Gewinnung einer insgesamt neuen Lebenslage, ohne daß dabei noch fraglos auf Tradition zurückgegriffen werden könnte. Man spricht heute in diesem Sinne von einem *Paradigmenwechsel* (Thomas S. Kuhn[19]), der die ganze Kultur betrifft und auch die wissenschaftliche Weltansicht grundlegend zu verändern imstande ist.

---

18 Peter Snow, Die zwei Kulturen. Literarische und naturwissenschaftliche Intelligenz. Ernst Klett Verlag Stuttgart 1967 (Versuche 10).

19 Vgl. Thomas S. Kuhn, Die Struktur wissenschaftlicher Revolutionen (amerik. 1962). Suhrkamp Verlag Frankfurt a. M. 1967 u. ö. (suhrkamp taschenbuch wissenschaft 25).

Um zusammenzufassen: Dilthey ging es mit Goethe und der von Herman Nohl so genannten „deutschen Bewegung"[20] um die Freilegung eines geistig vertieften Erfahrungs- und Anschauungsbegriffs. Er ging davon aus, daß dessen Ausarbeitung nun nicht mehr Sache einer esoterischen Philosophie sein kann, sondern dem Lebenszusammenhang im ganzen gerecht werden muß und dazu einer allgemeinen Verstehensgrundlage und wissenschaftlichen Methode bedarf. Naiv erscheint jedoch Diltheys Annahme, als sei die „andere Seite" einer direkten *cognitio rei:* nämlich ein aus primären Quellen schöpfendes, wirklichkeitshaltiges und sich selbst verstehenden Denken jederzeit erreichbar und bedürfte nur einer psychologisch-hermeneutischen Vergewisserung. Dilthey glaubte nur hinweisen zu müssen auf den bereits vorhandenen Grund des Verstehens im tragenden Boden der Lebenswelt, den es aufzuweisen, aufzudecken und freizulegen gilt, um in ihm auch schon den universalen Grund menschlicher Lebensdeutungen und Sinnsysteme erkennen zu können.

An dieser Stelle setzen Bollnows späte Überlegungen zum Verhältnis von Mensch und Natur ein. Bollnow ist unter dem Eindruck der die Zeitsituation spiegelnden Existenzphilosophie sehr früh klar geworden, daß es sich bei den von Dilthey, Misch und Husserl inaugurierten Öffnungen um harte, erschütternde und schmerzhafte Formen einer nicht vorauszudenkenden und auch nicht vorwegnehmbaren Erfahrung handelt. Es sind unerwartete *Ereignisse, Krisen* und *Grenzerfahrungen,* die in den vertrauten Lebensrahmen wie von außen einbrechen und in ihrer ganzen Härte auch nicht voll in ihn integrierbar sind. Mensch-

20 Herman Nohl, Die deutsche Bewegung, im „Logos" 1911 und: Die pädagogische Bewegung und ihre Theorie. 6. Aufl., Verlag G. Schulte-Bulmke Frankfurt a. M. 1963.

liches Leben gewinnt, wenn überhaupt, nur an den Grenzen und im Durchgang durch sie hindurch eine neue Existenzmöglichkeit, die dann nicht nur die menschliche Haltung im ganzen verändert, sondern auch seiner Erkenntnismöglichkeit eine neue Grundlage und Ausrichtung gibt.

Der von Bollnow früh aufgenommene *existenzphilosophische* Einschlag seines Denkens nimmt dem von ihm gleichwohl festgehaltenen *lebensphilosophischen Ansatz,* von dem er ja durch seinen Lehrer Georg Misch herkommt, von vornherein seine Harmlosigkeit und, wenn man so sagen will, Naivität. Die Wahrheit des Lebens nimmt für ihn ein „Doppelgesicht" an[21], das nicht mehr zu *einem* in sich stimmigen Gesicht verschmelzen will und einen radikalen Bruch der Eigenwelten signalisiert. Die schroffe Konfrontation des Eigenen mit dem Fremden bricht auf[22], und gleichzeitig erweisen Eigenes und Fremdes sich als Pole ein und derselben Beziehung und können nicht mehr wie zuvor zu getrennten und trennbaren Bereichen erklärt werden. Das Bekannte ist nun, mit Heidegger gesprochen, als solches das Unbekannte, und das Fremde bricht im Innersten des Vertrauten unvermittelt auf.

Beim Weg der sich geschichtlich ausarbeitenden Erkenntnis handelt es sich somit, um eine paradoxe Wendung Plessners aufzunehmen, um die *Wiederherstellung dessen, was nie bestanden hat*, um die *Rückkehr in eine Heimat, die es nie gab* oder anders

---

21 Vgl. Otto Friedrich Bollnow, Das Doppelgesicht der Wahrheit. Philosophie der Erkenntnis 2. Teil. Verlag W. Kohlhammer Stuttgart 1975 (Urban Taschenbücher 184).

22 Vgl. Helmuth Plessners frühes Buch: Grenzen der Gemeinschaft. Eine Kritik des sozialen Radikalismus (1924), 2. Aufl., Bouvier Verlag Herbert Grundmann Bonn 1972, das vor dem Hintergrund jüdischer Exilerfahrung die Gemeinschaftsmoral und die Fronten nationaler Geschlossenheit aufzubrechen versucht und an ein Weltbürgertum appelliert, wie es in jener Zeit leider noch nicht bestimmend werden konnte.

gesagt um die Freilegung einer Ursprungsdimension, in der der Mensch sich noch nie bewegt hatte.[23]

Versucht man diesen Tatbestand auf das hermeneutische Problem anzuwenden, so wird deutlich, daß auch das Verstehen nun keine vorgegebenen Grundlagen mehr hat. Es schöpft, wenn man das Paradox zuspitzen will, aus prinzipiell verborgenen Gründen und muß, was es ans Licht zu bringen versucht, gleichsam aus dem „Nichts" hervorbringen. Sinn dieser paradoxen Formulierungen ist es, die Illusion abzuschneiden, als wäre man bereits am Ursprungsort angekommen und brauche nur noch freizulegen, was als Verstehensapriori immer schon vorgegeben ist. Verstehbarkeit ist vielmehr – auf noch unbekannter Grundlage – erst herzustellen und nicht einfach vorauszusetzen. Die Freilegung der Verstehensgründe kann sich nicht mehr an einem vorgegebenen, kulturell und gesellschaftlich vermittelten Verstehensrahmen orientieren und muß vielmehr an Lebensleitlinien anknüpfen, die bisher noch gar nicht im Blick standen, jedenfalls nicht tragend werden konnten für das allgemeine Selbst- und Weltverständnis des Menschen. Angesichts der „absurden Situation" muß das Verstehen nicht nur neue Richtpunkte finden, sondern überhaupt die Ebene wechseln. Ein Hauptpunkt ist dabei, wie das zunehmend individuell zentrierte Bewußtsein des Einzelnen sich mit den Aufgabenbereichen sozialen Engagements in ein inneres Verhältnis setzen kann. Dies ist eine sehr schwierige Aufgabe, denn die Ebenen des Individuellen und des sozialen Allgemeinen stehen zueinander in einem gebrochenen Verhältnis. Der Einzelne kann sich nicht mehr auf dem Nenner des Sozialen definieren und hat von sich weg und auf sich zu nur noch die Möglichkeit eines

---

[23] Vgl. Anmerkung 21.

Grenzüberstiegs, der durch einen „Nullpunkt" oder eine „leere Mitte" (Josef König[24]) hindurchführt. Hinsichtlich der Zukunft des Menschen bedeutet dies, daß man nicht mehr vom mitgebrachten Vorverständnis ausgehen kann. Vom gegebenen Verständnisrahmen her gewinnt man nicht mehr ohne weiteres Anschluß an Formen eines *antizipierenden Verstehens* (Schleiermacher[25]). Die Ebenen zu wechseln ist nicht so leicht möglich, denn es gibt von der bisher gegebenen Bewußtseinslage keinen bruchlosen Übergang zu Bewußtseinsformen, die mit höherer Einsicht und einem tieferen Verstehen verbunden sind.

1.3 Die Grenze des Verstehens zeigt sich nicht nur in der Entfremdung und Sinnkrise der Gegenwart, sondern zugespitzt im Verhältnis des Menschen zur Natur

Nicht nur innerhalb der *menschlichen Lebenswelt,* sondern auch und gerade im *Verhältnis zur Natur* brechen Aporien auf, die auch die neueren Lösungsansätze – Phänomenologie, Lebensphilosophie und Existenzphilosophie – noch als unzureichend und letztlich folgenlos erscheinen lassen. Dilthey konnte das Naturverhältnis, wie es sich in Naturwissenschaft und Technik dokumentiert, noch ohne Not sich selbst überlassen, und auch der Existenzphilosophie ist bei aller Kritik an der Moderne eine naturphilo-

---

[24] Vgl. Josef König, Der Begriff der Intuition. Max Niemeyer Verlag Halle an der Saale 1926. Eine Neuauflage dieses Werkes erscheint im Max Niemeyer Verlag Tübingen 1985.

[25] Vgl. Friedrich Daniel Ernst Schleiermacher, Hermeneutik. Nach den Handschriften neu hrsg. und eingeleitet von Heinz Kimmerle. Carl Winter Universitätsverlag Heidelberg 1959 und dazu meine Darstellung in: Verständnis und Vorverständnis. Subjektive Voraussetzungen und objektiver Anspruch des Verstehens. Neue Deutsche Schule Verlagsgesellschaft mbH Essen 1965 (neue pädagogische bemühungen 22), S. 36 ff. und Anmerkungen 14 und 18 daselbst.

sophische Fragestellung fremd geblieben. Angesichts der drohenden Umweltkatastrophe ist gegenüber allen genannten Denkansätzen ein radikales Umdenken geboten.

Im Verhältnis zur Natur zeigen sich aber auch, und radikaler als zuvor, die Grenzen einer hermeneutischen Philosophie. Bollnow macht in seinen letzten Lebensjahren nicht mehr die geschichtliche Welt, sondern vielmehr das gestörte Naturverhältnis und die bedrohte Natur zum Kernpunkt seiner Überlegungen. Wo das Naturverhältnis des Menschen tief gestört ist – und das ist im 18. und 19. Jahrhundert bereits spürbar – kann die Hermeneutik keinen Universalitätsanspruch des „Allesverstehenkönnens" mehr geltend machen. Damit zeigen sich auch die Grenzen einer im ganzen hermeneutisch verstandenen Philosophie.

Von einer Grenze des Verstehens im Verhältnis zur Natur konnte auch die Neuzeit reden, ohne daß sich darin ein gravierendes Problem auftat. In seinem nachgelassenen Manuskript „Mensch und Natur" zitiert Bollnow Vico: daß Verstehenkönnen mit Machenkönnen innerlich verbunden und das Verstehen somit auf den Umkreis des Machbaren beschränkt sei. Mit Dilthey konnte gesagt werden, daß wir nur das Menschliche: menschliche Lebenswelt, Kultur und Geistestätigkeit verstehen können, weil uns all dies von innen her erschlossen ist, während die Natur uns fremd bleibt und wir nicht in ihr Inneres einzudringen vermögen. Was die Naturwissenschaften betrifft, beschränken sie sich auf ein mit Hypothesenbildung verbundenes Erklären und beanspruchen weder Wahrheit (im Sinne der alten Definition der Satzwahrheit: daß ein Satz wahr ist, wenn es so ist, wie er sagt) noch einen für das Leben verbindlichen Sinn mit den von ihnen erhobenen Daten zu verbinden. Husserl weist auf die Befangenheit der objektivierenden Wissenschaften in der von ihm so genannten „natürlichen Einstellung" hin, und auch Georg Misch stellt in gleicher Stoßrichtung fest, daß die moderne Wissenschaft und ihre Logik trotz ihres Ideals reiner Objektivität nach wie vor einen lebenspraktischen Boden hat und, wie die Technik zeigt, gesellschaftlichen Projekten verpflichtet bleibt, in deren Verfolg das eigentlich Theoretische (d. h. θεωρία im platonisch-aristotelischen Sinn) gerade nicht gewonnen werden kann. Husserls „Epoché" bzw. Mischs „Durchbruch durch die natürliche Einstellung"[26] ist für beide Denker notwendige Voraussetzung für den Überstieg in eine andere Dimension, in der allein „Erkenntnis, die befreit" (Misch) gewonnen werden kann. Entsprechend wird zwischen der *cognitio rei* (einer Einsicht in die Sache selbst) und einer *cognition circa rem* (einer Umschreibung der Sache, die sie aber nicht in ihrem Wesen trifft) reinlich unterschieden. In dieselbe Richtung weist Heideggers Analyse der Welt der „Zuhandenheit"[27], in der der Umgang mit dem „Zeug" zwar gekonnte „Griffe" impliziert, aber nicht notwendig mit einer Antwort auf die existentiellen Fragen verbunden sein muß. Wird im Gegenzug dazu der „Sinn" des Daseins erfragt, so muß der Bezugsrahmen und Existenzmodus „uneigentlicher" Alltäglichkeit notwendig überschritten werden. Das reduktive Moment alltäglicher Zugriffe wird schließlich von Gehlen besonders kraß herausgestellt, wenn er der menschlichen Wahrnehmung von vornherein eine Reduktions- und Entlastungsfunktion zuschreibt

---

[26] Vgl. Georg Misch, Der Weg in die Philosophie. Eine philosophische Fibel (1925). 2. Aufl., Leo Lehnen Verlag München 1950, 1. Abschnitt: Die Welt der natürlichen Einstellung und die Sicherheit des Daseins in der Beschränkung und 2. Abschnitt: Der Durchbruch durch die natürliche Einstellung.

[27] Martin Heidegger, Sein und Zeit (1927). Max Niemeyer Verlag Tübingen 1953 u. ö.; vgl. insbes. die §§ 15-18.

und Sinnstiftung, weil in der Ausgangslage der conditio humana nicht enthalten, allein den tragenden Institutionen überantworten möchte.

Mit alledem ist für das Verstehen der Natur eine Schranke gegeben, der die Hermeneutik sich stellen muß. Das Vorverstandene qua „Umwelt" bzw. „Lebenswelt" im Sinne Diltheys ist „Kultur" und nicht „Natur", auch wenn eine solche sich an den Grenzen ständig mehr oder weniger bemerkbar macht. Was Husserl und Misch die „natürliche Einstellung" des Alltagslebens nennen, orientiert sich aber gerade nicht an der Natur, sondern läßt sich von Traditionen, Konventionen und blinder Gewohnheit leiten. Der „Zeugzusammenhang" Heideggers und seine Negation im bloßen „Vorhandensein" erlaubt ebensowenig einen Zugang zur Natur wie Gehlens Konzept der Reduktion und Entlastung im „erledigenden" Umgang mit den Dingen. Aber auch ein sprachphilosophischer Ansatz führt aus den selbstgezogenen Grenzen nicht heraus, wenn aus denselben praktischen Bedürfnissen, wie Bollnow feststellt, auch die Sprache entstanden und in ihrer rational-begrifflichen Form entwickelt worden ist (vgl. MuN S. 3). Zusammenfassend kann gesagt werden, daß Natur so zwar irgendwie zu den Bedingungen menschlicher Lebensform gehört, aber doch für diese nicht konstitutiv wird und menschlichem Verstehen eine unüberwindlich scheinende Schranke entgegensetzt. Die Natur fällt vorderhand aus allen verständnisleitenden Bezugsrahmen heraus.

Für Bollnow liegt in alledem eine Grenze der Hermeneutik bzw. der als hermeneutisch verstandenen Philosophie, mit deren Markierung er sein eigenes bisheriges Philosophieren zwar nicht überhaupt in Frage stellt, aber doch mit einer wesentlichen Einschränkung versieht: „Verstehen und Kultur sind korrelativ aufeinander bezogen. Das Verstehen reicht so weit, als die uns umgebende Welt als Kultur begriffen werden kann“ (MuN S. 3). Dies klingt zwar noch an Dilthey an, hat aber doch eine entgegengesetzte Stoßrichtung, wenn Bollnow unmittelbar fortfährt: *„Damit sind, was hier schon vorgreifend angedeutet sei, auch die Grenzen einer als Hermeneutik begriffenen Philosophie gegeben“* (ebd.; kursiv von mir). Indem Bollnow eine Tradition des Verstehens scheinbar bestätigend aufnimmt, in der er ja auch selber steht, wendet er sich gleichzeitig gegen diese: „Wenn aber, wie Vico schon bemerkte, der Mensch nur das versteht, was er selber geschaffen hat, dann ist alles Verstehen und damit alle Hermeneutik auf den Bereich der Kultur beschränkt und *findet an den Gegebenheiten der Natur seine natürliche Grenze.* Damit ergibt sich das *Problem der Grenzen einer hermeneutischen Philosophie* und damit zugleich *die weiterführende Frage, wie weit menschliche Erkenntnis über die durch die Natur gegebenen Grenzen der Hermeneutik hinaus möglich ist“* (MuN S. 6, kursiv von mir). Zwar kann Bollnow, wie gesagt, sich bei dieser nun entschiedener markierten Grenzziehung auf seine Vorgänger beziehen; er tut dies nun aber nicht mehr in der Absicht, sie zu bestätigen, sondern vielmehr, um sie eines wesentlichen Mangels zu überführen. Der Mangel liegt, kurz gefaßt, darin, daß das Arbeiten mit *alternativen Modi des Lebens und Erkennens* den Blick auf die mit der gekennzeichneten kulturellen und geistigen Spaltung verbundenen Gefahren verstellt und das Urteil trübt. Solange Natur und Kultur sich scheinbar problemlos nebeneinanderstellen lassen, sind Übergriffe der einen Seite auf die andere oder radikale Entwertungen nach beiden Seiten hin nicht zu befürchten. Die Bedrohung durch den Zwiespalt und Bruch der „zwei Kulturen“ hält sich in Grenzen. Man trennt die Alternativen und hat sie dadurch, so glaubt man, in der Hand.

Noch stellt sich die Frage nicht, ob dieser Friede nicht ein „fauler" und d. h. auf lange Sicht verhängnisvoller Friede ist.

Daß das Entfremdungsproblem auch in einer anderen logischen Denkfigur reflektiert werden kann, machen die mit dem Begriff eindimensionaler Systemtotalität arbeitenden Theorien deutlich[28], in denen darauf hingewiesen wird, daß die Entfremdung als Wirklichkeits- und Selbstverlust ja auch *total werden könne.* Diese radikalen Infragestellungen brauchten indes das bürgerliche Lager nicht weiter zu beunruhigen, solange man noch in der Tradition verwurzelt war und sich mit Kant, dem Idealismus und der Lebensphilosophie einem eo ipso transzendierenden Lebens- und Seinsbegriff verpflichtet fühlte.

Aber auch in derartigen Totalisierungstendenzen liegen Gefahren, die Bollnow nicht weniger scharf kritisiert. Er lehnt jede Form eines einsinnigen oder gar geschlossenen „Menschenbildes" kategorisch ab und macht Plessners „offene Frage" bzw. dessen „homo absconditus"[29] zum Prinzip seiner hermeneutisch-anthropologischen Fragestellung. Gegenüber jedem direkten Zugriff auf den Menschen und jeder Form von Reduktion auf *einen* Aspekt ist Protest geboten. Damit hängt Bollnows Mißtrauen gegenüber jeglicher Form von Systemdenken zusammen. Die gebotene

---

28 Dazu gehören Theorien wie die von Karl Marx und der sog. „Kritischen Theorie": Max Horkheimer, Theodor W. Adorno, Herbert Marcuse u. a.; in ähnlicher Radikalität der Kritik, wenngleich mit anderer Stoßrichtung hinsichtlich der Lösung auch Nietzsche.

29 Das anthropologische „Prinzip der Unergründlichkeit oder der offenen Frage" führt Helmuth Plessner ein in: Macht und menschliche Natur. Ein Versuch zur Anthropologie der geschichtlichen Weltansicht (1931), in: Zwischen Philosophie und Gesellschaft. Ausgewählte Abhandlungen und Vorträge. Francke Verlag Bern 1953, S. 270 ff. Vgl. auch Plessners Aufsatz „Homo absconditus", in: Die Frage nach der Conditio humana. Aufsätze zur philosophischen Anthropologie. Suhrkamp Verlag Frankfurt a. M. 1976 (suhrkamp taschenbuch 361), S. 138-150.

Scheu und Zurückhaltung vor der Bestimmung des Ganzen verbindet sich bei ihm mit dem Gefühl der Ehrfurcht, in der er die höchste Integrität des Menschen nicht nur dem Menschen, sondern auch der Natur gegenüber verkörpert sieht. Die Ehrfurcht ist für ihn nicht nur das erste, sondern auch das letzte Wort.[30] Hier liegt, wenn man so will, der Nerv und das Zentrum seines ganzen Denkens.

1.4 Die moderne Technik in ihrer bisherigen Form führt nicht zu einer Befriedung, sondern im Gegenteil zur Zuspitzung der Ambivalenz im Verhältnis zur Natur

Im älteren Bewußtsein (damit ist alles Bewußtsein bis zum Beginn der Moderne gemeint) konnte die Natur sich selber erhalten, und der Mensch erfuhr sich ihr gegenüber letztlich als machtlos. Er konnte an ihr freveln, doch schlug das auf ihn selber zurück und gefährdete nicht den ewigen Bestand der Natur. Der eigene Mangel konnte durch die Gaben der Natur gestillt, selbstgeschlagene Wunden durch sie wieder geheilt werden. Der Mensch war und blieb auf die Natur angewiesen, sie aber nicht auf ihn. Er brauchte für „Mutter Natur" keine Verantwortung zu übernehmen, denn sie sorgte für sich selbst und im weiteren Sinne für ihn mit. Daß der Mensch sich der Natur gegenüber faktisch verantwortungslos verhielt, hatte keine einschneidenden Konsequenzen, denn für das Ganze war gesorgt. *„Deus sive Natura"* (Spinoza) war der letzte, alles tragende und unzerstörbare Grund, dem der Mensch sich anvertrauen und in bezug

---

30 Otto Friedrich Bollnow, Die Ehrfurcht. Frankfurt a. M. 1947, ²1958. Ders., Die Ehrfurcht vor dem Leben als ethisches Grundprinzip, in: Zwischen Philosophie und Pädagogik. Vorträge und Aufsätze. N. F. Weitz Verlag Aachen 1988, S. 92-114. Vgl. auch den Schluß des nachgelassenen Manuskripts über „Mensch und Natur", in dem diese Zentrierung noch einmal unübersehbar deutlich wird.

auf den er lebenslang „Kind“ bleiben konnte, ohne daß dies mit Nachteilen für ihn verbunden war.

Dieses tragende und bergende Verhältnis hat sich angesichts der gegenwärtigen Naturzerstörung vollkommen umgekehrt. Auch wenn der Mensch nach wie vor auf die Natur angewiesen ist und die mit ihr verbundenen Grundlagen des Vertrauens und der Geborgenheit keineswegs obsolet geworden sind, erweist sich dieselbe Natur nun als vom Menschen störbar und verletzbar, ja auslöschbar. Die die menschliche Daseinsform begründende Erdnatur erweist sich als ihrerseits vom Menschen tief *abhängig*. Dies bedeutet in der Konsequenz, daß der Mensch nun nicht mehr nur für sich und seine Kulturwelt, sondern auch noch für das Schicksal der Natur die *Verantwortung* übernehmen muß.

Die bis zum möglichen Bruch gesteigerte *Ambivalenz* im Verhältnis von Mensch und Natur wird von Bollnow in seinen späten Überlegungen so reflektiert (vgl. MuN S. 6 ff.): Die Natur ist unabhängig von Menschen bestehend. Man ist eingelassen in sie. Der Mensch kann sich in ihr einrichten, doch nie störungsfrei. Zwar ist die Natur auch für das menschliche Leben der tragende Boden, aber zugleich ein hintergründig Bedrohliches, ja Unheimliches. Dieselbe Ambivalenz haftet auch noch dem gekonnten Umgang mit Naturdingen und -stoffen an. Zwar muß der Mensch von der Schwerkraft bis hin zu den Materialqualitäten in allem die natürlichen Bedingungen berücksichtigen, doch stellen diese für ihn keine unüberwindlichen Schranken mehr dar. Das von Bollnow herangezogene Beispiel der Holzbearbeitung zeigt, daß die strukturierten Materialqualitäten des Holzes zwar dessen künstlerischer Bearbeitung zugute kommen, bei sonstiger Verwendung aber außer acht gelassen werden können. Der Widerstand des Materials stellt keine Herausforderung mehr dar, wenn man auch auf ein beliebig formbares Plastikmaterial zurückgreifen kann. Eine Rücksichtnahme auf das „Eigenwesen“ der Naturdinge ist nicht mehr nötig, denn unter dem Aspekt der „Störung“ oder des „Widerstandes“ kann dieses als eine bloße Restkategorie abgetan werden. Zwar ist in den Naturgesetzen und Materialqualitäten etwas geltend gemacht, was man notwendigerweise berücksichtigen muß; der menschlichen Gestaltungsmöglichkeit sind damit aber keine Grenzen gezogen. Alles Naturgegebene wird ausschließlich unter dem Gesichtspunkt möglicher Verwendung gesehen und von den eigenen Bedürfnissen her angegangen. Die „Kulturbedingung“ macht sich von der „Naturbedingung“ nahezu völlig frei. Das gilt selbst noch für den Umgang mit dem Leib, der zunehmend technisch manipulierbar erscheint. Das Ganze wird einseitig vom Menschen her definiert, der sich als „Herr der Erde“ begreift und diese Herrschaft in seinem technischen Universum vollendet. Das ganze Unternehmen legitimiert sich mit der „Entlastung“ (Gehlen) vom Daseinsdruck. Alles läßt sich auf „verkürzte Schemata“ reduzieren, in deren Verfolg die Natur in der „ganzen Fülle ihrer sinnlichen Qualitäten“ (MuN S. 4) auf der Strecke bleibt.

1.5 Der neuzeitliche Nenner „Ethik und Ästhetik“ reicht nicht aus, um das bedrohte Naturverhältnis zu retten und zu befrieden. Verlangt ist vielmehr eine auf neuer Grundlage aufgebaute Erkenntnistheorie

Der Tendenz, sich mittels Technik in der Natur einzurichten oder besser aus ihr herauszusetzen, scheint diese selbst wehrlos ausgesetzt zu sein. Sie muß es sich gefallen lassen, daß so über sie verfügt wird. Beistand und Unterstützung kann sie nur noch aus ethischen Erwägungen oder von der Kunst her erhalten, solange diese mit Michelangelo behaupten kann, die Gestalt liege schon im Stein und man müsse sie nur herausholen aus ihm (vgl. MuN S. 8). Moral und Kunst müssen der Natur zu Hilfe eilen, damit diese sich in ihrem Eigenwesen und Eigenrecht behaupten kann. Aber auch diese, ein Stück weit sicher richtige und für das moderne Bewußtsein nach wie vor überzeugende Antwort erweist sich als unfähig, der Naturzerstörung Einhalt zu gebieten. Die seit Schiller und Herbart klar empfundene Notwendigkeit einer *Verbindung* von Ethik und Ästhetik reicht nicht hinab bis an die Wurzel des Problems. Immer noch handelt es sich hier um die Induzierung kompensatorischer Ausgleichsprozesse, die, wie die fortschreitende Naturzerstörung zeigt, das Problem nicht an der Wurzel lösen.

Auch heute noch knüpfen sich an das Denkmodell kompensatorischer „Gegengewichte" (Plessner) viele Erwartungen. Wo eine Lebensmöglichkeit unbefriedigend und aporetisch wird, denkt bzw. sucht man sich eine andere, bessere Lebensmöglichkeit kompensierend hinzu. Was aber in dieser Weise nach wie vor nur in Form von Alternativen gegeben ist und auch nicht anders als in solchen gedacht werden kann, kann letztlich keine befriedigende Antwort darstellen. Die *Vorstellung* eines den empfundenen Mangel kompensierenden Ausgleichs folgt immer noch dem traditionellen *Schema zweier Welten,* von denen die andere zu lösen verspricht, was in der einen nicht erreichbar ist. Ein Ausgleich ist nötig, doch wie soll er geschaffen werden? Nietzsche hat bekanntlich scharfe Kritik an den „Hinterwelten" geübt und die damit begangenen Wege als vergebliche Fluchtwege und Sackgassen entlarvt.[31] Es gilt für ihn, „der Erde treu zu sein" und in der „Liebe zur Erde" deren Sinn zu verwirklichen.

---

31 Vgl. Friedrich Nietzsche, Also sprach Zarathustra, Erster Teil: Von den Hinterweltlern.

Um die Frage an Hand eines Beispiels näherzubringen: Kann die heute von allen Seiten geforderte „ästhetische Erziehung“ im Rückgriff auf erweiterte Leib- und Sinnesmodalitäten den Mangel an „Lebensqualität“ in der Tat kompensieren, oder bleibt auch ein solches Projekt noch zurückgebunden an den Grabenbruch, den überwinden zu können es nur vorgibt? Das Finden einer *Lösung im Diesseits* ist notwendig, doch ist eine solche zunächst, und härter als zuvor, mit den alten Hypotheken belastet, auf die die Jenseitsvorstellungen eine Antwort zu geben versuchten. Wenn sich nun aber die Frage nach einer möglichen Alternative zur Existenz auf der Erde so gar nicht mehr stellen läßt, muß das Problem der *gegebenen Widersprüche* anders angegangen und besser als bisher beantwortet werden. Eine nicht-trennende und d. h. die Welt nicht halbierende oder verdoppelnde Lösung dieses Problems kann aber nur in Aussicht kommen, wenn das Denken in Alternativen aufgegeben wird. Erst wenn eingesehen ist, daß die Alternativen *versperrt* sind, kommen Einheitspostulate ganz anderer Art in Sicht. So muß man z. B. mit Nietzsche davon ausgehen daß die Erde *eine* ist und Wahrheit und Irrtum auf ihr immer *verbunden* auftreten. Der Widerspruch kann nicht ausgeschlossen werden. Auch und gerade das Negative hat sich in den Leib der Erde eingeschrieben und will wieder versöhnt werden bzw. erlöst sein. Darauf kann der Mensch nicht einfach hoffen*, er muß dies alles selber leisten und dazu erst einmal wissen, wie.* Die epochale Geschichtsaufgabe: das „Vergangene zu erlösen“ und das harte „Es war“ umzuschaffen in ein „So wollte ich es“[32] – dies erst hieße Befreiung für ihn, eine Befreiung, für deren Zustandekommen auch

[32] A. a. O., Dritter Teil: Vom Gesicht und Rätsel.

der durch die Aufklärungsbewegung aufgerichtete „Befreite des Geistes" sich selber erst noch „reinigen" muß.[33]

Für Bollnow stellt sich das mit den angesprochenen Fragen verbundene *erkenntnistheoretische* Problem vor allen ethischen, ästhetischen und pädagogischen Überlegungen *zuerst und vorrangig*. Dies wird in seiner erneuten Zuwendung zu naturphilosophischen Fragestellungen in den letzten Lebensjahren deutlich. Bollnow nimmt hier das Thema „Mensch und Natur" nicht unter dem Titel einer *„Ästhetik"* auf, die das „Naturschöne" betrifft und in die alten Kontexte von *Natur und Kunst* zurückverweist, Kontexte, denen auch die heute allseits geforderte „ästhetische Erziehung" noch verpflichtet ist. Er geht davon aus, daß das gestörte Naturverhältnis nicht mehr mit dem Hinweis auf vermeintlich noch intakte oder wiederzugewinnende *Enklaven* einer von der Zerstörung unbetroffenen *schönen Welt* beantwortet werden kann.

Aber auch die *ethischen* Initiativen, die Bollnow in jeder Weise unterstützen möchte, greifen angesichts der Reichweite der eingetretenen zerstörerischen Interdependenzen zu kurz und müssen, für sich allein genommen, letztlich unwirksam bleiben. Dazu gehört für ihn der aktive Naturschutz, d. h. die tatkräftig ausgeübte Verantwortung für das bedrohte Leben der Natur in ihren einzelnen Arten. Verlangt ist mit Albert Schweitzer die Ehrfurcht vor dem Leben, das sich bei aller Stärke als tief verletzlich erweist und der Schonung bedarf. Um das Problem an der Wurzel zu packen bedarf es jedoch, mit Bollnows Worten, einer *radikalen Umkehr* in letzter existentieller Konsequenz. Der Mensch muß vom „Eigenwillen" lassen und die egoistische Maßlosigkeit seines Habenwollens überwinden. Diese Aufgabe ver-

---

[33] A. a. O., Erster Teil: Vom Baum am Berge.

weist auf Wandlungsprozesse in der Tiefe der Person, wie sie herkömmlich mit religiösen Glaubensvorstellungen verbunden waren, nun aber auch dem profanen Menschen zugemutet werden müssen.

Alle diese berechtigten, ja unverzichtbaren Forderungen müssen aber letztlich ohne Wirkung bleiben, wenn und solange das mit ihnen verbundene *erkenntnistheoretische* Problem nicht gelöst ist. Wieviel ästhetische Erziehung an Einsicht und heilenden Kräften wachzurufen vermag, ist noch nicht abzusehen. Das Ungenügen ethischer Antworten zeigt sich an der nach wie vor anderen Praxis, die durch Interessen bestimmt ist und das moralische Bewußtsein zwar nicht Lügen straft, aber doch zur faktischen Unwirksamkeit verdammt. Weder kann das ästhetische und das moralische Bewußtsein den geforderten Wandel herbeiführen, noch kann so das Schlimme, das inzwischen geschieht, verhindert oder wiederum zum Guten gewendet werden. Eine analoge Schwäche haftet der aufklärerischen Vernunft an, die der Unvernunft und dem Zynismus der Machtinteressen keinen Riegel vorschieben kann. Wenn aber so schnell nichts Einschneidendes passiert – so lauten die Hochrechnungen der Trends – läuft das „Raumschiff Erde“ unaufhaltsam seinem Untergang entgegen.

1.6 Die notwendige erkenntnistheoretische Lösung verweist auf ein logisch-strukturelles Problem

Angesichts der Schwäche der „höheren Vermögen“ des Menschen muß die seit Kant primär dem Handeln verpflichtete Reihenfolge wieder umgekehrt und die ältere Blickstellung erneut eingenommen werden, der zufolge *das Wissen vorangehen und dem Handeln den Weg zeigen muß.* Einen entsprechenden Vorrang hat für Bollnow die erkenntnistheoretische Frage vor der praktischen bzw. ethischen und politischen. Was aber wäre in bezug auf die Natur dasjenige *Wissen,* das *als solches* die geforderte ethische Einstellung und existentielle Umkehr impliziert und d. h. durch sich selbst herbeiführen und von innen heraus zu leiten vermöchte? An dieser Stelle ist die Einsicht notwendig, daß es sich dabei nicht lediglich um eine Rückbesinnung auf die Ursprünge oder um die Gewinnung neuer Inhalte handeln kann. Gelöst werden will vielmehr ein mit der eigenen Denkweise verbundenes Form- und Strukturproblem.

Um die Richtung des Umdenkenmüssens mit wenigen Worten zu charakterisieren: Das von eigener Hilflosigkeit geprägte Bild einer übermächtigen Natur ließ das archaische Verhältnis zu ihr als tief ambivalent und bedrohlich erscheinen, so daß nur der Kampf gegen die Natur eine Befreiung des Menschen zu sich selbst versprach (vgl. die „Odyssee"). Die Menschenwelt und menschliche Lebensordnung mußte gegen den Einbruch der Naturmächte geschützt und befriedet werden (vgl. das mythische Denken). Zur Besiegung der Naturmächte und zur Einrichtung seiner eigenen Welt bediente sich der Mensch jedoch von vornherein der Listen seiner Klugheit und künstlicher Mittel. Es galt, eine selbstgeschaffene und trotz aller Verabsolutierungen oft als ungerecht empfundene Ordnung aufrechtzuerhalten, wobei das Bewußtsein des Dilemmas: nun zwar nicht mehr von außen, aber umso tiefer noch von innen her bedroht zu sein, nicht weichen wollte. Die europäische Aufklärungsbewegung hat dieses Dilemma noch zugespitzt. Für das moderne Bewußtsein sind die Regelungen des Naturverhältnisses und die Ordnungen des Zusammenlebens in den Bereich technischer Machbarkeit gerückt. Aber der damit verbundene Fortschritt trügt. Je mehr dieses Machen- und Beherrschenkönnen ins Extrem getrieben wird, umso deutlicher zeigt sich eine Kehrseite dieses Tuns, der gegenüber der Mensch noch viel machtloser ist als gegenüber der im archaischen Bewußtsein übermächtig erscheinenden Naturgewalt.

Damit stellt sich ein ganz neues Problem, das zu erkennen und mit dem umzugehen der Mensch erst noch lernen muß. Zuerst übermächtig, dann machbar werdend – nun machbar geworden und doch unmachbar bleibend: dieser ein *doppeltes* Gesicht zeigende, logisch und zugleich paradox erscheinende Vorgang beweist, daß es sich bei alledem nicht um eine trennbare und durch Trennung vermeintlich auflösbare *Alternative* handelt, sondern um die beiden *zusammengehörigen Seiten* ein und desselben Sachverhalts. Wenn dies so ist, erweisen sich aber auch die traditionellen Alternativen: *Physis* versus *Technik, Gewachsenes* versus *Machbares, Wissenschaft* versus *Religion und Kunst*, näher betrachtet, als Sackgassen. Zwar *scheint* hier die eine Seite den Mangel der anderen kompensieren zu können; in Wirklichkeit aber führt diese – ein Stück weit sicher mögliche – Kompensation zu keinem wirklichen Ausgleich und zum Ineinander der so getrennt-verbundenen Seiten. Man hat die Teile in der Hand, fehlt leider nur das geistige Band und die Lebenseinheit, deretwegen alle diese Bemühungen unternommen worden sind.

Der von Dilthey und Misch unternommene Versuch, die Entstehung der formalen Logik aus elementaren Lebensleistungen aufzuweisen, beweist zwar, daß man hier auf die *strukturellen* Aspekte der zu thematisierenden Sachlage aufmerksam geworden ist. Das Bemühen um die Freilegung einer verbindenden „Logik des Lebens“ in Abgrenzung zur trennenden „formalen Logik“ zeigt aber auch die ganze, noch bestehende Hilflosigkeit im Umgang mit formalen Sachlagen. Nach wie vor wird hier im Sinne der Abgrenzung zweier Erkenntnistypen ein *Denken in trennenden Alternativen* gepflegt, das zu überwinden doch gerade die Aufgabe war. Die formale Logik spielt der Lebenslogik einen letzten Streich, indem sie dieser das ihr selber eigene *Alternativenschema der Argumentation* aufzwingt. Die zur Abgrenzung verwendeten Begriffsoppositionen wie formal/real, primär/sekundär, apriori/geschichtlich, theoretisch/praktisch usw. können gar nicht verbergen, daß sie aus dem formallogischen Begriffsfeld stammen, zu dessen Korrektur sie nun doch beitragen sollten. In Wirklichkeit erlaubt es ein Insistieren auf „zweierlei Erkenntnis" gerade nicht, den Erkenntniszusammenhang *im ganzen* angemessen zu charakterisieren, weil und solange die alternativenbildenden Begriffsschemata dem entgegenstehen. Die aus *einer* Wurzel entspringende *Zweiseitigkeit* des Verhältnisses von „Leben" und „Begriff" kann in einer dichotomen, logisch-alternativen Form der Begriffsbildung nicht angemessen vor den Blick gebracht werden. An dieser Stelle wird deutlich, daß *das Begriffsschema selber* eine Lösung eher verstellt, als daß es sie in Aussicht stellen könnte.

Natürlich tun sich damit zunächst einmal uns verschärft *Aporien* auf, die europäischem Denken nahezu unlösbar erscheinen. Bollnow selber plagt sich mit dem nun zu Leistenden bis an sein Lebensende ab und erklärt im persönlichen Gespräch des öfteren, an der Sache zu scheitern. Sein letztes Wort, eben die nachgelassenen Manuskripte über das Verhältnis von Mensch und Natur, hielt er für nicht veröffentlichbar, wiewohl er doch sonst gerne bereit war, auch das noch Unfertige aus der Hand zu geben und öffentlicher Diskussion zugänglich zu machen.

2 Die Aufgabe der Beschreibung

Die zweite These kann, was Bollnow betrifft nur in Form einer Frage gestellt werden, die im Blick auf seine späten Ausarbeitungen nicht eindeutig zu entscheiden ist:

*2. **These:** Die artikulierende Beschreibung im Sinne Bollnows führt das einer Hermeneutik zugängliche Vorverständnis an seine Grenze; führt sie aber auch in echtem Sinne über diese Grenze hinaus, oder bleibt es eben nur bei dieser Grenzerfahrung und ihrer indirekten Rückwirkung auf das weitere Verhalten in der vorverstandenen Welt?*

Jede erkenntnistheoretische Fragestellung zentriert sich für Bollnow in einem sprachphilosophischen Problem. Die Frage „Was kann ich wissen?“ führt zurück auf die Frage: Was leistet die Sprache? Wenn der menschlichen Sprache keine Wirklichkeitsentsprechung, damit auch kein Wahrheitsanspruch zukommt, kann auch die Frage nach der Erkenntnismöglichkeit letztlich nur skeptisch beantwortet werden. Um nun die Reichweite der Sprache zu erkunden, geht Bollnow bewußt einen phänomenologischen, aufschließenden Weg. Phänomenologische Beschreibung will sich von jedem Vorbegriff oder Vorurteil über die zu beschreibende Sache konsequent freihalten und erweitert in ihrem Versuch, auch das Ungesagte und unsagbar Scheinende noch zu sagen, die Grenzen der Sprachmöglichkeit. Doch wie weit reicht ein solcher Versuch der Beschreibung?

2.1 Formen der Beschreibung

Beschreibung gibt es für Bollnow in ganz verschiedenen Kontexten: im praktischen Leben, in der Wissenschaft und schließlich als dichterische oder philosophische Leistung. Er unterscheidet

1. die *praktische Beschreibung* eines Weges, eines Fundstücks oder einer Person, die der Orientierung und Identifizierung dient. Daß hierzu schon ein gemeinsamer Bezugsrahmen und situativer Kontext vorgegeben sein muß, liegt auf der Hand.

2. *Sachliche Beschreibung* innerhalb der Wissenschaften soll die zu untersuchenden Sachverhalte in ihren Einzelheiten möglichst genau und vollständig erfassen, bevor die Theoriebildung ihnen einen bestimmten begrifflichen Bezugsrahmen vorschreibt. Da wir aber schon mit vorgängigen Hinsichten und Systematisierungstendenzen an die Dinge herangehen, dienen Beschreibungsübungen vor allem auch der Wiederöffnung des bereits verstellten Blicks und haben ihren unverzichtbaren Stellenwert bereits in der wissenschaftlichen Ausbildung. In der empirischen Forschung wehrt die Beschreibung als methodisches Verfahren unzulässige Reduktionen ab; in den geschichts- und gesellschaftsbezogenen Wissenschaften wendet sie sich gegen die mit Ideologien verbundenen Konstruktivismen. Die sachliche Beschreibung hat somit einerseits eine kritische, andererseits aber auch eine produktive Funktion, indem sie sich ohne Voranahmen ganz auf ihren Gegenstand konzentriert. In beiden Hinsichten bildet sie in ihrer Genauigkeit ein wirksames Gegengift gegen die Macht der Gedanken und die Gewalt der begrifflichen Systeme.

3. Die dritte Form der *artikulierenden Beschreibung* hat, im Unterschied zur sachlichen Beschreibung, noch gar keinen im voraus bestimmten Gegenstand. Sie sucht vielmehr sehen zu lassen und sagbar zu machen, was so zuvor noch gar nicht gesehen und ausgesagt werden konnte. Sie versucht das noch Ungehobene, erst dunkel Empfundene in die Sichtbarkeit zu rücken und darin allererst zur Evidenz zu bringen. Die hauptsächliche Frage ist nun: Wird mit dieser Leistung der Beschreibung der „Käfig“ (Hans Lipps) des Vorverständnisses in der Tat aufgebrochen und dieses außer Kraft gesetzt? Bollnows Anspruch ist es jedenfalls, mit den Formen der Beschreibung den geschlossenen Kreis des Vorverständnisses zu durchbrechen und einen Weg zu öffnen, auf dem auch noch das Ungesagte und Unsagbare, in unserem Kontext die „andere Seite“ der Natur, zur Sprache gebracht werden kann. Ob dieser mit der Beschreibung verbundene Anspruch philosophisch-erkenntnistheoretisch stichhaltig ist, und ob ein *hermeneutisches* Verfahren (im bisherigen Verständnis des Worts) ihn einlösen kann, steht jedoch bei genauerem Hinsehen noch in Frage.

2.2 *Der „Versuch über Beschreibung“ dient dazu, erkenntnistheoretische Fragen, die sich vor allem im Zusammenhang mit der Dichtung stellen, besser als bisher möglich zu beantworten*

Beschreibung im Sinne Bollnows gehört zu den Aufgaben einer dem phänomenologischen Verfahren verpflichteten hermeneutischen Philosophie. Sie wird für Bollnow wichtig im Zusammenhang mit einer anthropologischen Betrachtungsweise, die die einzelnen Phänomene innerhalb eines notwendig offenzuhaltenden Ganzen interpretiert und für das Verständnis des Menschen produktiv macht. Der „hermeneutische Zirkel"[34] in Verbindung mit dem „Prinzip der offenen Frage" (Plessner[35]) gibt dafür den methodologischen Rahmen her. Im Zusammenhang mit dem „Doppelgesicht der Wahrheit" und der erneuten Hinwendung zu naturphilosophischen Fragen verbindet sich für Bollnow mit dem Problem der Beschreibung jedoch eine radikalisierte erkenntnistheoretische Fragestellung, auf die allein hier abgehoben werden soll.

Die erste Aufgabe der Beschreibung läßt sich mit Dilthey dahin bestimmen, ein im Leben als Tatsache gegebenes Verständnis zur Entfaltung zu bringen. In diesem Sinn beschränkt sich ihr Bereich auf den Umkreis der vom Menschen geschaffenen bzw. umgeschaffenen, zweckdienlich eingerichteten und darin immer schon verstandenen Welt. In zweiter Hinsicht geht es der Beschreibung nun aber bei Bollnow nicht mehr nur um die Explikation eines Vorverständnisses, sondern um die grundsätzliche Frage, „ob und wie weit es möglich ist, über den Bereich der auf menschlichen Nutzen oder Schaden bezogenen Welt hinaus zu einer Erfassung der Dinge *in ihrem eigenen Wesen* zu gelangen" (VüBeschr. S. 68; kursiv von mir). Dies verlangt ein *„ganz anderes,*

---

[34] Die seit Schleiermacher geläufige Rede von einem hermeneutischen Zirkel betrifft die Interpretation von Texten im Sinne einer wechselseitigen Bestimmung des Verhältnisses von Teil und Ganzem. Die einzelne Wortbedeutung läßt sich aus dem Zusammenhang bzw. dem Kontext bestimmen und dieser wiederum von jener her verstehen. Dabei wird immer schon ein Verstandenhaben dessen vorausgesetzt, was nun noch expliziter und genauer verstanden werden soll. Die Interpretation von Texten wird so zu einem fortlaufenden Geschehen, für das es keinen absoluten Anfangspunkt und kein Ende gibt. Bollnow betont in diesem Sinne die Unmöglichkeit eines „archimedischen Punktes" in der Erkenntnis (vgl. sein Buch: Philosophie der Erkenntnis. Das Vorverständnis und die Erfahrung des Neuen. Verlag W. Kohlhammer, Stuttgart 1970 (Urban Bücher 126), I. Kapitel.).

[35] Vgl. Anmerkung 29.

nämlich evozierendes Verfahren" und in Verbindung damit eine *„andere Aussageform"* (ebd.; kursiv von mir).

Ansatzpunkte für eine solche grundsätzliche Grenzüberschreitung und das Erreichenkönnen der „anderen Seite", in der die Dinge *in ihrem Eigenwesen* sind und *von sich selbst her zu sprechen beginnen,* sind für Bollnow

– die Störung im gewohnten Lebensablauf,
– das plötzliche Berührt- und Angesprochenwerden („kosmische Augenblicke") und
– das Erschrecken und Staunen vor der Tiefe der Wirklichkeit.

Das Grundproblem der artikulierenden Beschreibung läßt sich somit in die Frage fassen: Erreicht man, und wie erreicht man in und vermöge der Sprache eine „andere Seite" bzw. eine noch „unberührte" Natur?

Auch Schleiermacher ist in seiner Hermeneutik von Störungen und Mißverständnissen in der Auslegungspraxis ausgegangen, die er durch ein in höherem Grade „kunstmäßiges Verfahren" und eine damit verbundene „allgemeine Theorie einer Praxis" zu beheben suchte. Ganz anders stellt sich jedoch für Bollnow die Situation dar, wenn er nun ein über alles mitgebrachte Vorverständnis und jede Form von möglicher Auslegungspraxis hinausgehende Beschreibungsaufgabe in Anschlag bringt. Die Frage stellt sich für ihn viel radikaler: Hat die Beschreibung und damit die Sprache eine *eigentlich hermeneutische* Möglichkeit über diese ganze lebenspraktische Welt hinaus? Kann man „Lebenswelt" und „Sprachwelt" überhaupt noch gleichen? Wollte man die Leistung der Sprache auf den praktischen bzw. universalpragmatischen Bereich im Sinne von Habermas und Apel beschränken, so hieße dies, Sprache zwar zum universalen Rahmen aller möglichen Lebenswelten zu machen, in ihrer Funktion aber auch auf diese einzuschränken. Damit wäre die „unberührte Natur" kein möglicher Gegenstand der Sprache mehr.

2.3 *Die artikulierende Beschreibung und ihr Gegenstand*

Die Aufgabe der artikulierenden Beschreibung setzt genau an dieser Stelle ein. Sie will die Welt des praktischen Umgangs überschreiten und die Dinge auf das hin beschreiben, was sie „als Naturgebilde von ihnen selbst her sind" (VüBeschr S. 58). Die Dinge „in ihrem eigenen Wesen aufzufassen" bedeutet aber, gegenüber ihrer Verrechnung im Binnenkreis menschlicher Gebrauchsweisen eine *andere Welt dahinter* zu betreten, in der allein sie in ihrem *eigenen* Wesen wirklich *sind.* Die Aufgabe des Beschreibens setzt eben in jenen von G. H. Schubert so genannten „kosmischen Augenblicken" ein, wo man nicht begreifen kann, was einen so seltsam berührt und wo die Beschreibung „allein die Möglichkeit bietet, das allzu leicht Entschwindende festzuhalten und seine ‚Botschaft' tiefer zu ergründen" (A. a. O. S. 59).

Um dafür ein paar dichterische Beispiele zu zitieren:

Theodor Storm, Am Meeresstrand

Ans Haff nun fliegt die Möwe,
Und Dämmrung bricht herein;
Über die feuchten Watten,
Spiegelt der Abendschein.
Graues Geflügel huschet
Neben dem Wasser her.

Wie Träume liegen die Inseln
Im Nebel über dem Meer.
Ich höre des gärenden Schlammes
Geheimnisvollen Ton. Einsames Vogelrufen –
So war es immer schon.
Noch einmal schauert leise
Und schweiget dann der Wind;
Vernehmlich werden die Stimmen,
Die über der Tiefe sind.
(bei Bollnow a. a. O. S. 71 zitiert)

Nun ist damit noch nichts darüber ausgesagt, was in diesen Stimmen vernommen wird, und doch sind sie, ins dichterische Wort gefaßt, in ihrem Aussagegehalt bleibend gemacht.

In gleicher innerer Grundstellung beschreibt Ernst Jünger seinen Blick in eine magische Lebenstiefe im Erlebnis tanzender Eidechsen: „Dann geben sie uns in ihren Figuren, Tänzen und Spielen Vorstellungen von höchst geheimer, zwingender Art. Es scheint, daß jedem Tierbild ein Signal in unserem Innersten entspricht ... Dennoch sind die Bande, die hier wirken, sehr verborgener Natur, – man spürt sie, wie man den bedeutenden Inhalt eines versiegelten Briefes ahnt."[36] Bollnow schreibt dazu: „Jünger spricht von einem ‚Erschrecken', von einer Art ‚Schwindel', der durch den unerwarteten Blick in die ‚Lebenstiefe' erzeugt wird. Mit ‚Lebenstiefe' ist, wie mir scheint, eine

[36] Ernst Jünger, Abenteuerliches Herz. Bei Bollnow a. a. O. S. 72 zitiert.

metaphysische Erfahrung gemeint, in der wir uns mit einem umgreifenden Leben verbunden, ja in ihm verwurzelt fühlen" (ebd.).

2.4 *Das evozierende Sprechen als Leistung der artikulierenden Beschreibung*

Für Bollnow ist das Beschreiben somit bezogen auf „eine Sphäre des überhaupt namenlos bleibenden unergründlichen Seinsgrundes, dessen zumeist verborgene Realität uns in gewissen ‚kosmischen Augenblicken' aufgeht" (VüBeschr S. 74). Und hier wird deutlich, daß es dazu einer anderen Sprache bedarf als derjenigen, mittels deren die gegenständliche Welt benannt und rational bestimmt wird: „Hier sind vielmehr andersartige Auffassungsformen erforderlich, die durch das evozierende Sprechen und den metaphorischen Ausdruck gekennzeichnet sind" (S. 73). Bollnow bezeichnet diese andersartigen Sprachformen mit seinem Lehrer Georg Misch als *evozierendes* (wörtlich: „hervorrufendes") *Sprechen.* Ein solches ist für Misch in bezug auf die Tiefendimension des Wirklichen notwendig, „um das Gemeinte in Sicht zu bringen, vernehmlich zu machen, es durch Sätze hindurch vor das geistige Auge zu rücken, es selber zur Sprache zu bringen, so daß es laut wird ... es zu evozieren."[37]

Mögliche Mißverständnisse einer solchen Redeweise werden von Bollnow abgewehrt: Es soll nicht etwas nur „gleichnishaft" mit einem „Hintersinn" versehen werden, wie dies der Fall wäre, wenn z. B. Goethes lautmalerisches „Das Wasser rauscht, das

[37] Georg Misch, Vorlesungen zur Logik und zur Theorie des Wissens, Verlag Karl Alber, Freiburg i. Br. 1994. Bollnow zitiert in seinem Aufsatz „Versuch über das Beschreiben" (S. 65) die vorliegende und auch andere Stellen aus dem Manuskript der zu seiner Zeit noch nicht veröffentlichten Vorlesungen.

Wasser schwoll ...“ so verstanden würde, als ob vom Wasser hier eben im doppelten Sinne die Rede sei: „wasserhaft“ zu sein im Sinne einer objektiven Qualität, dazuhin aber auch noch im metaphorischen Sinne als mit der eigenen Lebendigkeit in bedeutsamer Weise korrespondierendes Element. Es soll aber auch nicht lediglich ein „subjektives Gefühl“ zu einer „objektiven Bestimmung“ hinzugebracht werden. So verstanden wäre die vergegenständlichende Trennung noch erhalten, die zu überwinden doch gerade die Aufgabe der dichterischen Aussage als einer sowohl benennenden als auch artikulierenden Sprachleistung ist. Gegenstand der artikulierenden Beschreibung ist somit etwas, was mir begegnet und mich anspricht, wobei die Betonung darauf liegt, daß es sich dabei keineswegs um eine bloß metaphorische Übertragung eines subjektiven Gefühls handelt, sondern daß hier etwas entgegenkommt und *selber spricht* bzw. *sich von sich selbst her offenbart*. Es handelt sich um „Dinge“ oder „Wesen“, die in Herders Sinne ein eigenes „Selbst“ und damit „Stimme“ haben, d. h. „selbst-lautend“ sind. Diese selber sprechenden „Wesen“ fallen als solche nicht in die unmittelbare sinnliche Wahrnehmung, aber sie tun sich dennoch irgendwie kund, sprechen uns an und werden ansprechbar. Sie verhalten sich diesseits der Subjekt-Objekt-Spaltung wie die „Sache selbst“ der Phänomenologen oder wie bei Hegel der „Begriff“. Aber man muß dieser „Sache“ bzw. „Wesen“ dieser Art auch Gehör geben können und eigene Worte finden für das, was sie einem zu sagen haben. Was so spricht, liegt nicht einfach dem Blick und Zugriff offen, sondern will authentisch beantwortet sein. Nur unter der Voraussetzung eigener Redlichkeit gewinnt das Angesprochenwerden seine Glaubwürdigkeit und wahrt das Gegenüber sein Geheimnis.

Eine so verstandene artikulierende Beschreibung versucht durchaus ohne die metaphysischen Konnotationen des alten Wesensbegriffes auszukommen. Sie will die Dinge *an ihrem eigenen Ort* antreffen und gleichsam *in ihrer Heimat* aufsuchen, nicht aber ein sekundäres Wissen über sie vermitteln oder etwas rein Begriffliches über sie aussagen. Dazu muß die Sprache der Beschreibung von aller mitgebrachten Bedeutung gereinigt und selber wieder ursprünglich geworden sein. Sie zu sprechen verlangt das Heraustreten aus allen vorgegebenen Traditions- und Wissenszusammenhängen. Damit stellt sich für die artikulierende Beschreibung ein „Nullpunktproblem" des Sprachvermögens.

2.5 Das „Nullpunktproblem" der Beschreibung

Die radikale Sprachkritik des ausgehenden 19. Jahrhunderts (Nietzsche, Hofmannsthal, Mauthner u. a.[38]) hat das Gegebensein einer wirklichkeitshaltigen und in bezug auf Wirklichkeit sich selbst erneuernden Sprache bestritten. Sprache ist Konvention und als solche verbraucht. Für die Dichtung der Moderne hat sich daraus das ganz neue Problem ergeben, wie man nicht eben nur schon Gesprochenes weitersprechen, sondern ohne Rückgriff auf die entleerten und verschlissenen Sprachhülsen einer verbrauchten Bildungstradition und d. h. jenseits aller vorgeprägten Sprachformen *die Sprache selbst noch einmal neu sprechen kann.* Die moderne Dichtung tritt den Beweis dafür an, daß es eine solche Möglichkeit in der Tat gibt. Für die Sprache der Beschreibung stellt sich damit ein *Nullpunktproblem,* das

---

[38] Vgl. dazu Elrud Kunne-Ibsch, Die Stellung Nietzsches in der Entwicklung der modernen Literaturwissenschaft. Max Niemeyer Verlag Tübingen 1972 (Studien zur deutschen Literatur Band 33).

nicht mehr im Sinne eines hermeneutischen Zirkels und d. h. im Rückgriff auf bereits Gesagtes aufgelöst werden kann. Das hermeneutische Zirkelverhältnis schließt einen Nullpunkt geradezu aus, wie Bollnow mit Hinweis auf die Unmöglichkeit eines „archimedischen Punktes" zu betonen nicht müde wird.[39] Damit ist für eine sich nach wie vor hermeneutisch verstehende Beschreibungsaufgabe zugleich eine Grenze bezeichnet. Im vor- und rückgreifenden Zirkelverhältnis läßt sich möglicherweise etwas artikulieren und öffnen, aber man kann sich im Zirkel auch verfangen. Man denke an den Reisenden mit dem „Baedecker" (einem klassischen Reiseführer) in der Hand. Der Reiseführer öffnet den Blick für die Sehenswürdigkeiten, gleichzeitig jedoch verstellt er den Blick für all das andere, was jenseits der im Reiseführer beschriebenen „bedeutenden Denkmäler" am Wege liegt. Am „Nullpunkt" des Erfahrenkönnens, den der Reisende selbst ja doch irgendwie einnehmen möchte, wenn er der im Reisen selbst liegenden Absicht gerecht werden will, geht es folglich nicht mehr um die Weitertradierung eines Wissensbestandes, sondern um die mögliche genuine Erfahrungshaltigkeit des eigenen Blicks. Demselben Postulat unvordenklicher Öffnung und Blickerweiterung müßte nun auch die artikulierende Beschreibung genügen.

Herkömmlich wurden derartige Fragen unter dem Titel der *Evidenz* (d. h. einer ursprünglichen, sich selbst vergewissernden Einsicht) abgehandelt. Was clare et distincte vorliegt, ließ sich in der Form eines Urteils fassen. Nun aber geht es verschärft darum, derartige Evidenzen allererst zu gewinnen, ja in einem pointierten Sinne mittels der artikulierenden Beschreibung allererst zu erzeugen. In der Beschreibung soll zur Evidenz gebracht wer-

---

[39] Vgl. Anmerkung 34.

den, was *gerade nicht* „klar vor Augen liegt“: das Abgespaltene, bislang Übergangene oder überhaupt nicht ans Licht Tretende. Damit führt die artikulierende Beschreibung endgültig über die Grenzen der sachlichen Beschreibung hinaus. Was die Dinge selber uns zu sagen haben, faßt die sachliche Beschreibung nicht, weil es in gegenständlicher Einstellung überhaupt nicht faßbar und bestimmbar ist.

An dieser Stelle nimmt Bollnow Josef Königs Abhandlung über „Die Natur der ästhetischen Wirkung“[40] auf. Die Beschreibung im Sinne Königs ist, ebenso wie Mischs evozierendes Reden, bezogen auf ein Anmutendes, Anrührendes und So-Wirkendes, das nicht der gegenständlichen Sphäre angehört und auch nicht in diese hereingeholt und objektiv bestimmt werden kann. Es handelt sich vielmehr um eine *andere Seinsmodalität,* die überhaupt nicht Gegenstand werden kann und sich nicht in die praktischen und theoretischen Verweisungszusammenhänge integrieren läßt. Beschreibung als Artikulation eines sonst unbestimmt Bleibenden wird für Bollnow somit zur „Elementargrammatik“ (Giel) eines eigentlich-hermeneutischen Philosophierens, dem der Rückgriff auf Sinnesgegebenheit und Handlung, auf vorgängige Sprachbedeutung und zergliedernde Logik verwehrt ist. Es handelt sich um die Beschreibung von etwas, was *in* der Beschreibung und *durch sie* allererst „wirklich“

---

[40] Josef König, Die Natur der ästhetischen Wirkung, in: Josef König, Vorträge und Aufsätze. Hrsg. von Günther Patzig, Verlag Karl Alber Freiburg/München 1978, S. 256-337. Es handelt sich bei dieser bedeutenden Abhandlung um die ausgearbeitete Form der Antrittsvorlesung, die König im Januar 1954 in Göttingen gehalten hat. Otto Friedrich Bollnow schrieb dazu einen Aufsatz: Über den Begriff der ästhetischen Wirkung bei Josef König, in: Dilthey-Jahrbuch für Philosophie und Geschichte der Geisteswissenschaften Band 7/1990-91, hrsg. v. Frithjof Rodi, Vandenhoeck & Ruprecht Göttingen 1991, S. 13-43.

oder, wie König es weniger mißverständlich ausdrückt, „zur Welt gebracht“ wird. Dieses Zur-Welt-Bringen ist kein Erschaffen aus dem Nichts, denn was beschrieben wird, ist in einem gewissen Sinne ja schon da. Dennoch wird nun die Beschreibung selber zur Bedingung seines möglichen In-der-Welt-Seins.

Deutlich ist, daß König mit seinem Begriff von „Welt“ auf eine weitere Dimension des Wirklichen verweist und „Welt“ nicht lediglich auf „das Ganze der im menschlichen Verständnis erfaßten Dinge, also unsere Lebenswelt“ (vgl. MuN S. 23) beschränken möchte. Für König bleibt das So-Wirkende, indem es mittels „modifizierender Prädikate“ beschrieben wird, in einer anderen Dimension und kann grundsätzlich nicht in die sinnlich-gegenständliche Welt „determinierter“ Sachverhalte hereingeholt werden.[41] Was die Beschreibung leistet, ist vielmehr eine Umsetzung oder Übersetzung des Beschriebenen „in einen anderen Status“.[42] Auf die schwierigen Fragen eines Weltbegriffs, der das *dimensionale Verhältnis* oder, wie König es vorzieht zu sagen, ein *formaler Unterschied* konstitutiv in sich aufnimmt, kann ich an dieser Stelle nicht näher eingehen.[43] Jedenfalls führt die Beschreibung, für König deutlicher als für Bollnow, über den Rahmen der Lebenswelt hinaus, die im Prinzip als eine Welt der Praxis und der praktischen Bedürfnisse verstanden werden kann. Von Husserl und Misch ist in diesem Zusammenhang klargestellt worden, daß auch die rational höchst durchgebildeten, logisch

---

[41] Den Unterschied von „modifizierenden“ (einen „Eindruck“ fassenden) und „determinierenden“ (etwas sachlich bzw. objektiv bestimmenden) Prädikaten entwickelt König im 1. Kapitel seiner Habilitationsschrift: Sein und Denken. Studien im Grenzgebiet von Logik, Ontologie und Sprachphilosophie (1937), in 2. Auflage unverändert nachgedruckt im Max Niemeyer Verlag Tübingen 1969.

[42] Die Natur der ästhetischen Wirkung, a. a. O. (vgl. Anm. 40), S. 309.

[43] Vgl. unten mehr S. 88 ff.

und begrifflich geschärften Formen und Instrumente wissenschaftlichen Denkens immer noch dieser praktischen Welt angehören und keine Alternative zu ihr darstellen.

2.6 *Die Verschränkung zweier Seiten im Grundvorgang der Beschreibung*

Soweit es sich im Vorgang der Beschreibung um die *Verschränkung zweier Seiten* handelt, kann Bollnow mit König parallel gehen und dessen Formulierungen aufnehmen. Es handelt sich auch für ihn im Verhältnis von „ästhetischer Wirkung" und „Beschreibung" um „zwei aufeinander angewiesene Bewegungen" (vgl. MuN S. 32 ff.), wobei die eine der anderen entgegenkommen muß, jede aber auch durch sich selber die andere indirekt ermöglicht. Nur beide Seiten zusammen machen in ihrer wechselseitigen Angewiesenheit aufeinander den fraglichen Vorgang aus. König drückt dies in seiner präzisen Sprache so aus: „Die ästhetische Wirkung ist *nichts außer dem,* daß sie das ist, *was uns Menschen das Sprechen von ihr* als einer ästhetischen Wirkung und in eins damit von einem so oder so Wirkenden *als ein ihr angemessenes und sie treffendes Sprechen empfindbar macht"* (a. a. O. S. 264, von Bollnow zit. MuN S. 32; kursiv von mir). Was die Beschreibung faßt, geht von der ästhetischen Wirkung aus, denn wir können nur *unter dem Einfluß der ästhetischen Wirkung* angemessen von ihr reden. Umgekehrt aber kommt auch die ästhetische Wirkung nur *zu sich* (als ob sie unter der Berührung des Wortes gleichsam erwachte), wenn und indem wir sie beschreiben.

Wenn König dann weiter sagt, daß die dichterische Aussage die ästhetische Wirkung *bei ihrem Namen nennt* (vgl. a. a. O. S. 267 f.), kann auch dieser Hinweis auf den Eigennamen erhellend sein für den Charakter der von ihm so genannten Beschreibung. Diese ist einerseits eine metaphorische Rede, andererseits aber erfüllt sie die Funktion eines Eigennamens. Eine Metapher als Eigenname, ein Eigenname als Metapher: damit werden zwei Sprachfunktionen in ein inneres Verhältnis zueinander gesetzt, die nicht nur in den älteren Sprachtheorien, sondern auch noch in der modernen Semantik und Semiotik nahezu völlig auseinanderfallen. Freges Unterscheidung von „Sinn“ (meaning) und „Bedeutung“ (reference) beleuchtet scharf den Bruch zwischen einem sinnauslegenden Sprachgebrauch und der mit dem Namen verbundenen Bezeichnungsfunktion.

Hermeneutisches Reden im und aus dem Kontext ist etwas anderes als Namengeben. Das Anrufen, Treffen und Erreichen der Dinge ist traditionell mit dem Eigennamen bzw. der Bezeichnungsfunktion der Sprache, nicht aber mit einem Reden über sie verbunden worden. Man muß den Namen kennen und die Dinge bei ihrem Namen nennen, um sie in ihrem Wesen aufschließen zu können. Darüberhinaus bedeutet der Eigenname nichts und läßt sich auch in keinerlei semantische Kontexte einbetten. In Königs charakteristischer Ausdrucksweise bedeutet er *„nichts als das“*, was er bezeichnet und kann auch gar keine weiteren Bedeutungen annehmen. Eigennamen übernehmen auch keine begriffliche Funktion im Sinne verallgemeinernder Übertragung auf andere Gegenstände. Der Name „trifft“, und das ist alles, was er leisten kann und zu leisten verspricht. Im Unterschied dazu erlaubt es die metaphorische Sprechweise, Sprachausdrücke durch andere Sprachausdrücke zu ersetzen und so in ihrer Bedeutung abzuklären oder zu modifizieren. Bedeutungen verweisen auf Kontexte zurück und über sie hinaus.

Die Beschreibung Königs hat nun aber an beiden, traditionell stets gesonderten Sprachfunktionen teil und verbindet sie in sich. Indem sie einen ästhetischen Eindruck beschreibt, bildet sie einen komplexen metaphorischen Ausdruck für diesen und stellt zugleich eine Korrespondenz zu ihm her, wie sie dem Namen eignet.

2.7 *Die „treffende" Beschreibung als Resonanzphänomen*

Königs Rede von einer „treffenden" Beschreibung verbindet Bollnow wiederum mit Mischs „evozierendem Sprechen", zu dessen Charakterisierung Misch auf dieselbe Metaphorik zurückgreift. „Georg Misch spricht in einer von ihm gern gebrauchten Wendung davon, daß der gemeinte Gegenstand durch das treffende Wort zum Erzittern gebracht wird. Er sagt, daß der Gegenstand selbst von den Worten betroffen ist, gleichsam durch die Berührung des Wortes durch die Tat der Sprache erzittert."[44] Die parallele Formulierung Königs lautet: „Treffend ist die Beschreibung, die sie (nämlich die ästhetische Wirkung) trifft oder anstößt oder weckt. Und daß sie gleichsam erwacht, kann man wiederum mit Gewinn dahin wenden, daß sie zurücktönt oder resoniert" (A. a. O. S. 303, bei Bollnow zit. MuN S. 25). Derartige Redeweisen sind für Bollnow „selbstverständlich metaphorisch gesprochen und vielleicht auch insofern mißverständlich, als die Wendung von einem erzitternden Gegenstand an ein körperliches Ding denken läßt, das in Schwingung gerät, während es sich hier zumeist um dinglich nicht faßbare Erscheinungen handelt" (ebd.). Der „treffende" und unmittelbar als solcher empfundene Sprachausdruck verweist auf ein Resonanzphänomen, wie es physikalisch in bezug auf den spezifischen Eigenton eines Schallkörpers auftritt. Bollnow macht geltend,

[44] Mensch und Natur S. 24, mit Hinweis auf Mischs Logik-Vorlesung (vgl. Anm. 37) und Bollnows Darstellung derselben in: Studien zur Hermeneutik II, Verlag Karl Alber Freiburg i. Br. 1983, S. 167.

daß eine solche Redeweise in der Übertragung auf das „evozierende Sprechen“ bzw. die „treffende Beschreibung“ notwendig metaphorisch wird und, wenn man sie wörtlich nehmen wollte, in eine magische Welt verweist. Analoges gilt für das „mythische Bewußtsein, in dem der Mensch noch in ungebrochener Einheit mit den Dingen lebte und ihre Sprache verstand“ (VüBeschr S. 65), so daß die Naturwesen unmittelbar zu ihm reden konnten.

Im Sinne dieser Sprachmagie zitiert Bollnow Eichendorff's

Schläft ein Lied in allen Dingen,
Wie sie träumen fort und fort,
Und die Welt fängt an zu singen,
Triffst du nur das Zauberwort.

Dieses „Singen“ in Verbindung mit einem „Sagen“ verlangt in dem nicht mehr magischen Bewußtsein der Neuzeit die *dichterische Sprache,* in der das „Namenlose selbst zu sprechen beginnt“ (Ernst Jünger) und etwas Ähnliches möglich wird. Wie das Zauberwort bekanntlich genau gesprochen werden muß, wenn es seine Wirkung haben soll, weist auch König hin auf das Erfordernis einer „reinen und genauen“ Beschreibung, die in „auswählender Resonanz“ den spezifischen „Eigenton“ einer Sache trifft. Eine „treffende“ Beschreibung bzw. ein etwas qualitativ Bestimmtes evozierender Ausdruck kann nicht beliebig sein, er muß vielmehr selber, um zu treffen, mit Kunst gebildet sein. Die Reinheit und Genauigkeit der Beschreibung beweist sich eben dadurch, daß sie in der Tat etwas „trifft oder anstößt oder weckt“ (König), so daß es unter der „Berührung des Worts“ (Misch) gleichsam erwacht und zu sich kommt. Damit ist verbunden, daß man um den treffenden Ausdruck ringen muß und dazu gelöst sein und auch Glück haben muß (vgl. VüBeschr S. 63).

Gleichwohl meldet Bollnow gegenüber der starken suggestiven Kraft einer derartigen Rede- und Vorstellungsweise einen deutlichen Vorbehalt an: „Aber man darf dies Bild auch nicht übertreiben“ (MuN S. 26). Er stört sich offensichtlich an dem *Fertigsein dessen, was nur noch erweckt zu werden braucht.* Ihm fehlt bei dieser Vorstellung des „Treffens“ die schöpferische Leistung des Gestaltgebens, das artikulierende Moment.

Auf diese Schwierigkeit soll im Zusammenhang mit der Leistung der Metapher (These 3) und mit der „Stimme der Natur“ (These 4) noch genauer eingegangen werden. Sie hängt zusammen mit der bereits angesprochenen Differenz eines hermeneutischen, sich selbst auslegenden und eines rein bezeichnenden Sprachgebrauchs, wie er traditionell in der Entgegensetzung einer Sprache der Metapher und einer Namensprache zum Ausdruck gebracht wurde, nie aber in ein befriedigendes Verhältnis zueinander gebracht werden konnte. Mischs „evozierendes Sprechen“ und Königs „treffende Beschreibung“ versuchen meines Wissens zum ersten Mal, diese beiden grundverschiedenen Sprachfunktionen wirklich ineinanderzuarbeiten. Nur wenn dies gelingt, kann der Metaphorik über ihre Selbstbezüglichkeit und Kontextabhängigkeit hinaus eine Referenz zugesprochen werden, wie der Eigenname eine solche besitzt, und kann umgekehrt mit der Namensgebung selber eine metaphorische Leistung verbunden werden. Nur indem beides in der „treffenden Beschreibung“ koinzidiert, kann der Sprachvorgang selber zu einem Durchbruchsereignis werden und seinen Anspruch auf Wirklichkeitshaltigkeit und Wahrheit einlösen. Dazu ist nach allem bisher Gesagten aber noch ein weiter Weg[45].

Zuvor jedoch stellt sich die Frage, ob König und Misch, wenn sie auf denselben Grundvorgang verweisen, auch dasselbe meinen und im Blick haben. Bollnow selber stellt Königs Beschreibung einer ästhetischen Wirkung ganz in den weiteren Kontext von Mischs evozierendem Sprechen und versucht, was König meint, von daher zu verstehen. Wiewohl König in seiner Abhandlung über die Natur der ästhetischen Wirkung selbst an keiner Stelle auf Misch verweist – was bei der direkten Schülerschaft ja auffällig ist und von Bollnow durchaus registriert wird – besteht für ihn zwischen beiden Fragestellungen ein offensichtlicher Zusammenhang (vgl. VüBeschr S. 70; MuN S. 32). Die Dinge antworten auf das evozierende Sprechen *von sich selbst* bzw. *von ihrem Selbst her,* und dies wollte auch König zur näheren Bestimmtheit bringen. Auch das von König so genannte „modifizierende Reden" wird in demselben Zusammenhang gesehen, wenn Bollnow aus „Sein und Denken" zitiert: „Dinge dieser Art sehen uns von sich aus an; wir werden von ihnen her angeweht; sie kommen uns mit ihrem eigenen bestimmten Sein entgegen; und doch gilt alles dieses nur bezüglich, d. h. nur wenn wir ihnen gleichsam entgegengehen."[46] Wiederum wird hier die Verschränkungsformel geltend gemacht, daß die Dinge uns entgegenkommen, *doch nur, wenn auch wir ihnen entgegengehen.*

Bollnow verspricht sich, wie König, von einer solchen, beide Perspektiven gleichursprünglich verschränkenden Betrachtungsweise eine wesentliche Erweiterung und Vertiefung des über-

---

45 Vgl. dazu mehr: S. 63 ff und S. 98 ff.

46 Josef König, Sein und Denken, a. a. O. (siehe Anm. 41) S. 5, von Bollnow zit. in Mensch und Natur, S. 33.

lieferten Wahrheitsbegriffs (vgl. MuN S. 35 ff.). Wenn richtig ist, daß die Beschreibung eben dieses leistet, daß der Dichter da *„rein und genau“* (König) spricht, kommt der treffenden Beschreibung, die man ja *„unmittelbar* als treffend empfindet“[47], „in irgendeinem Sinne des Wortes ‚Wahrheit‘ Wahrheit zu“ (König, a. a. O. S. 259) – eine Wahrheit, die auch ohne jede Vergleichsmöglichkeit und d. h. ohne Bezug auf ein *äußeres* Wahrheitskriterium unmittelbar als solche *gefühlt und gewußt* wird. Wahrheiten dieser Art besitzen eine innere, unabweisbare Verbindlichkeit; dieser Anspruch besteht aber nur, wenn und indem wir ihn fühlen und anerkennen. In Rilkes von König (a. a. O. S. 256) zitierten Worten, unter dem Eindruck des Archaïschen Torso Apollos:
„... denn da ist keine Stelle, die dich nicht sieht. Du mußt dein Leben ändern.“

---

47 Josef König, Die Natur der ästhetischen Wirkung, a. a. O. (vgl. Anm. 40) S. 258; kursiv von mir.

3 Die Leistung der Metapher und die Frage nach dem Wirklichkeitsbezug der Sprache

These 3 untersucht das Spezifische der Sprache der Beschreibung unter dem Aspekt der Metaphernbildung. Einer ersten Formulierung dieses Problems kann auch Bollnow zustimmen:

These 3: *Die Sprache der Beschreibung ist notwendig metaphorisch und nimmt darin eine neue Tiefe und Ursprünglichkeit an*

An der strengen Zweiseitigkeit des Metaphernproblems, die sich in Form einer Paradoxie ausdrücken läßt, scheiden sich jedoch die Geister:

Metaphorisches Sprechen ist der Angelpunkt und die Bedingung der Möglichkeit einer Hermeneutik (so auch Bollnow); zugleich jedoch stellt metaphorisches Sprechen aber auch die Grenze jeder möglichen Hermeneutik dar (so Josef König).

Was den möglichen Gegenstand der Beschreibung betrifft, ist in den Ausführungen zur „treffenden“ Beschreibung deutlich geworden, daß es sich hierbei nicht um Dinge im physikalischen Sinne handeln kann, auch wenn bei diesen ein analoges Resonanzphänomen noch unbestrittener nachweisbar ist. Es handelt sich in den Beispielen vielmehr um einen anderen, geheimnisvollen Bereich, in dem die Naturdinge nicht als Gebrauchsdinge erscheinen, sondern „Selbst“-Charakter haben und in ihrem „Eigenwesen“ von sich selbst her zur Sprache kommen. Auch wenn diese Rede von „Selbst“-Wesen für Bollnow nur gleichnishaft zu verstehen ist (vgl. VüBeschr S. 67 f.), werden dazu „eigene sprachliche Formen, besonders in metaphorischer Ausdrucksweise, erforderlich“ (S. 66). Die Natur dieser *notwendig metaphorischen* Sprechweise zu bestimmen macht jedoch eigentümliche Schwierigkeiten.

3.1 Die Beschreibung als Artikulation eines Eindrucks

Fragt man nach den Besonderheiten der Sprache der Beschreibung, so wird man verwiesen auf sprachliche „Ausdrücke wie heiter, freundlich, öde, düster, melancholisch usw.“ (MuN S. 20), aus „dem seelischen Leben entnommene Wörter“ also (ebd.), die sich im ganzen auf ein nicht-objektivierbares und insofern auch unbestimmt bleibendes, aber doch höchst spezifisches Ganzes beziehen, das in seiner Qualität empfunden und mittels metaphorischer Rede gekennzeichnet werden kann. Auch Königs Beispiele für ästhetische Wirkungen beziehen sich in diesem Sinne auf einen „Gesamteindruck“, wie er z. B. als „Stimmung“ einer Landschaft aufgefaßt wird und versuchsweise in einzelnen „Zügen“ artikuliert werden kann.

Artikulation als genuiner Sprachvorgang geschieht im Verhältnis von *Teil* und *Ganzem,* wie dies ja auch bei Dilthey bezüglich des zu artikulierenden Erlebnisganzen herausgearbeitet worden ist. Zu verweisen ist in diesem Zusammenhang auf Josef Königs Dissertation: „Begriff der Intuition“[48], in der dieses Verhältnis in seiner reichen metaphysischen Tradition herausgearbeitet worden ist. König interpretiert das Schicksal des mit einem flüchtigen Eindruck verbundenen und keine Dauer annehmenden „Ganzen“ im Sinne einer „Verfallsgeschichte“. Es geht ihm in seiner Thematisierung nicht mehr darum, zu den Ursprüngen zurückzukehren oder in Richtung auf die Zukunft

[48] Vgl. Anmerkung 24.

einer Utopie nachzuhängen. Was in rückwärtsgewandter Einstellung „Ursprung“ heißt, muß vielmehr dem ständigen Zerfall immer wieder von neuem abgerungen werden.

Derselbe Grundzug der Fragilität, der Abnützbarkeit und des möglichen Verfalls betrifft auch die sprachlichen Wirkungsgrößen. Damit stellt sich vor dem Hintergrund einer radikalen Sprachkritik, die eben diese Verfallsgeschichte sprachlicher Wirkungsgrößen thematisiert, eine neue Sprachaufgabe, wie sie von der Lebensphilosophie mit der nach keiner Seite hin sich einseitig auflösenden Verschränkungsformel einer „Bestimmung des Unbestimmten und Unbestimmbaren“ in den Blick gerückt worden ist. Es ist deutlich, daß das zu Bestimmende und im Bestimmen gleichwohl unbestimmt Bleibende grundsätzlich nur in metaphorischen Wendungen zu fassen und direkt überhaupt nicht aussagbar ist. Die traditionell metaphysisch verstandene Formel der „Bestimmung eines Unbestimmten“ wird damit zu einem sprachhermeneutisch verstandenen Explikations- und Gestaltungsprinzip.

Um für den hier gemeinten Sachverhalt ein von Bollnow öfter zitiertes Beispiel aufzunehmen: Die in Goethes Ballade „Der Fischer“ evozierte Anmutungsqualität des „Wasserhaften“ bedeutet von vornherein eine qualitative lebendige Realität, die weder als „objektive Eigenschaft“ des Wassers noch als „bloß subjektive Zutat“ verstanden werden darf und beides vielmehr in eigentümlicher Weise verschränkt. Für Goethe manifestiert sich im Physischen ein Geistiges und kann auf dieses hin transparent gemacht und überschritten werden.[49] Gleichwohl läßt sich die Metaphorik in Goethes Ballade nach wie vor mit einer sinnlich

---

[49] Vgl. auch Goethes, den meteorologischen Prozeß auf ein Geistiges hin transparent machendes Gedicht „Howards Ehrengedächtnis“.

wie seelisch unmittelbar erlebbaren Wasserqualität in Verbindung bringen. Auch wenn die Metaphorik des „Wasserhaften“ hier auf ein Seelisch-Geistiges bezogen wird, läßt sie sich immer noch als metaphorische Übertragung im gewöhnlichen Sinne verstehen und, weil eine sinnliche Erfahrung dem entspricht, in eine wörtliche bzw. direkte Bedeutung zurückübersetzen.

3.2 Beschreibung als ursprüngliche Metaphorik

Anders liegt die Sache jedoch bei dem „blauen Band“ in Mörikes Frühlingsgedicht

> Frühling läßt sein blaues Band
> Wieder flattern durch die Lüfte ...

Bollnow schreibt dazu: „Was hier angesprochen wird, ist keine objektive Bestimmung des Frühlings als einer bestimmten, mit bestimmten Eigenschaften ausgezeichneten Jahreszeit, aber auch nicht das subjektiv zu verstehende Gefühl des Frühlings, sondern ähnlich wie vorher beim Wasser der Frühling selbst, das Wesen des Frühlings, das Frühlingshafte mit dem erwachenden Leben, das hoffnungsvoll der Zukunft Zugewandte usw., alles das, was sich in sachlich bestimmter Rede nicht ausdrücken läßt. Wie aber kommt diese Wirkung zustande? Wörtlich genommen ist es ein Unsinn; denn wo gäbe es ein solches blaues Band? Es ist, wie man sofort erkennt, eine metaphorische Rede.

Aber auch diese Bestimmung greift zu kurz. Denn es ist keine Metapher im üblichen Sinn, wo eine für sich bestehende Grundbedeutung im übertragenen Sinn angewandt wird, wie beim Stuhlbein oder Flußbett usw. Hier ließe sich zwischen wörtlicher und übertragener Bedeutung klar unterscheiden, und das metaphorisch Ausgedrückte ließe sich grundsätzlich auch in direkter Rede sagen. Hier aber kann man nicht sagen, daß der Frühling mit einem blauen Band verglichen wird. Er ist als ganzer in seinem Wesen mit dieser Metapher evoziert" (VüBeschr 67).

Was mit „blauem Band" hier gemeint ist, kann folglich nicht mit Hinweis auf die Grundbedeutung des Ausdrucks „blaues Band" erklärt werden, weil es in bezug auf den Frühling gar keinen Vergleichspunkt zwischen der wörtlichen Bedeutung dieses Ausdrucks und einer möglichen übertragenen Bedeutung gibt. Was aber ist dann das „Wesen dieser eigentümlichen Form der Metapher" (ebd.), die keine Metapher im üblichen Sinne ist und für die es gar keine wörtlich zu nehmende, sinnlich aufweisbare Grundbedeutung mehr gibt? Natürlich gibt es blaue Bänder, doch hat Mörikes „blaues Band" des Frühlings damit nichts zu tun. Man kann hier nicht mehr auf ein sinnlich-gegenständlich Vorliegendes und auf die Semantik rekurrieren, wie dies im Verhältnis von wörtlicher und übertragener Bedeutung der Fall ist, sondern muß schon von einer anderen Sprachform bzw. Sprachstufe reden, auf der die Metapher „blaues Band" unabhängig von der wörtlichen Bedeutung dieses Ausdrucks ein Eigenleben annimmt. Was sie nun bedeutet, ist in einem So-wirken des „Frühlings" begründet, das sich jeder Vergegenständlichung und direkten Aufweisung entzieht.

An dieser Stelle führt Königs Begriff *„ursprünglicher Metaphern"* weiter, die von ihm im Unterschied zur gewöhnlichen Metapher so umschrieben werden: „Sie sind bildliche Ausdrücke, die ein rein Bedeutendes bedeuten; und daher ist es im strengen Sinne unmöglich, sie durch Ausdrücke, die nicht Bilder wären, zu ersetzen. Sie geben kein Bild für das Bedeutete, sondern bilden es; sie sind die Sache selber als Bild; und diese Sache ist, als ein rein Bedeutetes, nur da und *nur in der Welt als ein notwendig metaphorischer Ausdruck*" (a. a. O. S. 322). Wenn aber die von einer „ursprünglichen Metapher" bedeutete Sache *nur* in der Welt ist in der Gestalt dieses notwendig metaphorischen Ausdrucks, kann sie grundsätzlich nicht mehr an sinnlicher Wahrnehmung und einer mit dieser verbundenen Gegenständlichkeit gemessen und an ihr überprüft werden. Die „ursprüngliche Metapher" als „rein Bedeutendes" eines „rein Bedeuteten" kann auch nicht durch andere Ausdrücke ersetzt werden, die vorgeblich dasselbe bedeuten. Dem „rein und genau" angemessenen metaphorischen Ausdruck eignet, wie dem von ihm Bedeuteten, eine *unverwechselbare Singularität.*

In der Konsequenz heißt dies für König jedoch, entgegen Bollnows Intention: Es gibt für diese ursprünglich-metaphorischen Ausdrücke und ihr Bedeutetes keine sprachlichen und gegenständlichen Kontexte, in die sie eingebettet und aus denen heraus sie verstanden und interpretiert werden könnten. Das heißt, *es gibt keine Hermeneutik dieser spezifisch treffenden, notwendig metaphorischen Ausdrücke*. Was sie sagen, sagen nur sie selbst, und es gibt keinen anderen Ausdruck, der ihnen im Bedürfnis nach Klärung ihres Sinnes zu Hilfe eilen könnte. Sie sprechen, wenn sie „rein und genau" sind, ausschließlich durch und für sich selbst und lassen keinerlei Übersetzung in andere Ausdrucksweisen zu.

Die Nichtersetzbarkeit und Nichtinterpretierbarkeit „ursprünglicher Metaphern" bzw. „Beschreibungen" in Königs Sinn des Wortes hängt damit zusammen, daß es für das, was sie bedeuten, keine zweite, vergleichbare Repräsentation gibt, wie die sinnliche Wahrnehmung und Vorstellbarkeit für die gewöhnlichen Metaphern eine solche bietet. Gewöhnliche Metaphern sind dadurch definiert, daß sich die metaphorische Bedeutung auf eine sinnenfällige Bedeutung zurückbeziehen läßt, an der sie sich mißt. Man kann sich hier auf die verschiedenste Weise ein Bild machen, weil und insofern die Sprache aus ihren verbalen Wurzeln heraus entsprechend bildsam dazu ist. Anders ist es mit den von König so genannten Beschreibungen, die als solche *rein und genau* und darin *fertig* sind und, weil sie sich nicht durch andere äquivalente Sprachausdrücke austauschen lassen, auch kein Gegenstand hermeneutischer Explikation bzw. Interpretation mehr sein können. Was so beschrieben wird, gewinnt allein *in* der Beschreibung und *durch* sie eine je und je zu aktualisierende Bedeutung und Wirkmächtigkeit.

3.3 Die Markierung einer formalen Differenz im Begriff des Metapher-seins und der Sprachmöglichkeit überhaupt

Bollnow verbindet mit der artikulierenden Beschreibung eine *hermeneutische Gestaltungsaufgabe,* wie sie mit der alten platonischen, von der Lebensphilosophie aufgenommenen Formel einer „Bestimmung des Unbestimmten“ umschrieben werden kann. Auch diese grundsätzlich nach beiden Seiten hin zu lesende Verschränkungsformel ist, wie Königs Beschreibungsvorgang, *streng zweiseitig* aufzufassen, denn das so Bestimmte gibt im Bestimmungsvorgang sein Geheimnis nicht preis und hört, auch wenn es beschrieben ist, nicht auf, unergründlich und namenlos zu bleiben. Zur Charakterisierung des sprachschöpferischen Vorgangs nimmt Bollnow die Formulierung von Georg Misch auf, daß „in den Worten sich etwas konzentriert, was vor dem Aussprechen derselben *noch nicht da war* oder *so* noch nicht da war. In den Worten ersteht dasjenige, was in ihnen ausgesprochen wird.“[50] Im Sinne einer sprachphilosophischen These

---

50 Aus Mischs Logik-Vorlesung (vgl. Anm. 37), bei Bollnow zitiert in Mensch und Natur S. 22; kursiv von mir.

ist eine derartige Auffassung häufig anzutreffen. Sie ist indes mehrdeutig und der Präzisierung bedürftig. Königs Redeweise scheint mir an dieser Stelle genauer und weiterreichender zu sein.

Man kann sich die Differenz in der Weise des Verständnisses bei König einerseits und bei Misch und Bollnow andererseits so klar machen: Für Misch und Bollnow wird die Sprache zu einer *schöpferischen,* letztlich *Wirklichkeit setzenden* Macht. Eine solche Auffassung scheint ihren Rechtsgrund darin zu haben, daß, was so in der Sprache und durch sie gesetzt wird, auch noch eine *zweite* Repräsentation in der sinnlichen Anschauung findet. Der anfängliche Welteingang der Dinge und d. h. ihre sinnlich-gegenständliche Konstitution liegt diesem Redenkönnen bereits voraus und zugrunde. In Königs Verständnis der Sachlage wird hingegen das ursprünglich-metaphorische Sprachbilden zum Geburtshelfer für etwas *Unsichtbares* und *unsichtbar Bleibendes,* was zwar auch irgendwie schon da ist, nun aber, in der Sprache der Maieutik ausgedrückt, im Sinne einer *zweiten* Geburt (einer *„Wiedergeburt")* in der Beschreibung und durch sie *zu sich selbst entbunden wird.*

Auf den ersten Blick scheinen die beiden Auffassungen völlig parallel zu liegen. Auch Bollnow könnte von einer *Geburt der Welt aus der Sprache* im Sinne einer „zweiten" Geburt der Dinge in der Sprache und aus ihr heraus reden. Was in den Dingen noch ungehoben ist, wird durch die Sprache in seiner *Ursprünglichkeit* zu sich selbst gebracht und mythologisch ausgedrückt, *erneuert.* Auch was die zugehörigen *Organe* des Welt-Auffassens betrifft, geht es Bollnow nicht mehr um die primäre sinnliche Konstitution von Welt, so wie Kant diese versteht, sondern vielmehr mit Goethe, Pestalozzi, Herbart und vielen anderen um die *Öffnung und Erneuerung der Sinne durch Entbindung einer neuen Anschauungskraft in ihnen.* Dieses Thema eines neu zu bestimmenden, die Leistung der Sinne vertiefenden und ins Geistige hinein auslegenden Anschauungsbegriffs ist von Bollnow vielerorts aufgenommen und behandelt worden.

König weist demgegenüber darauf hin, daß ja auch *die Sprache der Beschreibung selbst* durch das *Gelingen* der Beschreibung ein zweites Mal geboren und d. h. wiedergeboren wird. Es handelt sich bei ihr nun nicht mehr um die herkömmliche konventionelle Sprache, sondern um eine *Sprache neuen Typs* oder *neuer Stufe,* die jenes überkommene, bereits mit dem Besitz der Sprache gegebene Sprechen- und Verstehenkönnen übersteigt, auch wenn das Beschreiben in Königs Sinn sich nach wie vor auf das „alte" Sprachmaterial bezieht und dieses weiterhin benützt.

Es ist schwierig, diese eigentümliche Überlagerung und Verschränkung grundverschiedener Sprachmodi richtig zu bestimmen. An dieser Stelle setzen Königs mit dem Begriff „ursprünglicher Metaphern" verbundene Überlegungen ein.[51] Königs Vortrag „Bemerkungen zur Metapher" geht davon aus, „daß es nicht nur verschiedene, sondern prinzipiell verschiedene Metaphern gibt" und daß dieser „Formunterschied in der Weise ihres Metapherseins" sie zu *„als* Metaphern verschiedenen Metaphern" macht (a. a. O. S. 157 f.). Diese Sachlage – das Bestehen derartiger formaler Unterschiede – stellt für ihn insofern „ein allgemeines Problem dar, als sie nicht nur in bezug auf Metaphern auftritt" (ebd.). An Hand seiner formalen Unterscheidung entwickelt König nun den Gedanken, *„daß das metaphorische Sprechen nicht nur etwas ist, das zu dem nichtmetaphorischen Sprechen hinzukommt, sondern daß die Einheit und damit das Wesen*

---

[51] Vgl. dazu Königs Seminarvortrag „Bemerkungen zur Metapher" aus dem Jahre 1937, den Bollnow noch nicht kennen konnte. Der Vortrag ist erstmals veröffentlicht in: Josef König, Kleine Schriften. Hrsg. von Günter Dahms. Verlag Karl Alber Freiburg und München 1994, S. 156-176.

der Sprache dadurch mit bedingt ist, daß es auch ein metaphorisches Sprechen gibt" (ebd.). Dies wird so ausgeführt: „Die Sprache selbst vielmehr und als ganze wird durch diese Leistung *verwandelt* und *zu sich* verwandelt. ... Daß die Sprache in einem wesentlich *folgenden* Bereich sowohl zu meinen als auch zu geben vermag, hat eine *Rückwirkung* innerster Art auf ihre Natur im ersten Bereich. Denn das sinnfällig Seiende ist vermöge dieser Rückwirkung über seine sinnliche Gegebenheit hinaus in der Sprache und durch sie *noch einmal* gleichsam *geboren,* noch einmal ursprünglich gegeben. Nur auf Grund davon ist *auch* in dem ersten Bereich das sprachliche Meinen und Bedeuten so grundverschieden von einem Fixieren der Dinge vermittelst von Zeichen. Nur kraft dieser Verwandlung ist die Sprache in sich homogen, einheitlich und überhaupt *eine;* denn daß sie dies ist, ist zwar ein Faktum, aber durchaus kein selbstverständliches Faktum; im Gegenteil: die Beziehung auf sinnfällig Seiendes und die auf nicht sinnfällig Seiendes sind an und für sich so tief verschieden, daß ohne die rückerwirkte Verwandlung der Gedanke zweier grundverschiedener Leistungsbereiche der Sprache und mithin gleichsam zweier verschiedener Arten von Sprache nicht für phantastisch erklärt werden dürfte" (A. a. O. S. 173 f.).

Diese Verschränkung zweier grundverschiedener Sprachmodi und Wirklichkeitsebenen kann leicht mißverstanden werden. König will sie nicht (wie etwa Hamann oder Herder) in dem Sinne verstanden wissen, daß die Sprache, geschichtlich betrachtet, *von vornherein metaphorisch* ist und erst im späteren verdinglichten Zustand, wie Jean Paul es ausdrückt, zu einem „Wörterbuch erblaßter Metaphern" herabgesunken ist. Die *Doppelaspektigkeit* der Sprachgegebenheit: daß die Sprache einerseits in nichtsprachliche Kontexte eingebettet und insofern vermittelt und sekundär ist, andererseits aber auch originär gebend und schöpferisch wird, wird von König nicht mehr im *alternativen* Sinne nach der einen oder anderen Seite hin aufgelöst. Die Metaphorik der Sprache ist *sowohl* abkünftig *als auch* ursprünglich, ein Zweites und ein Erstes zugleich. Das metaphorische Sprechen ruht in *einem* Sinne auf einem nicht-metaphorischen Sprechen auf, in einem *anderen, der Zeit nach späteren* Sinne wird es aber auch gänzlich unabhängig von diesem und beginnt aus eigener Quelle zu fließen. Damit rückt der Begriff der Metapher und mit ihm der Begriff der Sprache überhaupt entwicklungsgeschichtlich wie formal in eine *doppelte Beleuchtung*. Zwar handelt es sich bei dem mit dem Ausdruck „Metapher" Gemeinten nach wie vor um *einen* Begriff. Aber es ist ein Begriff besonderer Art, der dadurch charakterisiert ist, daß er einen *inneren Formunterschied* enthält und deshalb gleichzeitig von zwei ganz verschiedenen Seiten betrachtet werden will. Um diesen Formunterschied im Metapher-sein von Metaphern an geeigneten Beispielen spürbar zu machen und formal nachzuweisen, verwendet König alle erdenkliche Mühe. Es macht für ihn z. B. einen prinzipiellen Unterschied, ob ich etwas *„erhebend"* finde oder ob es *„erhaben"* auf mich wirkt (vgl. a. a. O. S. 157 f.). In gleichem Sinne ist die Rede von der *„blendenden Schönheit"* z. B. einer Frau eine formal andere Rede als die Rede von einer *„blendenden Leistung"* in der Prüfung (vgl. S. 160 f.). Der spürbare Unterschied hat in der Tat etwas mit den ganz unterschiedlichen Ebenen und Sachverhalten zu tun, auf die die beiden Metaphern jeweils verweisen. Wichtig aber ist, daß der *sachliche* Unterschied nur faßbar wird in einem *Formunterschied* beider Metaphern und d. h. in einem Unterschied in der Weise ihres Metapher-seins. Unmittelbar zu *spürende, aber nur formal zu kennzeichnende*

Unterschiede dieser Art machen deutlich, was König unter einem radikalen bzw. formalen Unterschied versteht.[52] Man kann für solche Unterschiede ein Gespür entwickeln, doch kann das so Gespürte gar nicht angemessen in den Blick kommen, wenn man nicht gleichzeitig realisiert, daß es sich hier um einen *formalen Unterschied* und d. h. *einen Unterschied in der Ebene des Sprechens* (der *Sprachstufe*) handelt. Um einen solchen Unterschied nicht nur zu spüren, sondern formal nachzuweisen, bedarf es notwendig einer philosophischen Analyse.

Auch wenn es sich für König nach wie vor um *eine* Sprache und hinsichtlich des Begriffs der „Metapher" um *einen* Begriff handelt, kann doch das Metapher-sein von Metaphern nun nicht mehr auf *ein und derselben Sprachebene* verrechnet werden. Der so umschriebene, formale oder radikale Unterschied schließt es aber gleichzeitig aus, von den *als* Metaphern verschiedenen Metaphern im Sinne *zweier voneinander unabhängig gewordener Sprachen* zu reden, die, indem sie sich überlagern, nichts mehr miteinander zu tun haben.

Die seit Bertrand Russell geläufige logische Unterscheidung von *Sprache* und *Metasprache* bzw. von objektsprachlicher Ebene und Metaebene kann für das Verständnis der hier obwaltenden Sachlage hilfreich sein. Auf die vorliegende Sachlage angewendet lassen sich drei Fälle unterscheiden: *Ursprüngliche Metaphern* bedeuten nur auf der metasprachlichen Ebene etwas und auf der objektsprachlichen Ebene nichts. *Nicht-metaphorische Ausdrücke* sind in ihrer Bedeutung auf die objektsprachliche Ebene beschränkt. Dazwischen liegt im Sinne einer Unterebene der

---

[52] Vgl. dazu meine Einleitung zu den von mir herausgegebenen Vorlesungen: Josef König, Der logische Unterschied theoretischer und praktischer Sätze und seine philosophische Bedeutung. Verlag Karl Alber Freiburg/München 1994, S. 21 ff.

objektsprachlichen Ebene der Bereich *gewöhnlicher Metaphern,* bei denen die Bedeutung eines Worts bzw. einer Wendung im übertragenen Sinne verwendet wird, aber immer noch an eine nicht-metaphorische Bedeutung zurückgebunden bleibt.

Die *logische Unabhängigkeit* beider Sprachebenen ist darin gegeben, daß, was auf der metasprachlichen Ebene gesagt werden kann, sich nicht mehr auf der objektsprachlichen Ebene abbilden bzw. adäquat aussagen läßt, und umgekehrt. Die ursprüngliche Metapher bzw. die Sprache der Beschreibung in Königs Sinn kann in dem, was sie beinhaltet, nicht mehr auf eine primäre Bedeutung der verwendeten Ausdrücke zurückbezogen werden. Auf metasprachlicher Ebene verwendet bedeuten die Wörter bzw. Sprachwendungen etwas toto genere anderes als zuvor, auch wenn es sich, äußerlich betrachtet, um dieselben Wörter und Wendungen handelt.[53] Auch hier gibt es wiederum drei Fälle: Wenn Wörter eine objektsprachliche *und* eine metasprachliche Bedeutung haben (z. B. das Wort „wahr"), kann nun nicht mehr von der sich sinnlich-gegenständlich auslegenden Bedeutung auf eine andere, auf der Metaebene liegende Bedeutung geschlossen werden. Nimmt ein umgangssprachlich verständliches Wort auf der Metaebene die Bedeutung eines definierten Terminus an, so muß man sich zu dessen Verständnis geradezu verbieten, auf jene umgangssprachliche Bedeutung zurückzugreifen.[54] Eine zweite Gruppe bilden rein terminologische Ausdrücke (sie entsprechen den Metaphern zweiter Stufe), die von vornherein auf der metasprachlichen Ebene eingeführt sind und nur aus der hier

---

53 Vgl. das oben (S. 72) gegebene Beispiel des „blauen Bandes" in Eduard Mörikes Frühlingsgedicht.

54 Vgl. Josef König, Der logische Unterschied theoretischer und praktischer Sätze und seine philosophische Bedeutung, a. a. O. (vgl. Anm. 52) S. 133 ff.

vorgenommenen Definition heraus überhaupt verständlich werden. Eine dritte Gruppe von nicht-terminologischen Sprachausdrücken hat nur auf der objektsprachlichen Ebene eine Bedeutung.

Versteht man nun im Sinne dieser formalen Unterscheidungen die *Sprache der Beschreibung* als eine durch den *Vorgang der Beschreibung* im ganzen neu qualifizierte *Metasprache* bzw. als *Sprache zweiter Stufe oder Ordnung,* so wird verständlich, daß die Möglichkeit der *Rückübersetzung* auf die primäre Sprachebene nun nicht mehr gegeben ist und auch der *ontologische* Status des so Beschriebenen toto genere ein anderer geworden ist. So wie die Beschreibung die beschriebenen Phänomene bzw. Wirkungen im Sinne einer zweiten Geburt allererst „zur Welt bringt" und in den Status von „Weltdingen" bzw. „möglichen Gegenständen" übersetzt, so wird in demselben Vorgang rückwirkend auch die Sprache selber, in der jene Wirkungen sich fassen, verwandelt bzw. ein zweites Mal geboren und hat nun *als* Sprache der Beschreibung eine Treffsicherheit und Potenz hinzugewonnen, die sie so zuvor noch nicht besaß.

3.4 Metaphorisches Sprechen als Bedingung der Möglichkeit und als Grenze der Hermeneutik

Die diesem Vortrag zugrundegelegte These läßt sich nun in ihrer *Zweiseitigkeit* besser auffassen. Bollnow könnte den ersten beiden Sätzen ohne weiteres zustimmen: *„Die Sprache der Beschreibung ist notwendig metaphorisch und nimmt darin eine neue Sprachform und Ursprünglichkeit an ... Metaphorisches Sprechen ist der Angelpunkt und die Bedingung der Möglichkeit einer Hermeneutik."* Die damit verbundene, von König betonte und von mir zur Verschärfung in die Form einer Paradoxie gebrachte *andere Seite metaphorischen Sprechens* kann von ihm jedoch nicht mehr mit unterschrieben werden: „... *zugleich und ineins damit stellt metaphorisches Sprechen die Grenze jeder möglichen Hermeneutik dar.*" Die damit markierte Differenz ist nun noch genauer auszuarbeiten.

Auch Bollnow redet in bezug auf die „Stimme der Natur" von einer *Grenze der Hermeneutik*, doch liegt für ihn darin kein *innersprachliches* Problem im Sinne einer formalen Differenz im Sprachbegriff selbst als solchem und auch keine Differenz im Weltbegriff. Weil auch metaphorisches Sprechen die Grenze der menschlichen Sprache nicht überschreiten kann, liegt für Bollnow in der Sprachgrenze die *Grenze der menschlichen Welt überhaupt.* Demgegenüber weist König mit seinem Nachweis formaler Unterschiede darauf hin, daß es auch eine *innersprachliche* Grenze der Hermeneutik gibt, über die die *Sprachmöglichkeit selbst* als solche jedoch hinausreicht und damit auch der Begriff der Welt und ihrer möglichen Gegenstände.

Man kann sich dem Verständnis dieser formalen Differenz so annähern. Schon der Hinweis auf den Eigennamen macht deutlich, daß nicht jedes Sprachelement und jede Sprachfunktion hermeneutisch verstanden und ausgelegt werden kann. Eigennamen lassen sich weder „verstehen" noch „auslegen", und gleich wohl haben sie eine unabdingbare Funktion. Verallgemeinert läßt sich sagen, daß *nicht alles,* was Sprache und Welt ist, Gegenstand des Verstehens und hermeneutischer Explikation sein kann. Die von König so genannte Sprache der Beschreibung stellt eine Grenze der Hermeneutik, aber keine Grenze der Sprachmöglichkeit überhaupt dar. Ihre Fähigkeit zur Geburtshilfe für eine spezifische, je und je aktual werdende Wirkungsmächtigkeit hat nichts zu tun mit der ganz anders gelagerten Funktion hermeneutischer Explikation. Was die „Beschreibung" einer „ästhetischen Wirkung" trifft und als ein qualifiziertes

So-Wirkendes beschreibt, läßt sich auf diese Weise zwar nachvollziehen, aber nicht verstehen, weil es keine allgemeinen Bedeutungskontexte gibt, in die dieser Vorgang eingebettet und aus denen heraus er verständlich gemacht werden könnte. Damit ist die „Beschreibung“ in Königs Sinn kein Gegenstand hermeneutischer Auslegung mehr und gleicht in ihrer Funktion eher dem Eigennamen.

Vergleicht man damit Bollnows Fassung des Vorgangs artikulierender Beschreibung, so zeigt sich trotz einer auf den ersten Blick ähnlich erscheinenden Richtungnahme eine deutliche Differenz. Bollnow weist zwar auf dieselbe Stelle hin, wenn er mit Misch ausführt, daß die Sprache der Beschreibung sich mit der Sprache der selbst „Stimme“ habenden „Wesen“ innerlich verbindet, *wenn und indem die menschliche Sprache der Sprache der Dinge ihrerseits Stimme und Gehör verleiht.* Damit ist auch für ihn eine Differenz markiert: „Selbstverständlich sprechen die Dinge, wenn wir diese Ausdrucksweise noch einmal ungefragt hinnehmen, nicht in der gewohnten menschlichen Sprache. Darum läßt sich auch, was sie zu sagen haben, nicht in der gewohnten menschlichen Sprache ausdrücken“ (VüBeschr S. 65). Unter der „gewohnten menschlichen Sprache“ versteht Bollnow zunächst einmal die von Misch so genannte diskursive Sprache, in der man zwar *über* die Dinge, aber nicht *mit* ihnen reden kann. Die im „evozierenden Sprechen“ benützte Metaphorik erster Stufe dient dann dazu, diese Kluft wenigstens annähernd zu überbrücken: „Weil wir aber nicht anders als in dieser diskursiven Sprache sprechen können, müssen wir sie in einer andern, den neuen Aufgaben entsprechenden Weise benutzen. Wir müssen das nicht direkt Aussagbare auf andre Weise, durch Andeutungen, Hinweise, Umschreibungen usw. in den Blick bringen“ (ebd.). Bollnow hätte auch sagen können: durch ein notwendig auf

Metaphern angewiesenes „evozierendes Reden", wobei jedoch seine Kennzeichnung der hierzu verwendeten sprachlichen Hilfsmittel („Andeutungen, Hinweise Umschreibungen usw.") darauf hinweist, daß er darunter ein metaphorisches Reden im gewöhnlichen Sinne des Worts versteht.

Die Differenz zwischen Königs Auffassung und der Bollnows kann am unterschiedlichen Verständnis dessen festgemacht werden, was „Grenze" in diesem Zusammenhang heißt und bedeutet. Für Bollnow handelt es sich „um das Evozieren *an den Grenzen der gegenständlichen Welt,* wobei mit 'gegenständlicher Welt' alles das gemeint ist, was uns in sachlicher Beschreibung zugänglich ist" (ebd.). Das evozierende Reden bewegt sich „an den Grenzen der gegenständlichen Welt" und hört damit auch für ihn auf, vorverstandenes Zeichen im Rahmen pragmatischer Zusammenhänge zu sein. Aber es führt über diese gegenständliche Welt doch nicht hinaus und bleibt in dieser Rückbindung metaphorisches Reden im gewöhnlichen Sinne des Worts.

Es ist deutlich, daß damit die letzten, für Josef Königs Ansatz entscheidenden Schritte nicht mitvollzogen werden. Bollnow fragt sich in seinem Aufsatz „Über den Begriff der ästhetischen Wirkung bei Josef König", „ob hier die Subtilität nicht zu weit getrieben ist und der äußerste Scharfsinn nicht schon ins Skurile übergeht."[55] Subtilität heißt Unterscheidungskunst, und was König am Begriff zweier *als* Metaphern *verschiedener* Metaphern aufweisen will, ist der von ihm so genannte *formale Unterschied,* der, wie die „Bemerkungen zur Metapher" zeigen, für ihn den *Ausgangspunkt* seiner ganzen Überlegungen darstellt. Für Bol-

55 Über den Begriff der ästhetischen Wirkung bei Josef König, a. a. O. (vgl. Anm. 40), S. 42.

lnow gibt es diesen formalen Unterschied nicht, auch wenn das von ihm als Beispiel für eine „ursprüngliche Metapher“ im Sinne Königs gegebene Gedicht Mörikes: „Frühling läßt sein *blaues Band* wieder flattern durch die Lüfte ...“ in der Tat auf einen solchen Formunterschied im Metapher-sein von Metaphern hinweist.

Das Zögern und Zurückweichen Bollnows hängt mit dem Begriff einer *hermeneutischen Philosophie* zusammen, wie er sie selber konzipiert hat. Entsprechend seinem *im ganzen* hermeneutisch bleibenden Ansatz wird Bollnow mit der Problematik der artikulierenden Beschreibung zwar *an die Grenze* der hermeneutischen Fragestellung, nicht aber *über diese hinausgeführt.* Demgegenüber führt Königs terminologisch gefaßter Begriff der „Beschreibung“ und in Verbindung damit seine ebenfalls terminologisch streng zu verstehende Rede von einem *notwendig* oder *ursprünglich metaphorischen Sprechen* zweiter Stufe von vornherein über den Bereich der Hermeneutik hinaus – jedenfalls einer Hermeneutik, die sich als Kunst der Auslegung oder Interpretation versteht.

In Bollnows letzter zur Veröffentlichung gelangten Schrift, dem „Versuch über die Beschreibung“, bricht er genau an der Stelle, an der er Königs Umschreibung für den Begriff einer „ursprünglichen Metapher“ zitiert hat, mit folgenden Worten ab: „Ich breche an dieser Stelle den Rückgriff auf Josef Königs ohnehin nicht ganz leicht verständliche Analyse der ästhetischen Wirkung ab. Sie sollte, wie gesagt, nur dazu dienen, das schärfer zu fassen, was mit den etwas unbestimmten Wendungen von Zu-uns-Sprechen oder auch Uns-Anmuten der Dinge gemeint war“ (S. 70). Damit wendet er sich erneut den Beispielen einer Öffnung für die „andere Seite“ der Natur zu. Er redet mit der Romantik davon, daß die Welt sich unversehens ins Traumhaft-Magische verwandeln kann: „Wo die sichtbare Welt entgleitet, beginnt eine geheimnisvolle Tiefe zu sprechen" (S. 71). In den „Untergründen des Seins" wird mit Ernst Jünger ein „Reich des Zeitlosen" geahnt, das seinen tieferen Sinn und seine geheime Ordnung nicht preisgibt. Es ist ein verborgener, nur geahnter oder auch empfundener Sinn, der sich auch durch evozierendes Sprechen nur indirekt andeuten nicht aber aussagen läßt. Hinter dem „Bereich der sachlich gesicherten Erkenntnis" tut sich im Sinne einer plötzlichen Öffnung und momentan durchbrechenden Erfahrung ein „Bereich des nur ahnend Erfaßten" und eine „Sphäre des überhaupt namenlos bleibenden unergründlichen Seinsgrundes" auf (S. 73), wobei der „Blick in eine sich im Unendlichen verlierenden Tiefe" (S. 74) sich in eben dem Moment, in dem er sich öffnet, auch wieder verschließt.

Das Ganze nimmt für Bollnow schließlich eine *ethische Wendung:* Bei dem, was nur einer *Grenzerfahrung* überhaupt zugänglich werden kann, handelt es sich um „Geheimnisse", „die nicht für einen bestimmt sind" (S. 74). Die ihnen entsprechende Haltung ist: „Hier weiter vorzudringen hindert uns ein unwiderstehliches Gefühl der Ehrfurcht" (ebd.). „Und doch bleibt das Wissen vom Namenlos-Bleibenden und Unfaßbaren notwendiger Bestandteil jeder von einem letzten Ernst getragenen Erkenntnislehre" (ebd.). Auch wenn man an dieser Stelle nicht weiterkommt, hat das *Bewußtsein,* das sich dieser Grenzerfahrung verdankt, eine *nachhaltige Rückwirkung* auf alles weitere Denken, Sagen und Tun und ist darin, obwohl es inhaltlich nicht explizierbar und in die vertraute Welt übertragbar ist, von nicht zu unterschätzender Bedeutung.

Es soll uns hier nicht die Frage beschäftigen, in welchem Sinne Bollnows abschließender Hinweis auf das Gefühl der Ehrfurcht angesichts einer als unüberschreitbar erkannten Grenze ein philosophisches Scheitern darstellt und in welchem Sinne nicht von einem solchen gesprochen werden kann. Auch kann es nicht darum gehen, dem ethischen Gehalt der von Bollnow geäußerten Einstellung irgendetwas hinzuzufügen. Für die Beurteilung des Versuchs artikulierender Beschreibung im Sinne Bollnows und dessen, was König in seiner Abhandlung über die Natur der ästhetischen Wirkung zur Beschreibung sagt, kann vielmehr nur der Gesichtspunkt sinnvoll geltend gemacht werden, welcher *unterschiedlichen Denkfigur* in beiden Fällen der Gang der Argumentation verpflichtet ist. Dazu kann ein grundsätzlicher Vergleich der Denkansätze von Bollnow und Josef König hilfreich sein.

3.5 Die Differenz im Sprachbegriff impliziert eine Differenz im Weltbegriff

Bollnow betrachtet die auch von ihm empfundene *Grenze der Hermeneutik* in erster Linie als eine *Sprachgrenze überhaupt,* über die hinauszugehen dem Menschen *nicht möglich* ist; in zweiter Linie handelt es sich für ihn aber auch um eine *ethische Grenze,* die zu überschreiten dem Menschen *nicht ratsam ist.* Gleichwohl ist es für den Menschen *von äußerster Wichtigkeit, an diese Grenze gelangt zu sein und ein Bewußtsein von ihr gewonnen zu haben,* das dann nicht nur auf seine ethischen Einstellungen, sondern auf sein ganzes Denken und weiteres Verhalten zurückwirkt. Die mit der Grenzerfahrung verbundene neue Bewußtseinsqualität führt zwar nicht über die vorgegebenen Schranken des Bewußtseins hinaus, doch *imprägniert* sie dieses *im ganzen* mit einer neuen Erfahrungsqualität. Was *Durchbruch* und *Überstieg* zu sein scheint, bleibt jedoch für Bollnow eine *Grenzerfahrung* und, wenn man diese sprachlich zu artikulieren versucht, metaphorisches Reden im gewöhnlichen Sinne des Worts und d. h. bildlicher

Ausdruck für eine Sache, die man *anders* nicht fassen, *auf diese Weise* aber auch nicht greifen und begreifen kann. Das Bewußtsein einer Grenze der Erkenntnismöglichkeit verbindet sich mit dem Bewußtsein einer Sprachgrenze, und beide hinzunehmen wird zur Aufgabe ethischer Resignation im guten Sinne des Worts.

Was für König eine *formale Differenz* ist, wird von Bollnow somit lediglich als *Grenze,* genauer als *Grenze der Verdinglichung* gefaßt. Eine solche ist sie natürlich für Josef König auch, aber nicht nur. Die Sprache bewegt sich in Bollnows Sichtweise auf diese Grenze zu und geht im metaphorischen und dichterischen Sprechen auch über sie hinaus, doch bleibt der Boden und Verständnisrahmen für dieses dichterische bzw. metaphorische Sprechen nach wie vor das *Diesseits der Grenze.* Der „namenlos bleibende Seinsgrund" wird *als solcher* nicht zu einem *zweiten,* qualitativ veränderten Gestaltungsgrund der Sprache. Nicht nur die Dinge, sondern auch die auf sie bezogenen Namen und Bedeutungen haben ihren Ort und Wurzelgrund und damit auch ihren Verständnisrahmen ausschließlich diesseits der Grenze. Anders gesagt bleibt „Welt" für Bollnow letztlich doch beschränkt auf „das Ganze der im menschlichen Verständnis erfaßten Dinge, also unsere Lebenswelt" (MuN S. 23). Diese Welt hat Grenzen, außerhalb deren es auch noch etwas gibt. Die artikulierende Beschreibung hat die Aufgabe, über die Welt der praktischen Bedürfnisse hinauszuführen. Sie kann dies in gewissem Sinne auch leisten, wie die dichterischen Beispiele belegen. Doch *wie* und *vermöge wessen* sie dies kann, bleibt unbestimmt oder zumindest unterbestimmt. Auf jeden Fall möchte Bollnow die Rückübersetzbarkeit und hermeneutische Auslegbarkeit des an der Grenze Gefaßten und damit den *hermeneutischen Kontext des Weltverständnisses im ganzen* wahren. Was jenseits der Grenze liegt, soll und kann im Diesseits derselben wenigstens andeutend evoziert werden; mehr darüber zu wissen ist einem redlichen, aufgeklärten Denken versagt.

Die von Bollnow eingenommene Position entspricht der Kants in seiner Beschränkung auf die Erscheinungswelt. Königs erweiterter Weltbegriff umschließt demgegenüber auch noch die *transzendent bleibende Welt der „Dinge an sich*“, ohne daß der von Kant geltend gemachte dimensionale Bruch beider Ebenen verwischt oder außer Kraft gesetzt worden wäre. Wie bei Kant, sind die „Dinge an sich“ in den Formen der Sinnlichkeit und durch die Kategorien des Denkens nicht bestimmbar, sie bleiben aber für König, im Unterschied zu Kant, nicht überhaupt unbestimmbar und ohne jede eigene Qualität. Bei Kant wird das Verhältnis der „Dinge an sich“ zur „Welt der Erscheinungen“ so bestimmt, daß jene *für uns* in einer anderen Dimension *erscheinen* als in der, in der *sie* in Wirklichkeit *sind.* Im Rahmen der Erscheinungswelt können sie *gleichsam nur von außen* gewußt werden und bleiben in dem, was sie an sich und in Wirklichkeit sind, unbekannt.

An derselben ontologischen Differenz festhaltend, aber anders mit ihr umgehend, faßt König den Kant'schen *dimensionalen Unterschied* als einen *formalen Unterschied* und geht insofern über Kant hinaus, als er von den „Dingen an sich“ als *„möglichen* Gegenständen“ einer *spezifischen Sprachmöglichkeit* (eben der von ihm so genannten, *formal anderen* Möglichkeit der „Beschreibung“*)* spricht. Diese *ursprünglich-metaphorische Sprachmöglichkeit* ist mit der auf die Erscheinungswelt im Sinne Kants bezogenen Sprache noch nicht gegeben, auch wenn diese die Möglichkeit des *Absprungs* in jene andere Sprachebene bereits enthält.

Wahrt man die ontologische bzw. formale Differenz, so ist das Ding an sich als „möglicher“ Gegenstand nichts, was je zu einem

„wirklichen" Gegenstand im Sinne sinnlich-gegenständlicher Wahrnehmung werden könnte. Es *bleibt* immer nur *möglicher* Gegenstand und wahrt darin die *Möglichkeit seiner je und je gegebenen Aktualität.* Wenn der *Bereich „möglicher Gegenstände"* und d. h. die *andere Dimension des Wirklichen* dem Menschen überhaupt zugänglich werden soll, dann nur vermöge eines *spezifischen Sprechenkönnens*, das zu ihm in Resonanz tritt, indem es das, was im „ästhetischen Eindruck" in der Weise eines rein Qualitativen so-wirkt, in das „treffende Wort" faßt. Der Mensch hat somit *in seiner Sprache* die Möglichkeit, über den Umkreis der sinnlichen Erscheinungswelt im Sinne Kants hinauszukommen. Diese Aussage muß jedoch genauer präzisiert werden: Er hat diese Möglichkeit nicht schon vermöge seiner Sprachfähigkeit überhaupt, sondern erst dadurch, daß er innerhalb der *vorgegebenen* Sprache eine *Sprachmöglichkeit zweiten Typs* entdeckt und ausbildet, die König mit dem Begriff der „ursprünglichen Metapher" bzw. der „Beschreibung" faßt und terminologisch bestimmt.

3.6 Die Unterscheidung einer Sprachmöglichkeit erster und zweiter Stufe bzw. ersten und zweiten Typs

Auch Bollnow redet von einem *„ganz anderen"* Sprechen (VüBeschr S. 68), das erforderlich ist, um die Schranken des geschlossenen Vorverständnisses zu durchbrechen und eines Neuen ansichtig werden zu können. Diese Differenz wird auch von ihm, wie von Misch und Litt, im Sinne zweier verschiedener Sprachmodalitäten ausgelegt, nicht jedoch in ihrer grundsätzlichen Bedeutung reflektiert. Mit der hermeneutischen Forderung, daß *alle* Sprachmodalitäten sich gleichwohl aufeinander zurückführen und durcheinander interpretieren lassen müssen, wird die grundsätzliche Differenz beider Modi sogleich wieder einnivelliert und Königs formaler Unterschied zum Verschwinden gebracht.

Im Sinne der Wahrung solcher formalen Unterschiede faßt König demgegenüber die in der Metaphorik selbst als solcher liegende Differenz wesentlich radikaler. Es gibt für ihn Dinge bzw. Sachverhalte, die nicht in den Bereich sinnlicher Wahrnehmung fallen und die deshalb „beschrieben" oder „definiert" sein müssen, um überhaupt, und eben dadurch, in der Welt zu sein. Wenn der Dichter „rein und genau" spricht, so hat das für König durchaus etwas mit dem Definieren zu tun, das ja derselben Forderung des Einführens eines Gegenstandes und der erschöpfenden Genauigkeit seiner Beschreibung unterliegt. Was aber erst beschrieben oder definiert werden muß, um überhaupt in der Welt zu sein, kann nicht unmittelbar verständlich sein, auch dann nicht, wenn für diese Beschreibung bzw. Definition unmittelbar verständliche Wörter benützt werden müssen. Man muß es sich in diesem Falle verbieten, sie unmittelbar verstehen zu wollen. Aber noch ein weiteres Mißverständnis ist abzuwehren. Die von König behauptete *Koinzidenz* des definierenden Ausdrucks mit der definierten Sache meint nicht (wie man das Definieren leicht mißverstehen kann), daß es diese Sache gar nicht gibt und daß die Definition sie allererst (und möglicherweise gar noch willkürlich) erzeugt. Es ist vielmehr im strengen Sinne so, daß das von der Definition bzw. Beschreibung Bedeutete *„nichts als das"* ist, was die Definition bzw. Beschreibung bedeutet, *wenn sie richtig ist.* Dies meint nicht, daß die Sache selber „nichts" ist, sondern vielmehr, daß sie *nur durch die Definition hindurch* überhaupt zugänglich wird.

Dieselbe formale Sachlage kann nun auf das Problem der Metaphern erster und zweiter Stufe übertragen werden. Metaphern, die *als* Metaphern verschiedene Metaphern sind, liegen nicht auf derselben Ebene bzw. Sprachstufe und lassen sich auch nicht unmittelbar miteinander vergleichen. Es handelt sich beim Begriff der Metapher aber auch nicht um eine bloße Äquivokation, d. h. um einen gleichlautenden Ausdruck für zwei völlig verschiedene Dinge bzw. Sachverhalte, die gar keinen Bezug aufeinander haben. Nimmt man nun Königs logisch begründeten Begriff eines *formalen Unterschiedes* hinzu, so kann man von den ursprünglichen Metaphern als *formal unterschiedenen* Metaphern bzw. *Metaphern zweiter Stufe* reden. Dies entspricht der Vorstellung einer *Hierarchie von Sprachen,* die allerdings, was die sog. natürlichen Sprachen betrifft, in ein und dieselbe Sprache eingebettet bleiben. Gleichwohl gilt hier das logische Kriterium der Unterscheidung verschiedener Ebenen, daß, was auf verschiedenen Sprachebenen bzw. Sprachstufen ausgesagt wird, sich nicht aufeinander abbilden läßt und d. h. in der je anderen Ebene keine unmittelbare Entsprechung findet. Um das in diesem Zusammenhang meistdiskutierte Beispiel anzuführen: Der Ausdruck „ist wahr“ liegt in prädikatenlogischer Analyse auf einer anderen Sprachebene als die objektsprachlichen Ausdrücke (die Sätze), auf die er sich bezieht. Es ist aus diesem Grunde den Aussagen auf der Objektebene auch nicht anzusehen, ob sie wahr oder falsch sind. Die weitergehende erkenntnistheoretische Frage, in welchem Sinne sie wahr sind und d. h. unter welchen Bedingungen der metasprachliche Ausdruck „ist wahr“ auf Sprachausdrücke der objektsprachlichen Ebene anwendbar ist, führt dann bekanntlich in endlose, schier unlösbar scheinende Kontroversen über die Wahrheitsfrage. Die alte Definition der „Satzwahrheit“: daß ein Satz wahr ist, *wenn es so ist, wie der Satz sagt,* bleibt davon unbetroffen. Die erkenntnistheoretische Kontroverse bezieht sich lediglich auf die Bedingung der Möglichkeit, zu sagen, daß „es so ist“.

Auch die erste Sprachstufe enthält bereits Metaphern, die hier jedoch stets auf der Grundlage nicht-metaphorischer Ausdrücke gebildet sind und im Rückbezug auf diese verstanden werden können. Nicht-metaphorische Ausdrücke beziehen sich auf Handlungen in Verbindung mit sinnlichen Wahrnehmungen und haben zumeist einen Rückbezug auf eine verbale Grundbedeutung. Bei den verbalen Wortstämmen bzw. Sprachwurzeln kann oft nicht entschieden werden, ob sie eine nicht-metaphorische oder bereits eine metaphorische Sprechweise darstellen. Die Sprachwurzeln fügen, wie auch schon die gewöhnlichen Metaphern, zur äußeren Wahrnehmung etwas hinzu, was man mit Hans Lipps als „Konzeptionen" bezeichnen und nicht direkt sehen, aber doch in Analogie zu Sichtbarem vorstellen und denken kann.

Anders ist es bei den *Metaphern zweiter Stufe.* Sie *versinnlichen* nicht und geben auch keinen Ansatzpunkt für einen dem sinnlichen Schema folgenden *verallgemeinernden Begriff.* Die Sprache der Beschreibung bzw. der Metaphorik zweiter Stufe ist weder Abbildung noch ein in der Vorstellung Sachverhalte vorbildender Schematismus oder gar Konstruktion. Sie bezieht sich auf ein prinzipiell Unsichtbares und unsichtbar Bleibendes, so daß ihr Gegenstand nicht mehr in Analogie zu einer Handlung oder sinnlich wahrnehmbaren Bewegungsgestalt gedacht und vorgestellt werden kann. Das bedeutet aber, daß ursprüngliche Metaphern *allein aus und durch sich selber* aufgefaßt werden müssen und für ihr Verständnis keine sinnliche Wahrnehmung oder Vorstellungshilfe in Anspruch nehmen können. König drückt dies so aus, daß der Gegenstand einer ursprünglichen Metapher *nichts als das von ihr Bedeutete ist.* Dies meint natürlich nicht, daß er überhaupt nichts ist und vermöge der Sprache allererst geschaffen würde. In einem präzisen Sinne ist es aber in der Tat so, daß der Gegenstand einer ursprünglichen Metapher *ohne* diese *wie nichts ist,* eben weil man ihn *nur in* dieser Metapher oder genauer gesagt *durch sie hindurch je aktual* haben kann. Die ursprüngliche Metapher beschreibt somit etwas durchaus Spezifisches, an dem sie zu messen ist und von dem her sie ihre eigene Wahrheit gewinnt. Sie beschreibt es aber so, daß man das von ihr Beschriebene nur in ihr selbst und auf keine andere Weise zu fassen bekommt. Weil es hier *keine zweite Repräsentation* für das mit ihr Gemeinte gibt, kann der Wahrheitserweis ursprünglicher Metaphern auch immer nur eine auf sie bezogene innere Zustimmung sein.

Was somit den Gegenstand der Beschreibung bzw. der Metapher zweiter Stufe betrifft, so ist in der Tat etwas und nicht nichts. Was wir seine Realität nennen können ist aber nicht sinnlich-gegenständlich gegeben und bleibt im strengen Sinne auf *Aktualität* eingeschränkt. *Aktualität hat einen* (auch im Falle der Wiederholung) *im ganzen transzendent bleibenden Vorgang,* von dem sich allenfalls *Spuren* in die Sprach- und Sinnesmaterien eingraben. Die metaphorische Sprache zweiter Stufe bzw. zweiten Typs leistet in ihrer Möglichkeit, Aktualität herzustellen, etwas, was im Rahmen eines sinnlich-gegenständlichen Weltbezugs so gar nicht denkbar und möglich ist.

Die *Beschreibung als fassender und aktualisierender Vorgang* muß an dieser Stelle von der *Beschreibung als entstandenem Sprachausdruck* (dem vom Beschreibungsvorgang gleichsam übrigbleibenden sprachlichen Artefakt) reinlich unterschieden werden. Was vom Vorgang der Beschreibung übrig geblieben ist, nimmt, wie alle anderen Sprachausdrücke, eine innersprachliche Bedeutung an, die nun *auch* auf andere Kontexte bezogen werden kann und darin interpretierbar ist. In *einnivellierter* Sprache bedeutet somit auch die ursprüngliche Metapher noch etwas anderes und möglicherweise vieles. An sich selbst oder im *Vorgang der Beschreibung* jedoch bedeutet sie *nichts als das durch sie in seiner spezifischen Wirkung Entbundene*. Auch wenn es diese beiden Ebenen des Sprachgeschehens immer gibt, hat das *„sprachliche Artefakt"* und seine Interpretierbarkeit nichts mit der *„Beschreibung selbst"* als eben diesem Vorgang zu tun. Das sprachliche Artefakt stellt lediglich die *Bedingung der Möglichkeit* dar, damit ein solcher *Vorgang* sich *je und* je wiederholen kann und gibt dafür gleichsam einen Schlüssel in der Hand. Eine so verstandene, auf die Entbindung einer „ästhetischen Wirkung" bezogene Sprache bildet und garantiert keinen in die Sichtbarkeit gestellten Bestand, sondern ist ein *reines Durch-Hindurch* einer unvordenklichen und unverfügbar bleibenden *aktualen Wirkmächtigkeit,* für die der sprachliche Ausdruck, so wie er in der Beschreibung gefaßt ist, lediglich eine *entbindende,* nicht aber eine einbindende und der beliebigen Verfügung anheimstellende Funktion hat.

Was im ursprünglich-metaphorischen Sprechen *„möglicher* Gegenstand" (König) wird, kann somit auf keine Weise zum *wirklichen Gegenstand* und damit zu einem *Besitz* gemacht werden. Die Unterscheidung der *Beschreibung als Vorgang* und der *Beschreibung als sprachlichem Artefakt* hat in dem eine dimensionale Differenz wahrenden und darin doppelseitig werdenden Realitätsbezug ihren Grund. Bei der ursprünglichen Metapher geht es um das „Rätsel der Unsichtbarkeit" (König) eines rein qualitativ so-bestimmten Seienden, das in die Metapher gefaßt und durch sie aktualisiert, nicht aber in den Raum der Sichtbarkeit gerückt werden kann. Beschrieben wird so eine *realitas* bzw. *qualitas,* aber keine Gegenständlichkeit im üblichen Sinne des Worts. Was hier Realität bzw. Qualität genannt wird, behält auch gegenüber der als Artefakt fixierten Sprachform der

Beschreibung eine *unverfügbare,* je und je *möglich werdende Aktualität.*

Für König handelt es sich bei dieser *Welt der ursprünglichen Metaphern*, wenn man so sagen will, um ein Ensemble von höchst spezifisch qualifizierten, im prägnanten Sinne so-wirkenden Sachverhalten bzw. Wesenheiten. Anders gesagt, geht es ihm im Nachweis formaler Unterschiede um die Entbindung bzw. Freilegung von Qualitäten, die dem menschlichen Zugriff nicht verfügbar sind, aber gleichwohl die wesentliche Qualität von allem darstellen: die Qualität des Lebens, der Welt, des Menschlichen, der Kunst. Die Übung formaler Unterscheidung dient dem Nachweis und der Wahrung eines Bestandes grundlegender Qualitäten, die auf keine andere Weise als eben durch formale Unterscheidung vor dem sie einnivellierenden Zugriff gerettet werden können. Was in bezug auf sie Wahrung und Bestand heißt, kann aber gleichwohl nicht auf Dauer gestellt werden. Die *immer nur jemeinige Aktualität* dessen, was durch die ursprüngliche Metaphorik der geprägten Sprache je und je zugänglich werden kann, bleibt dem verfügenden Zugriff grundsätzlich entzogen und gibt doch den einzig möglichen Gegenhalt gegen den ständig andringenden Zerfall.

Formal ähnliche Sachlagen gibt es bei den sog. Formaldisziplinen wie z. B. der Mathematik, in deren Grundlagenproblematik sich bekanntlich ähnlich schwierige Probleme aufwerfen. Man hat es jedoch hier im Genügen an bloßer Formalität versäumt, die mit formalen Unterschieden verbundenen Problemlagen zum *Paradigma eines erweiterten Weltbegriffs* zu machen. *Im Sinne dieser Erweiterung ist der allgemeine Sprach- und Erkenntnisbegriff, was den Nachweis formaler Unterschiede betrifft, zu revidieren und zu reformulieren.*

3.7 Beschreibung bzw. Metapher und Referenz

Traditionell hat man die Möglichkeit, die *Dinge selbst* zu erreichen, mit der Kenntnis ihres Namens verbunden. Man muß die Dinge bei ihrem Namen rufen, damit sie sich in ihrem Wesen aufschließen und man einen Zugang zu ihnen finden kann. Auch Bollnows artikulierende Beschreibung und Königs ursprüngliche Metapher kann man in diesem Sinne als ein Namen-Finden und Namen-Geben verstehen und allgemein der Bezeichnungsfunktion der Sprache (ihrer Referenz) zuordnen. Die Macht der Sprache beweist sich in einem Berühren- und Ansprechenkönnen der Dinge durch das Wort, das eben darin einen aufschließenden Charakter gewinnt. Die Frage ist dann aber, ob und in welchem Sinne ein solcher Grundvorgang in ein hermeneutisches Verständnis der Sprache im ganzen einbezogen werden kann. Die Entscheidung darüber hängt davon ab, ob und in welchem Sinne die traditionell getrennten Grundfunktionen der Sprache: ihre Bezeichnungsfunktion und ihre interpretierende Funktion, in ein inneres Verhältnis zueinander gesetzt werden können.

In Königs formaler Unterscheidung von ursprünglichen Metaphern und Metaphern im gewöhnlichen Sinn des Worts wird nun aber das Problem der Referenz in eine *doppelte Beleuchtung* gerückt. Dies hat weitreichende Folgen für die allgemeine Sprachtheorie und insbesondere für die Hermeneutik. *Die Referenz im Sinne eines sinnlich-gegenständlichen Bezugs stellt sich auch sprachlich anders dar als die Referenz im Sinne des Bezugs auf ein unsichtbar Bleibendes, aber Wirkmächtiges, und entsprechend verschieden ist auch die Funktion des metaphorischen Redens auf beiden Ebenen.*

Ein wesentliches Kennzeichen metaphorischen Redens auf der ersten Sprachstufe ist es, daß jeder Sprachausdruck durch andere

Sprachausdrücke ersetzt und mittels ihrer interpretiert werden kann. Dem entspricht eine große Fülle an möglichen Verweisungen in der sinnlich-gegenständlichen Welt. Die Gegenständlichkeit wie das Sprachmaterial ist hier gleichsam noch flüssig und nicht bereits zu festen Formen auskristallisiert. Dem entspricht das hermeneutische Grundprinzip, daß alles zur Sprache Gebrachte interpretierbar und auch interpretationsbedürftig ist, wobei keine der vielen möglichen Interpretationen einen Endpunkt der Auslegbarkeit darstellt. Der von de Saussure[56] entwickelte semiotische Systemgedanke, dem gemäß jedes Zeichen nur in seinem Unterschied zu anderen Zeichen etwas bedeutet und je nach dem Kontext die verschiedensten Bedeutungen annehmen kann, basiert auf demselben Grundprinzip der Substituierbarkeit.

Schwierig wird es dann aber für eine solche Betrachtungsweise, an der Referenz von Sprachzeichen festzuhalten bzw. diese genau zu bestimmen. Der Eigenname im strikten Sinne ist das einzige Sprachzeichen, dem eine definitive Referenz zugesprochen werden kann. In einer im ganzen metaphorisch verstandenen Sprache wird er aber deshalb als ein fremdes Element empfunden, weil er sich per definitionem nicht „übertragen" läßt und über seine singulare Bezeichnungsfunktion hinaus auch keine verallgemeinerbare Bedeutung annimmt. Dennoch läßt sich der Gesichtspunkt der Referenz und die damit verbundene Namensfunktion nicht überhaupt aus der Sprache eliminieren, weil ohne diese der Bezug des Gesagten nach außen und sein

---

[56] Ferdinand de Saussure, Cours de linguistique générale, krit. Ausg. v. Tullio de Mauro, Paris 1972 und dazu Paul Ricœur, Die lebendige Metapher (1975). Wilhelm Fink Verlag 1986, Zweite Studie: Die Metapher und die Semantik des Wortes, S. 56 ff. (zu de Saussure) sowie Dritte Studie: Die Metapher und die Semantik der Rede, S. 118 ff. (zu Emile Benveniste, Problèmes de linguistique générale, Paris 1966).

Wahrheitsanspruch nicht denkbar ist. Die sprachidealistische Möglichkeit, jedem beliebigen, einfachen oder komplexen Sprachausdruck eine Referenz zu geben, löst das damit gestellte Problem nicht, weil so der Bereich des Sagbaren koextensiv mit dem Bereich des *Möglichen* würde und ein Kriterium fehlt, um die unendlich vielen *möglichen Welten* von der *wirklichen Welt* zu unterscheiden.

Daß die Referenz eine crux der hermeneutischen Sprachauffassung darstellt, beweist schon ein flüchtiger Blick auf ihre Geschichte.[57] Während die ältere Sprachauffassung dem einzelnen Wort (qua Name) eine Referenz zubilligte, gibt die Aussagenlogik erst dem vollständigen Satz als kleinster definiter Bedeutungseinheit eine Referenz: Nur dem vom Satz gemeinten Sachverhalt kann Wahrheit oder Falschheit zugeschrieben werden. Die Hermeneutik zielt mit dem seit Schleiermacher geläufigen Postulat der „Einheit eines Werkes" auf noch größere Spracheinheiten ab und verbindet erst mit dem in sich abgeschlossenen Textganzen eine Referenz, die dann allerdings sehr schwer noch zu bestimmen ist. Schleiermacher bezieht das Ganze eines Werkes auf den Autor bzw. dessen werkbildenden Keimentschluß und nimmt nicht mehr unmittelbar Bezug auf ein davon unabhängiges „Wirkliches" bzw. „Wahres". Nimmt man nun noch mit Gadamer den Gedanken einer prinzipiell unabschließbaren Interpretations- bzw. Wirkungsgeschichte von Texten hinzu[58], so wird in der Konsequenz deutlich, daß schließlich nur noch das Sprachganze eine Referenz in dem Sinne haben kann, daß Sprache überhaupt sich auf das Ganze

[57] Vgl. dazu das in Anmerkung 56 zitierte Werk von Paul Ricœur, Die lebendige Metapher und insbesondere die Fünfte Studie: Metapher und Referenz, S. 209 ff.

[58] Georg Gadamer, Wahrheit und Methode.

der Welt als einen offenen Verweisungszusammenhang oder, neukantianisch gesprochen, auf das Wirkliche als Fluchtpunkt unendlicher Annäherung bezieht. Der Preis dieser kontextuellen Erweiterung ist das Unbestimmtwerden der mit dem jeweiligen Sprachganzen verbundenen Referenz, so daß der Begriff einer „metaphorischen Wahrheit" (Ricœur) jede Kontur verliert. Das hermeneutische Verstehens- und Interpretationsapriori: daß alle Sprache interpretiert und wiederum interpretierbar wird, führt den damit nach wie vor verbundenen Wahrheitsanspruch zunehmend in die Aporie. Wo alles und nichts gesagt werden kann, findet das Wahr-Sagen keinen Anhalt mehr.

Im Unterschied zu dieser Verflüssigung der Sprachform und ihrer Bedeutungskontexte kann man bei Königs „Beschreibung" und der von ihm nachgewiesenen Metaphorik zweiter Stufe von einer *Kristallisation reiner Sprachausdrücke* reden. Dieser Übergang in einen anderen Aggregatzustand ist folgenreich. So wie Wasser, wenn es zu Eis kristallisiert, ganz andere Eigenschaften annimmt, kann nun auch der auskristallisierte Sprachausdruck ganz andere Funktionen gewinnen. Er besitzt nun, wie der Eigenname, eine unverwechselbare Referenz und kann in vieler Hinsicht mit einem solchen verglichen werden. Was für Eigennamen gilt: daß sie nur das von ihnen Bezeichnete bedeuten und sonst nichts, also auch nicht durch andere, vorgeblich „dasselbe" bedeutende Sprachausdrücke ausgetauscht werden können, gilt nun auch für die ursprünglichen Metaphern. Diese erfüllen gleichzeitig beide Bedingungen, Metapher zu sein und als Eigenname für eine „ästhetische Wirkung" zu fungieren. In dieser Verbindung der heterogenen Sprachfunktionen wird die Sprache im ganzen auf eine neue Stufe gehoben und hinsichtlich ihres Wirklichkeitsbezuges allererst geadelt und potenziert. Die „ästhetische Wirkung" ist kein Gegenstand im üblichen Sinne des Worts, so daß die einfache Benennung hier versagen würde und nur eine „Beschreibung“ bzw. „Metapher“ zweiter Stufe zu ihr hinführen kann. Zugleich aber fungiert die Metapher wie ein Eigenname für die „ästhetische Wirkung“ und vermag deren Resonanz auszulösen.

Wichtig ist hier nicht nur der dimensionale Übergang auf prinzipiell Unsichtbares, sondern auch der Unterschied im Grad der Komplexität. Während es sich bei den Eigennamen zumeist um einzelne Wörter handelt, auf deren Formeigenschaften in der Regel nicht weiter geachtet wird, sind ursprüngliche Metaphern bzw. Beschreibungen im Sinne Königs rein und genau gebildete, hoch komprimierte und komplexe Sprachausdrücke, bei deren Wirkung es, wie bei den Brechungseigenschaften von Kristallen, auf den Feinschliff entscheidend ankommt. Kunstvoll geschliffene Kristalle haben die Eigenschaft, Licht in ganz spezifischer Weise zu brechen und in seinem charakteristischen Spektrum auszuleuchten Nur ebenso kunstvoll geschliffene ursprüngliche Metaphern können den hochkomplexen ästhetischen Eindrücken angemessen sein und deren Resonanzmöglichkeiten in feinsten Nuancen ausloten. Um eine den kristallinen Wirkungen analoge Wirkungsweise ursprünglicher Metaphern zu entwickeln, bedarf es einer eminenten Sprachleistung, für die, was zu beschreiben ist, nicht bereits als fertig vorgegeben vorausgesetzt werden kann. Es geht bei der Bildung ursprünglicher Metaphern nicht um die nachträgliche Beschreibung einer schon fertig vorgegebenen gegenständichen Welt, sondern um das Finden von Schlüsseln, mit denen qualitative Wirklichkeiten in fortschreitendem Maße aktualisiert und „aufgeschlossen“ werden können.

Man darf diesen Prozeß des Findens und Bildens ursprünglicher Metaphern nicht verwechseln mit dem hermeneutischen

Interpretationsprozeß im Binnenbereich der Sprache erster Stufe. Es geht beim „Beschreiben" nicht um „Bedeutung" und „Verstehen" innerhalb eines vorgegebenen Bewandtniszusammenhangs, sondern um die Freisetzung von „Aktualität" bzw. „Wirkmächtigkeit" innerhalb eines Ensembles diskreter Qualitäten, für deren Darstellung und Seinsweise es keinen allgemeinen Bezugsrahmen gibt.

In ihrer Komplexität und Bildbarkeit unterscheiden sich die Metaphern zweiter Stufe somit vom alten Verständnis der Namen, die mit vorgegebenen Gegenständen verbunden wurden und die Vorstellung einer fertigen Welt nahelegten. Während hier der Nachdruck auf der „Einfachheit" der Wesen lag, geht es bei der Kristallisation bzw. dem Zuschliff ursprünglicher Metaphern um die Fassung von höchst komplexen Wirkungsgrößen, wie die ästhetischen Eindrücke solche darstellen. Daß auch die komplexen Sprachausdrücke der Metaphorik zweiter Stufe „fertig" sein müssen, um in ganz spezifischer Weise wirken zu können, widerspricht dann aber nicht mehr dem Gedanken einer bildbaren und in diesem Bilden qualitativ angereicherten Welt.
Die von König so genannte „ursprüngliche Metapher" erfüllt somit beide Bedingungen: *Metapher zu sein im Sinne einer neuen Sprachprägung und zugleich als Eigenname für eine bestimmte ästhetische Wirkung zu fungieren. Erst dadurch erhält auch das metaphorische Sprechen eine bestimmte Referenz und ontologische Verbindlichkeit*. Während der Eigenname und seine Referenz im herkömmlichen Verständnis noch diesseits der Metaphorik im gewöhnlichen Sinne des Wortes liegt, stellen die ursprünglichen Metaphern in ihrer den *dimensionalen Übergang leistenden und auf Unsichtbares bezogenen Referenz* ein Jenseits zu dieser dar. Für beide aber gilt, daß gerade in der Abwehr der Interpretierbarkeit die Gewähr ihrer Transzendenz beschlossen ist.

Die entsprechende Differenz im Weltbegriff ist deutlich. Während „Welt“ im einen Falle einen verdinglichten „Bestand“ darstellt, der in seiner Weitertradierung immer von neuem verjüngt werden will, ist im anderen Fall die Geschichte aufgehoben bzw. aufgenommen in ein überzeitlich Geltendes, das allein die Aktualität des Wirklichen zu verbürgen imstande ist. Wer ursprünglich-metaphorisch zu sprechen weiß, rennt seiner Zeit nicht mehr hinterher, sondern steht in ihrem Licht. Es bedarf keiner Tradition im Sinne einer nachholenden Vergegenwärtigung des Vergangenen, wo die Aktualität eines Wirklichkeitsbezugs selber alles Vergangene in seinem wahren Wert verbürgt und mit sich führt. Indras kunstvoll facettiertes Perlennetz ist ein wunderschönes Gleichnis für einen solchen qualitativ verstandenen Sprach- und Weltbegriff, vor allem wenn man mit der vielfältigen Lichtbrechung noch den Gesichtspunkt der vielfachen Spiegelung und Rückspiegelung verbindet.

3.8 Gibt es eine Hermeneutik ursprünglicher Metaphern?

Was wäre eine Dichtung wert, wenn jeder Interpret sie besser verstehen und aussagen könnte als der Dichter selber? Gar nichts mehr. Goethe beweist als Dichter ein untrügliches Gefühl für diesen Sachverhalt, wenn er auf ein solches Ansinnen heftig reagiert: Schlagt ihn tot, den Hund, er ist ein Rezensent! Er möchte seine Dichtung nicht ins Gemeine hinabgezogen wissen. In der Tat würde das hermeneutische Postulat der unabschließbaren Interpretierbarkeit jedweder Texte, auf die Dichtung angewandt, nur einer Durchschnittlichkeit und Mittelmäßigkeit des Darüberredens Vorschub leisten und dem, was Dichtung eigentlich ist und vermag, gar nicht gerecht werden. *Dichtung hat es nicht mit primär Verstehen und Sinn, sondern* mit *Eindruck und Wirkung* zu tun. Der Nichtersetzbarkeit des wahren Eigennamens entspricht die Würde des dichterisch geprägten Worts, das in der Auskristallisierung seiner Wirkform nicht mehr verbessert oder gar noch übertroffen werden kann. Dichtung ist Verdichtung nicht nur im Sinne der Formgebung, sondern vielmehr im Sinne einer Steigerung von Intensität und Wirkmächtigkeit. Intensivierung bedeutet, wiewohl sie mit einer Art Verfestigung verbunden ist, das Gegenteil von Erstarrung.

Wenn man nun auch in bezug auf die Dichtung bzw. die „ursprüngliche Metapher" im Sinne Königs von einer Hermeneutik reden will, dann kann es dieser nicht mehr primär um ein Interpretieren im Rahmen von geschichtlich gegebenen Bedeutungszusammenhängen gehen, sondern in einem der Heuristik angenäherten Verständnis von ἑρμηνεύειν um das Bilden und Aussagenkönnen der ursprünglichen Metaphern selber und in zweiter Linie um eine wiederholende Aktualisierung der mit ihnen korrespondierenden ästhetischen Wirkungen. Der Rezipient muß sich der möglichen Auslösung eines Wirkungsvorganges durch diese Sprachprägungen stellen, und dies setzt ein Selbstloswerden seinerseits voraus. Er kann nicht mehr ohne weiteres als Wissender „zwischeneintreten" (interpretare) und sich mit eigenen Worten zur Geltung bringen wollen. *Grundkategorie für dieses Verhältnis wäre nicht mehr die „Vermittlung", sondern die „Wiederholung".*[59] Erst in einer so verstandenen, gleichsam dem Ariadnefaden im Labyrinth folgenden Hermeneutik ließe sich deren Anspruch auf Wirklichkeitsbezug und

---

[59] Die Kategorie der Wiederholung bzw. Wiederkehr ist von Kierkegaard und Nietzsche mit neuer Akzentuierung in die philosophische Diskussion eingeführt worden, um die Frage nach dem Sinn der Geschichte, nach ihrer möglichen Aneignung und Transformation besser als bisher beantworten zu können. Wiederholung hat aber auch im Sinne der Existenz-Vergewisserung zu tun mit der ewig flüchtigen und immer wieder aktiv herzustellenden Aktualität.

Wahrheit einlösen, und erst in ihr hätte die sprachliche Welthabe nicht mehr nur einen bloß selbstreferentiellen Sinn.

4 Die Natur spricht

Die These 4 hat die Form eines zenbuddhistischen *Koan:*

These 4: *Die Natur spricht, doch nur wenn wir lernen sie mit den Augen zu hören.*

4.1 Die Frage nach einer „zweiten" Natur stellt das Problem des Zugangs zu dieser „anderen Seite"

Einsatzpunkt der weiteren Erörterungen ist Bollnows Frage nach einer anderen, *„zweiten"* Natur und damit verbunden der Rede von zweierlei Natur. Ist es möglich, die *andere Seite der Natur* in den philosophischen Diskurs einzuholen, und wie kann ihr im Kontext menschlicher Welthabe zur Wirkung verholfen werden? Oder anders gefragt: Kann, und *wie* kann Natur in ihrem *„Eigenwesen"* Gegenstand menschlicher Erkenntnis sein? Erfahrungsmäßig und spekulativ vorgebildet findet Bollnow eine solche Möglichkeit in der romantischen Naturphilosophie, etwa in dem schon zitierten Hinweis auf G. H. Schuberts „kosmische Augenblicke", in denen, jedenfalls für einen Moment, eine andere Naturerfahrung und Zeitqualität zum Tragen kommt. Aber ein derartiges Erlebnis ist flüchtig und bleibt überhaupt unverfügbar. Daß in der „Welt der Dichter" (Bollnow denkt da an Eichendorff, Theodor Storm, Rilke, Ernst Jünger u. a.) eine solche Erlebnismodalität erfahrbar ist und dichterisch produktiv wird, ist vielfach bezeugt und kann auch nicht in Zweifel gezogen werden. Bollnow zitiert in diesem Sinne wiederholt das „Erlebnis" von Rainer Maria Rilke, bei dem dieser, an einen Baum gelehnt, dessen Schwingungen als eine „feine und ausgebreitete Mitteilung" in sich übergehen fühlt und unter diesem Eindruck das Gefühl hat, als sei er „auf die andere Seite der Natur geraten."[60] Was aber kann der Philosoph im Rahmen seiner eigenen Denk- und Aussagemöglichkeiten geltend machen, was dem entspräche? Hinsichtlich der zeitenthobenen und notwendig flüchtigen „kosmischen Augenblicke" muß gesagt werden, daß ihr Mitteilungsgehalt im Unbestimmten bleibt. Um Rilkes „Erlebnis" mit dem Baum noch einmal aufzunehmen: Was als eine „feine und ausgebreitete Mitteilung" empfunden wird, „... berührte ihn jetzt aus geistigerem Abstand aber mit so unerschöpflicher Bedeutung" (ebd.) – aber doch nicht so, daß sich dies in eine direkte Botschaft hätte übersetzen lassen. Ähnliches gilt für Ernst Jüngers Eidechsentänze von „geheimer" und „höchst zwingender Art", deren Sinn tief empfunden wird, aber gleichwohl nicht in menschlicher Sprache ausgedrückt werden kann.

An dieser Stelle setzt für Bollnow die *Aufgabe der Beschreibung* als einer genuin philosophischen Leistung ein. Es geht darum, diese „Augenblicke" zu ergreifen und in ihrem Erlebnis- und Mitteilungsgehalt allererst zur Bestimmtheit zu bringen. Die Frage ist dann aber doch, ob eine solche Möglichkeit in bezug auf die zitierten Beispiele überhaupt gegeben ist und was, über das Zitat des dichterischen Worts hinaus, der philosophische Ertrag dieses Tuns sein kann? Was kann der Philosoph im Rahmen seiner eigenen Denk- und Aussagemöglichkeiten sagen, was dem dichterischen Wort auch nur entspräche? Wiederholen sich bei einem solchen Versuch der Beschreibung nicht nur, und schärfer

---

60 Rainer Maria Rilke, Schriften in Prosa, Leipzig 1930, S. 286-288; bei Bollnow zitiert in „Mensch und Natur", S. 12.

noch, die Aporien, zu deren Überwindung er unternommen worden ist?

Die Frage setzt für Bollnow jedoch schon an einer früheren Stelle ein: Ist es eigentlich eine philosophisch legitime Redeweise, wenn z. B. Theodor Litt von einer „zweiten Natur“ redet, die „zum Menschen spricht“ und von deren „Eindruck“ er sich angesprochen fühlt wie von einem „Du“?[61] In den älteren Denkrahmen metaphysischer Tradition und auch noch im neueren idealistischen Denken, dem Litt als Hegelianer verbunden ist, kann man sich in der Tat solcher Redeweisen bedienen. Für Bollnow jedoch, der außerhalb dieser Traditionen steht, handelt es dabei zunächst um nicht mehr als um ein metaphorisches Sprechen, das sich im Blick auf bestimmte Erfahrungsweisen zwar nahelegt, dessen Recht und insbesondere dessen philosophische Legitimität aber keineswegs selbstverständlich ist und eigens nachgewiesen werden muß.

Bollnow weist zurecht auf *existentielle Voraussetzungen* hin, ohne deren Gegebensein ein solches Reden unverbürgt bleibt: „Um aber die Sprache der Natur zu verstehen, müssen auf der Seite des Menschen *bestimmte Vorbedingungen erfüllt sein“* (A. a. O., S. 10; kursiv von mir). Natürlich ist auch Litt sich dessen bewußt, daß zu einem solchen Reden- und Hörenkönnen die

---

[61] Die erste Erörterung des Topos „Sprache der Natur“ findet sich in Bollnows Beitrag zur Litt-Festschrift 1980, in dem er auf dessen Werk „Mensch und Welt. Grundlinien einer Philosophie des Geistes“ (2. Aufl., Heidelberg 1961, S. 110 ff.) Bezug nimmt: Otto Friedrich Bollnow, Bemerkungen über das evozierende Sprechen in der Logik von Georg Misch, in: Josef Derbolav, Clemens Menze, Friedhelm Nicolin (Hrsg.), Sinn und Geschichtlichkeit. Werk und Wirkungen Theodor Litts, Verlag Klett-Cotta Stuttgart 1980, S. 61-77. Vgl. dazu auch: Jörg Zimmermann, Ästhetische Erfahrung und die „Sprache der Natur“. Zu einem Topos der ästhetischen Diskussion von der Aufklärung bis zur Romantik, in: Jörg Zimmermann (Hrsg.), Sprache und Welterfahrung. Wilhelm Fink Verlag München 1978, S. 234-256.

„Vitalinteressen" schweigen müssen und auch nicht „Talmigefühle und künstliche Seelenwallungen" an die Stelle genuiner Erlebnisse treten dürfen.[62] Aber die Herstellung dieser Bedingungen authentischer Naturerkenntnis ist für Bollnow doch nicht so leicht möglich. Der erste Schritt dazu besteht seiner Meinung nach nicht in einem *Können,* sondern in einem *Verzicht:* „Er (scil. der Mensch) *muß darauf verzichten,* die Natur weiter als 'Sache', d. h. als bloßes Objekt, über das er beliebig verfügen kann, zu betrachten" (ebd.). Das hier geltend gemachte *Entweder-Oder* zwischen den beiden, sich auf die Natur richtenden Einstellungen gibt zu denken. Entgegen einem weit verbreiteten Denken geht Bollnow nicht davon aus, daß die beiden Einstellungen sich ohne weiteres miteinander verbinden lassen, so daß ihre Leistungen sich ergänzen und gegenseitig kompensieren können. Aber auch eine idealistische *Vermittlungsmöglichkeit* wird von ihm zurückgewiesen. Die mit dem *Entweder-Oder* beider Einstellungen verbundene Aufgabe ist dann aber keinesfalls schon gelöst, ja noch nicht einmal *als Frage gestellt und philosophisch ausgearbeitet worden.*

Man kann die anstehende Frage so formulieren: Können und wie können die *getrennten* und in nur *momentaner* Berührung umso abgründiger als getrennt empfundenen Dimensionen des Naturerlebens überhaupt in ein Verhältnis zueinander treten? Die zitierten Beispiele zeigen ineins mit der *Möglichkeit dieses Bezugs* die gleichzeitige *Unmöglichkeit eines Überstiegs* in die andere Dimension. Derartige Erlebnisse, „auf die andere Seite zu geraten", haben in der Tat eine tiefwirkende, verwandelnde Kraft und können eine grundlegende Änderung in den menschlichen

[62] Vgl. Theodor Litt, Mensch und Welt. Grundlinien einer Philosophie des Geistes (2. Aufl., Heidelberg 1961), S. 60 und S. 110.

Einstellungen bewirken. Bollnow bringt sie mit seiner Rede von einer geforderten *„radikalen Umkehr“* in Verbindung mit religiöser Erfahrung. Aber auch dann gilt, daß diese Erlebnisse unverfügbar bleiben und sich nur indirekt auf die diesseitigen Verhaltenskontexte auswirken.

Man kann die Schwierigkeit, in ein inneres Verhältnis zur Natur zu kommen, nicht dadurch zu umgehen versuchen, daß man die ganze Sachlage von einer anderen, Mensch und Natur *von vornherein umgreifenden* Seite her betrachtet. So kann man zwar zurecht sagen, daß der Mensch selber ja auch „Teil der Natur“ ist und ohne sie gar nicht lebensfähig wäre. Doch was nützt eine solche von niemandem bestrittene Feststellung, solange der damit ausgesprochene Tatbestand: „Teil der Natur sein“ eigentümlich abstrakt bleibt und für den Menschen gar nicht bewußtseins- und verhaltensbestimmend wird? So trivial richtig eine solche Aussage ist, so wenig gewinnt sie ohne weiteres eine theoretische und praktische Verbindlichkeit. Es ist hier wie mit der so oft erhobenen Forderung nach einem „natürlichen Leben“: die Sehnsucht ist da, doch niemand lebt in der Tat ein natürliches Leben.

Man kann aus dem Faktum des Teil-der-Natur-Seins heraus natürlich auch rein gedanklich die Konsequenzen ziehen, wie dies im ökologischen Denken heute verlangt ist und geschieht. Der Prozeß des Umdenkens wäre aber erst dann wirklich geleistet, wenn die geforderte, insgesamt veränderte Lebensform auch wirklich eingenommen wird. Und selbst dann wäre die Aufgabe, sich im Einklang mit dem „Weg der Natur“ zu bewegen, noch nicht erfüllt. Neue Wertvorstellungen und eine religiöse Grundeinstellung tiefer Verbundenheit mit Allem und Jedem sind nötig, und doch reichen sie, für sich allein genommen, nicht aus. Was unter der Leitvorstellung der All-

Einheit[63] an solchen Haltungen in Ost und West bereits gedacht und von wenigen Einzelnen auch gelebt worden ist, kann nicht zum gesicherten Bestand menschlicher Lebensweisheit und Lebenskunst zählen, solange die Frage nach dem *Wie* der verlangten Um- und Neuorientierung noch nicht klar ausgearbeitet und im Sinne gangbarer Wege praktikabel gemacht worden ist.

Für Bollnow hängt alles von der Lösung der Frage ab, ob der Mensch noch eine andere, wahrhaft verbindende Erkenntnis von der Natur haben und zu derjenigen hinzubringen kann, die sich auf trennende und in der Konsequenz zerstörerische Weise in Naturwissenschaft und Technik dokumentiert. Ethische Antworten des Naturschutzes und der Ehrfurcht vor dem Leben bis hin zu den politisch-rechtlichen Fragen eines Rechtes der Natur und einer Verantwortung für diese sind wichtig, aber sie greifen zu kurz und sind nur begrenzt wirksam, solange das mit dem Naturverhältnis verbundene *erkenntnistheoretische* Problem nicht vorrangig behandelt worden ist. Es zentriert sich für Bollnow in der Frage:

4.2 Spricht die Natur?

Erkenntnis reicht für Bollnow so weit wie der Bereich der menschlichen Sprache. Hermeneutik ist für ihn Sprachhermeneutik bzw. phänomenologisch orientierte Analyse eines nicht bereits sekundär überformten oder terminologisch fixierten Sprachgebrauchs. Sie will ans Licht heben, was in der Sprache an Bedeutung und Sinn hinterlegt und zu sagen möglich ist. Damit

---

63 Vgl. dazu den Sammelband über drei von Professor Tsujimura, Kyoto, angeregte Kolloquien 1981/1982 zu diesem Thema: All-Einheit. Wege eines Gedankens in Ost und West. Hrsg. von Dieter Henrich. Verlagsgemeinschaft Klett-Cotta, Stuttgart 1985.

wird nicht nur die philosophische Spekulation, sondern auch eine rein formale Konstruktion aus Begriffen aus dem Umkreis hermeneutischer Erkenntnisleistung ausgeschlossen. Der Bezugsrahmen wissenschaftlicher Konstruktion ist für das hermeneutische Verstehen zu eng gefaßt, der Anspruch philosophischer Spekulation geht ihm zu weit. Für den hermeneutischen Erkenntnisweg sind damit methodisch enge Grenzen gesetzt, deren Einhaltung Bollnow auch von seinen Schülern erwartete.

Das Problem eines neu zu gewinnenden Verhältnisses zur Natur macht sich deshalb für Bollnow an einem *sprachlichen Topos* fest: Kann man davon ausgehen und hermeneutisch legitim sagen, daß *die Natur zu uns spricht* und daß *wir ihre Sprache verstehen können?* Jedermann weiß natürlich, daß die Rede von einer „Sprache der Natur“ uralt ist und unzählige theologische, philosophische und dichterische Überformungen erfahren hat. Und selbst noch im neuzeitlichen Bewußtsein gab es den emphatischen, mit lebendiger Anschauung gefüllten Begriff einer Natur, die sich für Goethe in der Lichtnatur göttlich manifestiert, bei Kant den großen Gang der Dinge insgeheim reguliert und im Schicksalsgedanken menschlichem Treiben Grenzen setzt. Doch auch wenn es immer leuchtende Beispiele dafür gab, wie man sich in der Pflege einer höheren Denk- und Anschauungskraft zur Natur erheben kann, ging das gemeine Leben seinen anderen Gang der Naturausbeutung und Naturzerstörung weiter. Die Berufung auf eine qualitativ andere Dimension des Naturerlebens erreichte nicht das allgemeine Bewußtsein und konnte deshalb auch nicht in der Breite wirksam werden. Man wird deshalb der faktischen Situation nicht gerecht, wenn man im Interesse einer Rettung der bedrohten Natur *von vornherein* mit Begriffen einer *höheren* Natur operiert. An dem Appell zur Ehrfurcht vor dem Leben ist nichts falsch, doch bringt ein solcher Appell die Bedingung der Möglichkeit seiner kollektiven Auswirkung nicht schon mit sich.

Es scheint mir aus diesem Grunde sinnvoll zu sein, die Frage: „Spricht die Natur, und können wir ihre Stimme vernehmen?" noch in einen anderen Kontext zu stellen, auf den Bollnow nicht explizit hingewiesen hat. Es erweist sich als sinnvoll, diese Frage nicht nur im Blick auf die höheren Erkenntnisvermögen des Menschen zu thematisieren, sondern auch in den anders gelagerten Begründungszusammenhang des *Rechtsdenkens* zu rücken und von daher zu beleuchten. Nur unter der Voraussetzung, *daß die Natur spricht,* wäre es nämlich möglich, ihr diejenigen vielleicht nur minimalen, aber doch politisch und rechtlich kodifizierbaren und auf diese Weise gesellschaftlich verbindlich werdenden *Sicherheitsgarantien* zu geben, mittels deren der Mensch es in einem kollektiven Prozeß gelernt hat, *„mündig"* gewordenes Leben und d. h. Rechtssubjekte zu schützen. *Rechtssubjekt* zu sein verlangt aber notwendig den *Besitz der Sprache,* durch die einer sich selber vertreten und sich Gehör verschaffen kann. Der Natur Rechte zuzubilligen, solange sie „unmündig" ist, ließe sich nur so bewerkstelligen, daß man ihr einen menschlichen „Vormund" zur Seite stellt, der sie vertritt. Die Natur bliebe so gleichsam im Status des Kindes, das zwar Hilferufe aussenden kann, aber doch auf einen Erwachsenen oder eine ihn vertretende Institution als Anwalt und Fürsprecher angewiesen ist, der ihm Gehör gibt und Abhilfe schafft.

Anzuerkennen, daß die Natur *selber* spricht und daß wir lernen müssen ihr Gehör zu geben, wird nicht nur im Blick auf die Weltlage, sondern auch im Rahmen eines rechtlichen Begründungszusammenhanges zum dringlichen Erfordernis, weil ohne dies, wie Kant sagen würde, das Verhältnis zur Natur gesetzlos bleibt und diese weiterhin menschlicher Willkür ausgeliefert wäre. Der Hobbessche „Krieg aller gegen alle“ ist ja auch, und vielleicht am bedenkenlosesten, ein Krieg gegen die Natur, gegen die äußere Natur wie gegen die Natur im Kind und am eigenen Leib. Was Hobbes, Kant und anderen Aufklärern in einer solchen heillosen Situation unabdingbar schien: eine autorisierte und starke Konvention des Rechts, müßte deshalb auch im Verhältnis zur Natur zur Geltung gebracht werden. Ein bindend gemachtes *Recht der Natur* ist nötig, um den Menschen in seinem Verhalten ihr gegenüber einzuschränken, solange er sich nicht aus Vernunfteinsicht und/oder moralischer Verantwortung selber einzuschränken fähig und bereit ist.

Bollnow knüpft in seinen Überlegungen zum Topos „Sprache der Natur“, wie gesagt, an Theodor Litts ein Du-Verhältnis zugrundelegende Bemerkungen an. Wenn Litt unbefangener davon reden kann, daß die Natur als ein selbständiges Gegenüber zu uns spricht, so ist dies sicher seinem idealistischen Hintergrund und einem dialogischen Denken zuzuschreiben, dem er sich, anders als Bollnow, verpflichtet weiß. Für diesen wird mit derartigen Aussageweisen zunächst lediglich eine alte, wohlvertraute Sprechweise aufgenommen, eine *Metapher* also, deren Bedingung der Möglichkeit (questio facti) und deren Rechtsgrund (questio iuris) selber allererst aufzuweisen ist. Daß *die Natur zu uns spricht* ist ja keine selbstverständliche Sache, sondern wird, *wenn es in der Tat so ist,* in höchstem Grade zu einer *Herausforderung*. Wenn die Sprache legitim so sagt und d. h. wenn es sich dabei nicht lediglich um eine Analogie oder um eine Spiegelübertragung handelt nach dem Motto: für eine Sprache *spricht alles* – aber doch eben nur: *sie selbst!*, dann weist dies auf eine *andere Ebene* der Sprachmöglichkeit in Verbindung mit einer *veränderten Erfahrungsmodalität* hin, eine Ebene, auf der der

Mensch sich möglicherweise noch gar nicht bewegt hat und die betreten zu können für ihn aller Mühe wert sein sollte.

Aber auch wenn man die metaphorische Rede von einer „Sprache der Natur" in diesem Sinne wörtlich zu nehmen geneigt ist, ist damit noch nichts über die Kompatibilität von menschlicher Sprache und Sprache der Natur gesagt. Rückgriffe auf theologische oder metaphysische Sprachtheorien, z. B. die Annahme einer „Schöpfungssprache" oder einer „Logos"-Ebene in der Wirklichkeit selbst, können die hier obwaltende Kluft zwar in der Vorstellung überbrücken; bezüglich der Übersetzbarkeit derartiger Sprachkonzepte in die Ebene menschlicher Sprachpraxis fehlen aber auch dann noch die theoretischen Konzepte ebenso wie hinreichende Erfahrungswerte.

Natürlich schließt das nicht aus, daß man *einfach mit der Natur spricht* und die Frage, ob das überhaupt geht, hintanstellt. Eine solche Möglichkeit ist unbestritten und wird, wenn man sich auf sie einläßt, auch nicht ohne alle guten Resultate sein; sie von vornherein als pathologisch abzutun zeugt von großer Borniertheit. Aber selbst wenn der Bauer *zurecht* zu seinem Vieh spricht, die Hausfrau *nicht ohne Grund* mit ihren Pflanzen redet und Franz von Assisi *weiß, was er tut,* wenn er den Tieren und Vögeln predigt, ist die damit verbundene *philosophische* Frage noch keineswegs beantwortet, ja noch nicht einmal gestellt.

Was also spielt die Rede von einer „Sprache der Natur" dem Menschen zu, und wie kann der Gehalt dieser Rede philosophisch ausgearbeitet werden? Dazu muß zunächst einmal von allem abgesehen werden, was menschliches Dichten und Denken aus Eigenem hinzugetan hat, um die Bedeutung dieses Topos anzureichern. Aber einfach zu sagen, es handle sich lediglich um eine Metapher im Sinne der Übertragung menschlicher Sprache auf ein ihr fremdes Gebiet, reicht auch nicht aus, um die Frage

„Spricht die Natur?" philosophisch hinreichend beantworten zu können. Die Unterscheidung verschiedener Sprachmodi, etwa Mischs Unterscheidung eines diskursiv-objektivierenden und eines ursprünglich-evozierenden Sprachgebrauchs gibt einen Hinweis in die richtige Richtung. Aber selbst wenn man letzterem eine Resonanz für die „Stimmen der Natur" zuzusprechen geneigt ist, reicht diese Antwort noch nicht hin.[64] Wenn die Natur *in der Tat* spricht und *zu uns spricht,* ist es mit Sicherheit eine *andere* Sprache, die wir *nicht* ohne weiteres verstehen und die wir uns auch durch Sprachmetaphysik und Logostheologie nicht hinreichend näher bringen können.

Um die „Sprache der Natur" zu verstehen, sind wir wie selbstverständlich von den Leistungen der *menschlichen* Sprache ausgegangen. Wenn die Sprache der Natur aber *nicht* die menschliche Sprache ist, und wenn es sich bei einer solchen Redeweise auch nicht nur um eine metaphorische Übertragung und dichterische Emphase handeln soll, wird, was *Sprache* ist, selber noch einmal zum Problem. Damit stellt sich auch die Frage nach dem Vermögen und der Reichweite der *menschlichen Sprache* noch einmal neu und radikaler. Die *Forderung* Mischs ist deutlich: „Das Evozieren will *die Gegenstände selber sprechen lassen,* d. h. es will die Gegenstände, die ihr *eigenes Selbst* haben, *zur Aussprache ihrer Meinung von sich selber bringen ... Die Sachen selber zum Reden bringen: nicht bloß die Menschen, sondern die Sachen. Das ist möglich, sofern sie selber reden können, so daß wir nur hinhören lernen müssen.*"[65] Die Schwierigkeiten zeigen sich

---

[64] Vgl. den in Anm. 61 zitierten Aufsatz und ausführlicher in den Studien zur Hermeneutik, Band II: Zur hermeneutischen Logik von Georg Misch und Hans Lipps. Verlag Karl Alber Freiburg i. Br./München 1983 (Alber-Broschur Philosophie).

[65] Georg Misch, in Bollnows Beitrag zur Litt-Festschrift (vgl. Anm. 61) zit. S. 72 f.; kursiv von mir.

jedoch alsbald in der weiteren Frage, *wie denn* die Natur zu uns spricht und wie *wir* ihre Stimme vernehmen können.

Einen leichten Ausweg aus der Schwierigkeit verspricht Theodor Litts idealistische Verschränkungsformel: *„Im sprechenden Menschen spricht die Welt mit sich selber"*, so daß in *seiner* Antwort die *Welt selber* zum Reden kommt. Die hier idealistisch vorausgesetzte *Koinzidenz* von menschlicher Sprache und Sprache der Welt bzw. der Dinge löst aber das praktische Problem nicht schon mit, wie denn beide Seiten über den Abgrund hinweg sich füreinander öffnen und die Hand reichen können. Ohne Klärung dieser Frage bleibt es eine *Voraussetzung* oder ein *Postulat*, daß der Mensch in das „Leben des Gegenstandes" hineintreten könne: „Die Realität selber soll hingestellt werden, nicht Aussagen über sie gemacht werden, sondern durch die Aussagen hindurch soll das Verständnis in die erlebte Realität selbst hineintreten, sich von ihr erfüllen lassen."[66] „Hineintreten" und „sich erfüllen lassen" verlangt die Aufhebung der Subjekt-Objekt-Spaltung und verweist auf idealistische Formeln, für die ein Öffnen für die Sache *eins* mit dem Denken des Begriffs der Sache ist. Die „hermeneutische Gestaltung" des „hermeneutischen Gegenstandes" rückt entweder in die Nähe von Fichtes „Tathandlung" oder sie verlangt mit Hegel den an und für sich selber „lebendigen Begriff", ja schließlich in lebensphilosophischer Wendung die „gedankenbildende Arbeit des Lebens selber."[67]

Es zeigt sich an dieser Stelle, daß auch Mischs lebensphilosophischer Standpunkt trotz der Absage an die Spekulation in den wesentlichen Aussagen nach wie vor dem metaphysischen

66 Georg Misch, a. a. O., zit. S. 67.

67 Georg Misch, a. a. O., zit. S. 68 und 72.

und idealistischen Erbe verpflichtet ist. Daran ist im Prinzip nichts falsch. Es kommt aber darauf an, die Legitimität der idealistischen Formeln selbst nachzuweisen und ihre Geltung nicht einfach vorauszusetzen. Und selbst wenn, was sie besagen, in der Theorie richtig ist, taugen sie noch nicht ohne weiteres für die Praxis.

Eine neue Überlegung führt Josef König mit einer Verschränkungsformel ein, die nicht mehr in gleicher Weise idealistisch verstanden werden kann, auch wenn die verwendeten Sprechweisen immer noch diesen Anschein geben und insofern leicht verwechselbar sind. Er sagt: Die Natur spricht *zu uns, wenn* und *indem wir sie* zu sprechen vermögen. Doch nicht, daß wir ihr nur das Wort leihen würden, sondern so, daß *sie uns unter dem Eindruck einer ästhetischen Wirkung zum Sprechen ermächtigt.*[68] Es handelt sich hier um eine Verschränkung von Mensch und Natur *im Ursprungsgeschehen der Sprache selbst.* Faßt man die Beziehung so, so bleibt der vom Idealismus entgegen Kants Protest einnivellierte *dimensionale Sprung* unberührt, König spricht von einer *„leeren"* Vermittlung *„wie durch nichts hindurch"* und braucht nicht mehr, wie der Idealismus, von einer *Adäquanz* der beiden Sprachen und Welten auszugehen.[69] In welchem Sinne König von einer *andersartigen Form der Verschränkung ohne idealistische Präsumptionen* sprechen kann, mag in den Ausführungen zur Metaphorik erster und zweiter Stufe wenigstens andeutend klar geworden sein.

---

68 Vgl. Josef König, Sein und Denken (vgl. Anm. 41) und Die Natur der ästhetischen Wirkung (vgl. Anm. 40).

69 Vgl. Josef König, Der Begriff der Intuition (siehe Anm. 24) und dazu meinen Aufsatz über Josef König. Versuch einer Würdigung seines Werkes, in: Dilthey-Jahrbuch für Philosophie und Geschichte der Geisteswissenschaften, Band 7/1990-91, S. 166-208.

Was die in der Tat noch idealistischem Gedankengut verpflichteten Redeweisen von Georg Misch betrifft, ist Bollnow nicht gerne zu Zugeständnissen bereit, wenn er dessen Ausführungen zum evozierenden Sprechen so resümiert: „Hier aber melden sich gewisse Bedenken an, die das Verhältnis von evozierendem und hermeneutischem Vorgehen betreffen“ (a. a. O. S. 75). Gemeinsam im evozierenden und hermeneutischen Vorgehen ist, daß die Sprachform in beiden Fällen auf nichtrationale Leistungen des Erlebens zurückbezogen bleibt und Bedeutungen mitschwingen, die sich einer rational-begrifflichen Aussageform entziehen.

Gleichwohl liegt Bollnow an sauberen kategorialen Unterscheidungen innerhalb dieses weiten Bereichs des Nicht-Rationalen, die er abschließend so zu treffen versucht: Die *dichterische Rede* ist Symbolik, „bildliche Vermittlung einer verborgenen Tiefe“ (ebd.), die noch am ehesten dem entspricht, was Mischs „evozierendes Sprechen“ leisten will. *Metaphysische Aussagen* über das Unendliche führen demgegenüber zu einer „wesensmäßig unanschaulichen Denkbewegung“ unter „Aufhebung aller bildlichen Vorstellungen“ (ebd.). *Geisteswissenschaftliche Begriffe* hingegen betreffen weder „eine gedanklich unfaßbare Tiefenschicht“ noch „über die Erfahrung hinausreichende metaphysische Aussagen“, sondern sind „hermeneutische Begriffe“ im Sinne der „Konzeptionen“ von Hans Lipps, die als Metaphern „einen Hof des dunkel Mitverstandenen mit sich führen“, in „hermeneutischer Arbeit“ aber gleichwohl aufzuklären sind.

Indem Bollnow zögert, die hermeneutischen Begriffe als evozierend zu bezeichnen und sich wie Josef König die Beispiele *vorgeben* läßt, bleibt er der *Philosoph,* der kategorial unterscheidet und analysiert, selber aber nicht die jeweilige Erfahrungsdimension zu betreten beansprucht. Man könnte in diesem Zögern aber auch den Zwiespalt des Aufklärers sehen, der das Unfaßliche sucht, zugleich aber scheut und lieber das Geheimnis verehrt, als daß er dessen Bereich betreten möchte.

Im Sinne kategorialer Unterscheidung bleibt es dann aber letztlich doch bei der Dichotomie zweier Sprachen, zweier Welten und – ach – von zwei Seelen in der eigenen Brust. Die Frage: Sprechen denn die Dinge, und wie sprechen sie? kann nicht leichthin wörtlich genommen und ohne weiteres zustimmend beantwortet werden: „Selbstverständlich sprechen die Dinge, wenn wir diese Ausdrucksweise noch einmal unbefragt hinnehmen, nicht in der gewohnten menschlichen Sprache. Darum läßt sich auch das, was sie zu sagen haben, nicht in der gewohnten menschlichen Sprache ausdrücken" (VüBeschr S. 65). Die Dinge sprechen gerade nicht im alltäglichen Leben, und sie sagen uns nichts, was wir nicht auch uns selber sagen könnten. Bollnow betont deshalb, daß wir nur im ausdrücklichen „Verzicht auf die ich-bezogene Einstellung des Alltagslebens" und in „radikaler Umkehr" einen Zugang zur Sprache der Natur finden können. Damit klingen Formeln an, die Bollnow selber wohl weniger aus einem christlich-mystischen Hintergrund als vielmehr bei seinen Aufenthalten in Japan in direkter Berührung mit dem Zen-Buddhismus aufgenommen hat.

4.3 Die Natur spricht zum Menschen, doch nur wenn dieser es lernt „mit den Augen zu hören"

In einem Gespräch Bollnows mit dem 1990 verstorbenen Religionsphilosophen Keiji Nishitani über das Verhältnis zur Natur (Bollnow hatte unmittelbar zuvor am 9. Mai 1986 in Osaka über „die Stadt, das Grün und der Mensch“[70] gesprochen) verwies Nishitani auf den alten zenbuddhistischen Spruch, daß der Mensch *lernen müsse mit den Augen zu hören.*[71] Bollnow beschreibt seine unmittelbare Reaktion auf zwei verschiedene Weisen:

(1) „Das leuchtete mir sofort ein, denn mir schien darin eine tiefe metaphysische Erfahrung zusammengefaßt.“[72]

(2) „Das klingt zunächst widersinnig und verlangt nach einer näheren Begründung ..., denn die verschiedenen Sinnesorgane, hier also das Auge und das Ohr, sind in bezug auf die formale Struktur ihrer Leistungen sehr verschieden.“[73] Er führt dazu aus, daß die Welt des Auges eine klar gegliederte Welt mit gegenständlichem Charakter und „ohne Geheimnis“ ist, während die Welt des Ohrs „eine hintergründige Welt, eine Welt der Geheimnisse“ darstellt (a. a. O., S. 63 f.).

Um dem Zen-Spruch gerecht zu werden sind deshalb seiner Meinung nach „zunächst einige naheliegende Erklärungs-

---

70 Otto Friedrich Bollnow, Die Stadt, das Grün und der Mensch, in: ders., Zwischen Philosophie und Pädagogik. Vorträge und Aufsätze. N. F. Weitz Verlag Aachen 1988, S. 44-62. Eröffnungsvortrag auf dem International Green Forum „Cultural Approaches to the Greening of the Urban Environment“ am 9. Mai 1986 in Senri (Osaka), Japan.

71 Diese Rede ist enthalten in Mumons Kommentar zum Fall 16: Der Glockenklang und das siebenstreifige Gewand, wo es heißt: „Wenn ihr mit den Ohren hört, könnt ihr es nicht erreichen. Wenn ihr mit den Augen hört, dann werdet ihr dessen zum ersten Mal innewerden.“ In: Die torlose Schranke. Mumonkan. Zen-Meister Mumons Koan-Sammlung, Kösel Verlag München 1989, S. 100 (dazu unten mehr). Den Hinweis verdanke ich Professor Takashi Morita, Hirakata-shi, Osaka-fu, Japan.

72 Unveröffentlichtes Manuskript zu dem Zen-Spruch, S. 2. Es gibt dazu auch einen 13 Seiten langen Brief an Professor Nishitani vom Juni 1986. Veröffentlicht ist eine kurze Zusammenfassung von Bollnows Überlegungen: Zu einem zen-buddhistischen Spruch, in: Otto Friedrich Bollnow, Zwischen Philosophie und Pädagogik. Vorträge und Aufsätze. N. F. Weitz Verlag, Aachen 1988, S. 63-67.

73 Zu einem zen-buddhistischen Spruch, a. a. O. (vgl. Anm. 72) S. 63.

versuche abzuweisen" (ebd.). Abzuweisen ist die Meinung, es ginge dabei um die bekannten *Synästhesien* („Farb*klänge*" einerseits, „*Klang*farben" andererseits) oder verallgemeinert um die Frage nach einem alle Sinnesleistungen übergreifenden *sensus communis* (einem „Sinn der Sinne"). Aber auch die *Sprache* als Medium einer derartigen sinnesübergreifenden Leistung muß abgewiesen werden, „denn der Satz, daß man mit den Augen hören müsse, bezieht sich ganz offensichtlich nicht auf den sprachlichen Umgang mit Menschen. Das Verstehen menschlicher Sprache bedarf ja nicht der Vermittlung durch das Sehen" (S. 64 f.). Bollnow folgert weiter: „Wenn aber das Hören in einen unmittelbaren Zusammenhang mit dem Auge gebracht wird, so kann es doch nur bedeuten, daß die Dinge, die wir *sehen,* uns *von sich aus etwas zu sagen haben.* Aber hier entspringt erst das eigentliche Problem. Wie sprechen denn die Dinge?" (S. 65; kursiv von mir). Der Hinweis, daß es sich bei dem Zen-Spruch um eine metaphorische Redeweise handle: „Zu sagen, das Hören sei bildlich gemeint, nur ein metaphorischer Sprachgebrauch, führt nicht weiter; denn dann entsteht die Frage, was bei aller offensichtlichen Verschiedenheit (scil. der Sinnesleistungen des Auges und des Ohrs) eine solche Metapher ermöglicht?" (S. 65). So kommt Bollnow schließlich zu der allgemein-anthropologisch gewendeten Aussage: „Was den Zen-Spruch so erregend macht, ist, daß er darauf aufmerksam macht, daß die Menschen im alltäglichen Leben gerade nicht mit den Augen hören ... Dieser natürlichen Einstellung gegenüber bedeutet die Forderung, mit dem Auge zu hören, eine radikale Umkehr. Sie bedeutet den Verzicht auf die ich-bezogene Einstellung des Alltagslebens ..." und verlangt das Hintanstellen der mit ihm verbundenen „Kenntnis" bzw. „erweiterten Erkenntnis", die „die Dinge unter den Bedürfnissen der Praxis (erfaßt)" (S. 65 f.). Unter Anführung von Beispielen schließen die veröffentlichten Bemerkungen zu dem von Nishitani geäußerten Zen-Spruch mit der Aussage: „Die dichterische Sprache ist also die Form, in der allein gefaßt werden kann, was die Dinge zu sagen haben“ (S. 67)[74].

Bollnow hat seinen Hinweis auf die kategoriale bzw. formale Verschiedenheit der Leistungen des Auges und des Ohres nicht weiter ausgeführt und auch das *Widersinnige* der Aufforderung, *mit den Augen zu hören,* nicht aufzulösen versucht. Seine Frage ging von vornherein in die Richtung sprachlicher Kommunikation: Die Dinge, die wir *sehen und hören* – was *sagen sie uns,* wenn sie überhaupt etwas *sagen?* Seine Antwort lautet: Sie sagen uns *nichts* in der „natürlichen Einstellung“, sondern können nur zum Sprechen kommen im „Verzicht auf die ichbezogene Einstellung des Alltagslebens“ oder, wie Bollnow dies ausdrückt, in „radikaler Umkehr“ (ebd.). Er nimmt damit die Zen-Aufforderung, *„mit den Augen zu hören“* weder als ethischen Appell noch als eine erkenntnistheoretische Aussage und versucht sie

---

74 Die Möglichkeit der Dichtung, die Sprache der Dinge auszusagen, hat Rilke im Versuch einer Beschreibung von Cézannes Gemälde „Hortense Fiquet im roten Sessel“ in paradox erscheinender Wendung so ausgedrückt: „Schon, obwohl ich so oft aufmerksam und unnachgiebig davorgestanden habe, wird in meiner Erinnerung der große Farbenzusammenhang der Frau im roten Fauteuil so wenig wiederholbar wie eine sehr vielstellige Zahl. Und doch hab ich sie mir eingeprägt, Ziffer für Ziffer. In meinem Gefühl ist das Bewußtsein ihres Vorhandenseins zu einer Erhöhung geworden, die ich noch im Schlafe fühle; mein Blut beschreibt sie in mir, aber das Sagen geht irgendwo draußen vorbei und wird nicht hereingerufen. Schrieb ich von ihr?“ Und abschließend: „Ich mußte denken gestern abend, ob mein Versuch, die Frau im roten Polstersessel anzudeuten, Dich zu irgendeiner Vorstellung bestimmen konnte? Ich bin nicht sicher, auch nur das Verhältnis ihrer Valeurs getroffen zu haben; mehr als je schienen mir die Worte ausgeschlossen, und doch müßte die Möglichkeit, sich ihrer zwingend zu bedienen, da sein, vermöchte man nur, ein solches Bild wie Natur anzuschauen: dann müßte es als ein Seiendes auch irgendwie ausgesagt werden können.“ Brief an seine Frau vom 22. und 23. Oktober 1907 anläßlich des Besuchs der Gedächtnisausstellung für Cézanne im Salon d'Automne, Paris (Rilke 1977, S. 38 ff.).

vielmehr – und dies entspricht durchaus der Funktion eines Koan – als *transformativen Mechanismus* zu verstehen. In diesem Zusammenhang ist es durchaus sinnvoll, in einem ersten Schritt nach der Leistung der Sinne, ihrem *Eingebundensein* in bestimmte Wahrnehmungsweisen und ihrem darüber hinausweisenden *Wandlungspotential* zu fragen.

4.4 Die Leistung der Sinne

Es ist häufig festgestellt worden, daß die philosophische Begriffsbildung sich im Abendland vor allem an der visuellen Wahrnehmung orientiert und dieser Blickstellung entsprechend ihre leitenden Kategorien ausformuliert hat. Dem entspricht die Dominanz des Auges in den alltäglichen praktischen Lebensbezügen. Vom ursprünglichen Verständnis des Geistigen her wäre auch eine andere, mit dem Hören verbundene Grundeinstellung möglich gewesen. So verweist zwar die „Idee" Platons auf das Sehen (ἰδεῖν), der „Nous" jedoch auf das Vernehmen (νοεῖν) bzw. Hören.[75]

---

[75] Martin Heidegger hat in seinen Vorlesungen über den „Satz vom Grund" (Der Satz vom Grund, Verlag Günther Neske in Pfullingen 1957, ^{2}1958) den Versuch unternommen, Platons ἰδέα und Heraklits λόγος in einer einzigen Denkfigur zu vereinigen: „Unser Denken soll jetzt das in der Betonung (scil. ‚nichts *ist* ohne *Grund*') eigentlich schon Gehörte erblicken. Das Denken soll Hörbares erblicken. Es erblickt das zuvor Unerhörte. Das Denken ist ein Erhören, das erblickt. Im Denken vergeht uns das gewöhnliche Hören und Sehen deshalb, weil das Denken uns in ein Erhören und Erblicken bringt" (S. 86). Den Einwand, daß das Denken doch nur im übertragenen Sinne ein Hören und ein Sehen sei, beantwortet Heidegger so: „In der Tat. Das im Denken Erhörte und Erblickte läßt sich nicht mit unseren Ohren hören, nicht mit unseren Augen sehen. Es ist nicht durch unsere Sinnesorgane wahrnehmbar" (ebd.), sondern schon im Sinne des μεταφερεῖν „hinübergenommen in den Bereich des nichtsinnlichen Vernehmens, d. h. des Denkens" (S. 87). Die Berechtigung dieses Übergangs liegt für ihn darin: „*Wir* hören, nicht das Ohr. Wir hören allerdings durch das Ohr, aber nicht mit dem Ohr ..." (ebd.). Die Metaphorik leistet somit allererst den Übergang in

In der Neuzeit hat sich eine ähnliche Konstellation wiederholt. Für den „Augenmenschen“ Goethe bestand die Aufgabe darin, die Bedingungen des Sehens so zu verändern, daß die starre, bereits begrifflich vorschematisierte „Wahrnehmung“ zur freiproduktiven, sinnlich-geistigen „Anschauung“ erhoben werden konnte. Mit dem Übergang von der am Sehen orientierten „Klassik“ zu der dem Hören sich erschließenden „Romantik“ hat sich eine neue Aufgabe ergeben, die einer Veränderung der Grundeinstellung im ganzen gleichkommt. Dies wird deutlich, wenn man die Leistung des Auges mit der des Ohres vergleicht.

Beide Bereiche haben, wie auch Bollnow zurecht feststellt, sehr verschiedene formale Strukturprinzipien. Die „aktiven“ Augen bewegen sich auf die Dinge zu und nehmen, deren Bewegung folgend, eine immer neue Einstellung ein. Ihre Funktion ist die der Lokalisierung und Zuordnung, der Bestimmung und Feststellung, letztlich der Besitzergreifung und Vergegenständlichung. Die „Welt des Auges“ ist eine Welt der Übersicht und Klarheit, der Verfügung und Macht, der Beherrschung und Unterwerfung. In diesem Sinne haben die Augen mit der

---

den Bereich des „eigentlichen“ Hören und Sehens, das als solches nicht den Sinnen aufgegeben ist. Diese sind dazu zwar eine notwendige, aber nicht eine zureichende Bedingung. Die „Metapher“ des Denkens qua Erhörens und Erblickens ist somit für Heidegger keine „bloße“ Metapher, mit deren Behauptung dann ja zwangsläufig ein metaphysisches Vorurteil verbunden sein müßte. Hinsichtlich des Zen-Spruchs ist Heideggers abschließende Folgerung aufschlußreich: „Wenn nun menschlich-sterbliches Hören und Blicken sein Eigentliches nicht im bloß sinnlichen Empfinden hat, dann ist es auch nicht völlig unerhört, daß Hörbares zugleich erblickt werden kann, wenn das Denken hörend blickt und blickend hört“ (S. 89). Die hier geltend gemachte Differenz von eigentlich/uneigentlich ist m. E. zunächst jedoch selber wieder metaphorischer Natur und müßte in ihren formalen Implikationen sehr viel genauer untersucht werden. Erst dann ließe sich beurteilen, ob die sinnesübergreifende Leistung so ohne weiteres mit dem „Denken“ gleichgesetzt werden kann, wie Heidegger das behauptet.

Aufrechterhaltung eines lebenspraktischen Schemas zu tun und folgen einem Bedürfnis, das durch Erwartung und Orientierung, Wunsch und Zweck, Nutzen und Schaden gekennzeichnet ist. In dieser Weise dem Auge dargeboten, wird die Natur zum Material und zur Energiequelle, zum Zeug und schließlich zur unterworfenen Natur degradiert. Die Welt des Auges ist eine Welt ohne Geheimnisse, und wie ihr Licht Klarheit gibt, im Übermaß aber blendet, so erscheint auch ihre räumliche Transparenz und Tiefe noch opak.

Demgegenüber wird das „passive" Ohr von den Dingen her angegangen und bleibt auch dann, wenn es die Töne selegiert und in ihrer Intensität abzuschwächen versteht, ihrem An- und Eindringen ausgesetzt. Auch wenn der Mensch der Welt der Klänge, Stimmen und Geräusche nicht überhaupt schutzlos ausgeliefert ist, fehlen ihm die Mittel, sich gegenüber dem An- und Eindringenden gänzlich abzuschirmen und sich, wie das Auge dies kann, in Form einer Blendung selbst zu blenden. Während es in der Welt des Auges distanzierbare und in ihrem Anspruch neutralisierbare Gegenstände gibt, behaupten die Dinge in der Welt des Ohres ihr Eigenwesen. Für das Hören ist deshalb der Anspruch der Dinge nicht neutralisierbar, es sei denn man macht sich taub; sie wahren ihr Eigensein und verlangen Gehorsam ihnen gegenüber. Hörend und gehorchend ist man jedoch in der Bindung und nicht in der Freiheit des Sichlossagenkönnens. Wer hört und antwortet, steht in der Verantwortung der Sprache.

Hinsichtlich der Form wird somit auch schon durch die beiden Sinnesbereiche eine wesentliche Differenz markiert. In der Einstellung des Sehens wird die Sprache der Natur allenfalls zu einer *Schrift,* deren Botschaft in einem Code verschlüsselt ist und wieder entschlüsselt werden muß. Herzustellen oder Wiederherzustellen ist in diesem Sinne die „Lesbarkeit der Welt“ (Blumenberg). Die Natur von der Stimme, vom Hören und Antworten her zu erschließen, wie Mischs Rede vom „evozierenden Sprechen“ dies nahelegt, weist demgegenüber in eine ganz andere Richtung. Dinge, die „Eigenwesen“ sind, können sich Gehör verschaffen und vermöge ihrer Sprache selber mächtig sein. Auch die Dinge der Natur bleiben für den Sinn des Ohres Macht-Wesen. Entsprechend wird auch nicht das sichtbare Äußere der Erscheinung, sondern deren verborgenes Inneres zum Träger der Botschaft und des Sinns.

Betrachtet man vor dem Hintergrund dieser Differenzen die Leistung des Verstehens, so zeigt sich ein spürbarer Unterschied zwischen *Verstehen* und *Kommunikation.* Das Verstehen hat es etymologisch mit dem „Verstand“ und dem optischen Bereich zu tun, während das Kommunizieren auf die inneren Bereiche der „Seele“ und des „Ohres“ verweist. Entsprechend verschieden sind die je zugehörigen Verwendungsweisen der Sprache.

Dem Sinn des Auges entsprechend ist das Verstehen eine *Sichtweise,* die im besten Falle sehen läßt, was ist, aber auch viel mit Abblendung, Scheinerzeugung und Verstellung zu tun hat. Sichtweisen verstellen etwas, indem sie anderes in den Blick rücken. Für den „Verstand“ heißt Sehen und Verstehen, sich ein Bild von etwas zu machen, um es eben damit überblicken, etikettieren, einordnen und kontrollieren zu können. Der Verstand ist ein Hüter der eigenen Ordnung und verfällt allzuleicht dem eigenen Diktat. In diesem Sinne arbeitet er eng zusammen mit dem Kontrollorgan des Auges, das wie er sich von sich selber weg nach außen wendet und seine Grenze im Nichthineinsehenkönnen findet. Damit ist notwendig eine Illusionsbildung auch über sich selber verbunden, denn hineinzusehen, und gar in die eigenen Machenschaften hineinzusehen, käme den

Verstand allzu hart an. Das Auge leiht ihm die Kunst des Bildermachens und Übermalens, und indem so Dissonanzen und Selbstwidersprüche eliminiert werden, kann in der Welt des Verstandes die Logik aufrechterhalten werden. Verstand und Auge haben es so mit einem Willen zu tun, der unter Umständen gar nicht sehen oder in seiner Voreingenommenheit anders sehen will. Man kann im Blick auf dieses Mixtum aus Einbildung und Wirklichkeit die Frage stellen, ob Verstand und Auge in ihrem Zusammenspiel überhaupt der *Erkenntnis* dienen oder nicht vielmehr mit dem Aufbau und der Selbstbehauptung einer Weltsicht zu tun haben, die mit dem was wirklich ist, wenn überhaupt, nur in sehr eingeschränktem Maße zu tun hat. Was ich sehe, glaube ich zu kennen, und was ich sehen will, halte ich fest. Das Verstehen wird durch ein solches Sichbehaupten an ein Vorverständnis zurückgebunden, das eher mit Vorhabe und Vorsicht als mit Wirklichkeitserkenntnis zu tun hat.

Es hilft an dieser Stelle auch nicht weiter, wenn man mit der Leistung des Verstehens einen Zugang zum *Inneren* (dem „Wesen", dem „Selbst", der „Person") verbinden und das Sehen zu einem „Hineinsehen" ins Innere bzw. zu einem Sehen mit dem „inneren Auge" machen möchte. Kann der Mensch überhaupt „hineinsehen" in etwas, in einen Anderen oder in sich selbst, und ist das Auge ein geeignetes Organ hierfür? Ein Indianersprichwort geht dahin, daß man, um den Anderen zu verstehen, in dessen Schuhen gehen und d. h. sich so weit wie möglich in dessen konkrete Situation hineinbegeben müsse. Diese Positionsvertauschung meint aber gerade kein „Hineinsehen" in ihn, sondern vielmehr ein „Heraussehen" aus ihm, ein Sehen und Verstehen aus seinem Ort bzw. seiner inneren Lage heraus. Die Frage, was in mir die Verstehensgrundlage für das Andere und Fremde sein kann, stellt sich damit viel radikaler. Die

Rede vom „Hineinsehen“ entspricht einer Übertragung aus dem Eigenen: Ich verstehe so den Anderen als *alter ego* nach dem Maß meiner selbst. Senecas Aussage: „Nichts Menschliches ist mir fremd“ kann aber *nicht nur* besagen wollen, daß, wenn ich *mich* kenne, ich damit auch schon *alles Menschliche* kenne, weil ich, was ich selber erlebt und erlitten habe, eben deshalb auch beim Anderen mitfühlen und verstehen kann. Es ist beim Verstehen des Anderen und Fremden gleichsam noch ein ungedeckter Wechsel im Spiel, dessen wahre Natur aufzuklären nicht einfach ist. Man bräuchte für die Erfassung des Anderen ein Organ und weiß nicht, ob ein solches in der Seele bzw. in der Organisation der menschlichen Sinne überhaupt schon ausgebildet ist.

Daß Verstehen und Kommunizieren zweierlei Tun ist, läßt sich an einem Beispiel verdeutlichen. Was tut der, der sagt: „Ich habe einen Blick auf dich geworfen – ich will dich sehen!“? Absichten und Hintergedanken liegen da nahe, auch, daß einer es vielleicht nicht ehrlich mit mir meint. Anders klingt es, wenn einer sagt: „Ich hab ein Ohr für dich – du kannst zu mir kommen, wenn du willst, und – laß etwas hören von dir ...“ Selbst noch das „Ich möchte deine *Stimme* hören!“ hat nichts von der zugreifenden Art des Blickes an sich und will besagen: „Ich *erkenne* dich an deiner Stimme und ich *liebe* dich.“

Verallgemeinert kann gesagt werden: Das Auge ist durch sich selbst besetzt; es laufen Filme in ihm ab, die nach Bestätigung verlangen. Seine Sehweise ist monologisch: Ein Ego spricht in ihm mit sich und möchte sich bestätigt wissen. Im Unterschied dazu ist das Ohr nicht durch sich selbst besetzt und nimmt auch die leisesten Zwischentöne noch auf. Will man nun die zugreifende Tendenz des Auges korrigieren, so bietet sich in der Tat die Verbindung mit der gewährenlassenden Einstellung des Ohres an. Hörende Augen können nicht mehr besetzt sein durch

„Bilder der Eigen-Welt“, die sich behaupten und durchsetzen wollen. Es handelt sich nun vielmehr um „Einsichten eines Geliebten“, die sich dem Hören auf diesen verdanken.

Im Sinne einer solchen Verbindung der beiden Sinnesbereiche und ihrer je spezifischen Leistungen verweist der Zen-Spruch auf eine Aufgabe, die nicht bereits gelöst ist und der der Mensch sich allererst stellen muß. Vor dem Hintergrund des Gesagten kann auch klarer werden, was Bollnow mit seiner Forderung nach Überwindung des „kleinen Ich“ im Sinn hat. Es bedarf in der Tat einer radikal anderen Einstellung und Geisteshaltung, um mit dem Bildermachen aufzuhören und einem Anderen Gehör in sich zu geben. Die so verstandene „Umkehr“ kommt einem Erwecktwerden der Sinne für ihre *je andere Seite gleich:* der Erweckung des Auges zum Hören *(*zum *wissenden* Sehen) und der Erweckung des Ohres zum Sehen *(*zum *verstehenden* Hören). Um in diese Verfassung zu kommen muß jedoch eine vorauslaufende, andersgerichtete Tätigkeit gänzlich an ihr Ende gebracht werden. Nur dann kann eine neue Bewegung an ihre Stelle treten, die sich aus verborgenen Quellen speist.

4.5 Die Lösung des Koan

Auch wenn Bollnows intensive und zugleich immer ratloser werdende Bemühung um das Verständnis des Zen-Spruches durchaus im Sinne des Zen ist und zu dessen Übungsweg gehört, kann nicht davon ausgegangen werden, daß der Aufforderung, mit den Augen zu hören, mit dem Ausgeführten Genüge getan ist. Sie will vielmehr, ebenso wie der bekanntere Zen-Spruch „Höre den Ton der *einen* Hand“, als Koan verstanden werden und muß in dieser Verwendung alle möglichen Antworten und auch die zuletzt von Bollnow gegebene Antwort noch frustrieren. Ein Koan ist eine „Denkaufgabe“, die in manchen Schulen des

Zen als ein wesentlicher Bestandteil des Übungsweges aufgegeben wird. Sie ist in paradoxer Zuspitzung so konstruiert, daß es im allgemeinen Wissen keine Lösung für sie gibt. Der Koan hat seine Funktion gerade darin, alle *denkbaren* Lösungen abzuarbeiten und mit der Aporetik des Gedankens und seiner Logik an einen äußersten Punkt zu führen, an dem die *äußerste Bemühung* sich mit einem *Loslassenmüssen* trifft und in der Koinzidenz von beidem eine plötzliche *Durchbruchserfahrung* möglich wird. Nur im äußersten Punkt kann Erleuchtung eintreten, jene radikale „Umkehr" und „Wandlung", von der Bollnow, wenngleich oft in ethischer Wendung, spricht. Der Koan verlangt aber auch noch die ethischen Kontexte hinter sich zu lassen, um existentiell an einen äußersten Punkt führen zu können. Zu seiner Beantwortung zählt allein die individuelle, je existentiell zu vollziehende Stellungnahme. Das Eingeständnis, keine Antwort mehr zu wissen, beleuchtet dann aber nur die eine Seite der Sache. Das Abarbeiten aller Antworten stellt nur in einem Sinne ein der Aufgabe Erliegen dar, wie Bollnow dies in seinen letzten Lebensjahren oft drückend empfunden hat; von der anderen Seite her betrachtet ist dieses Scheitern die notwendige Bedingung für den Durchbruch einer tieferen Kraft[76], auf deren Freisetzung der Koan abzielt.

---

76 „Eh' das Äußerste erreicht ist, kehrt sich nichts ins Gegenteil", Liä Dsi (Lieh Tzu), Das wahre Buch vom quellenden Urgrund, Buch IV.10, Eugen Diederichs Verlag 4. Aufl., 1992, S. 92. Die Formulierung „... kehrt sich nichts ins Gegenteil" möchte ich im Sinne der hier diskutierten, zwei-seitigen Betrachtungsweise übersetzen mit: „wendet sich nichts in seine andere, nicht-verkehrte Seite zurück".

Ein anderer Zen-Spruch drückt dies so aus:

Wenn dein Bogen zerbrochen ist
und du keinen Pfeil mehr im Köcher hast –
dann schieße!
Schieße mit deinem ganzen Sein.

Der Fall 16: „Der Glockenklang und das siebenstreifige Gewand" in Zen-Meister Mumons Koan-Sammlung „Mumonkan"[77] geht von einer alltäglich wiederkehrenden Situation im Leben eines Zen-Übenden aus, in der scheinbar Unvereinbares zusammentrifft und eine offensichtliche Diskrepanz zu bewältigen ist:

Unmon[78] sagte: „Die Welt ist unermeßlich weit wie dies. Warum [aber] legen wir beim Erklingen der Glocke unser siebenstreifiges Gewand an?"

Mumons Kommentar spitzt den darin liegenden Widerspruch noch zu: „Beim Studium und der Übung des Zen ist es im allgemeinen höchst verwerflich, Tönen und Farben nachzugehen. Auch wenn du möglicherweise beim Hören von Klängen erleuchtest wirst oder beim Sehen von Farben den Geist erfährst, bleibt das gewöhnlich und banal."

In beiden Sinnesbereichen ist der Mensch zunächst gebunden „nachzugehen", d. h. er folgt einfach den Klängen und den Farben wie willenlos, und selbst noch der Zen-Übende legt beim Ertönen der Glocke wie selbstverständlich das zeremonielle Gewand an und kommt zur Morgenzeremonie in die Halle. Was

---

77 Vgl. Anm. 71.

78 Unmon Bun-en (864-949) ist ein berühmter Zen-Meister in der Linie der Rinzai-Schule.

aber hat das mit dem Geist des Zen zu tun? Selbst wenn einer beim Hören der Stimme erleuchtet wird[79] – was nicht selten geschieht – „bleibt das gewöhnlich und banal".

Um, was Zen an dieser Stelle ist, zu beleuchten, stellt Mumon fest, „daß für echte Zen-Mönche, wenn sie Töne und Farben frei verwenden, jedes Ding und jede Handlung hellklar und ein erfülltes Wunder ist. Wenn ihr einen Klang hört, sagt mir doch: kommt der Klang zum Ohr oder geht das Ohr zum Klang? Auch

---

79 Eine berühmte Stelle für die erweckende Koinzidenz von Anruf/Hören und Erblicken ist das dritte Ochsen-Bild: Das Finden des Ochsen, wo es heißt: „Im Augenblick, da der Hirte die Stimme hört, springt er jäh zurück und trifft im Erblicken den Ursprung. Die schweifenden Sinne sind gelassen im Einklang mit diesem Ursprung beruhigt. Unverhüllt durchwaltet der Ochse in seiner Ganzheit jegliches Tun des Hirten. Es west in einer unabdingbaren Weise an, so wie das Salz im Wasser des Meeres oder wie der Leim in der Farbe des Malers. Wenn der Hirte die Augen weit aufschlägt und schaut, dann erblickt er nichts anderes als sich selbst." Das durch das Brüllen des Ochsen hervorgerufene, plötzliche Durchbrochenwerden zu sich faßt sich im Erblicken des Selbst in seiner Ganzheit und sammelt die beruhigten Sinne im Einklang mit dem Ursprung. Die Stimme öffnet das „Tor" zu einer umfassenderen Bewußtheit, die wie das Salz im Wasser alle Sinne durchdringt und einen Gesamteindruck erzeugt, der sich nun allererst künstlerisch ausdrücken und gestalten läßt. Das zweite Lobgedicht drückt dies so aus: „Gestalt und Stimme des Ochsen wurden gehört und erblickt. Zum herrlichen Meister wurde von da an Dsai-sung, der Maler des Ochsen. Sein Bild ist vom Haupt bis zum Schwanz wie der Ochse des Herzens. Doch wenn einer strenger prüft, gewahrt er, wie es noch nicht vollendet." Dazu schreibt Meister D. R. Ohtsu in seinem Kommentar: „Der wunderbare Bereich des Herzens, in den der Schüler jetzt eingebrochen ist, liegt vor jeder Kunst des Malens und vor jedem Wort. Erst aus diesem Bereich, in den kein Malen und kein Sprechen jemals reichen kann, malen und sprechen wir" (S. 85). Das erste Sich-Stellen und Ganzwerden dank einer besonderen Weise der Selbst-Manifestation im Bild ist jedoch nicht das Ziel des Weges, sondern hat in bezug auf die folgenden, schwierigen Stufen eine ganz bestimmte Aufgabe zu erfüllen. Es verführt gleichsam dank seiner bezaubernden Schönheit dazu, sich auf diesen Weg ohne Wiederkehr zu wagen. Der Ochs und sein Hirte. Eine altchinesische Zen-Geschichte erläutert von Meister Daizohkutsu R. Ohtsu mit japanischen Bildern aus dem 15. Jahrhundert übersetzt von Kôichi Tsujimura und Hartmut Buchner im Verlag Günther Neske Pfullingen 1958, S. 21 f.

wenn ihr beides, Klang und Stille, ausgelöscht habt, was wollt ihr dann noch hier erfahren?" Die hier erreichte Befreiung der Sinne aus ihrer Bindung ist mit einer neuen Erfahrungsqualität und einem insgesamt verwandelten Bewußtseinszustand verbunden, in dem die zuvor bestimmenden Differenzen: Her und Hin, Subjekt und Objekt, Innen und Außen, Klang und Stille nicht überhaupt aufgehoben, aber gleichwohl überschritten worden sind. Im Sinne dieses notwendigen Überstiegs in eine qualitativ andere Dimension ist es nötig sich aus der Bindung der Sinne zu lösen, zugleich aber können die Sinne selber eine Brücke schlagen, wenn man sie so zu verbinden weiß, daß sie sich gegenseitig aus ihrer Beschränkung befreien: „Wenn ihr mit den Ohren hört, könnt ihr es nicht erreichen. Wenn ihr mit den Augen hört, dann werdet ihr dessen zum ersten Mal innewerden."

Es kommt darauf an, den Gehorsam der Ohren mit der Freiheit der Augen zu verbinden, um gleichsam doppelbödig und d. h. *ineins* hörend und verstehend, sehend und einsehend oder allgemein ausgedrückt *wissend* sehen und *verstehend* hören zu können. Die Aufforderung des Zen geht *nicht* dahin, ein Jenseits der Sinne zu erreichen und an einem Ort zu verharren, wo „Klang und Stille überhaupt ausgelöscht" sind. Aufgabe ist es vielmehr, „Töne und Farben frei zu verwenden" und d. h. die Sinnesleistung selber qualitativ zu verändern. Dazu gehört ein Transzendieren der Sinne notwendig dazu, aber nicht ein Sie-Verlassen. Eine mit jeder Bewußtseins- und Sinnesleistung notwendig verbundene Beschränkung ist damit durchbrochen, aber nicht überhaupt aufgehoben.

Eine *Beschränkung,* die *keine* Beschränkung mehr ist, *indem* sie eine Beschränkung *ist,* kann keine Bindung mehr sein und wird vielmehr zum *Symbol des an kein Ende kommenden Übungsweges selbst als eines solchen*. Im Sinn dieser paradoxen Verschränkung der Bewußtseinsdimensionen bzw. ihrer gegenseitigen Durchbrechung-in-sich können die dem Koan beigegebenen Verse verstanden und, ihrem das paradoxe Strukturmuster spiegelnden Aufbau entsprechend, nach zwei Seiten hin gelesen werden:

- Mit der Erfahrung sind alle Dinge wie von einer Familie.
- Ohne die Erfahrung ist jedes gesondert und verschieden.
- Ohne die Erfahrung sind alle Dinge wie von einer Familie.
- Mit der Erfahrung ist jedes gesondert und verschieden.

Die spiegelsymmetrische Anordnung der Verszeilen ist deutlich:

- Mit der Erfahrung sind alle Dinge wie von einer Familie.
- Mit der Erfahrung ist jedes gesondert und verschieden.

Und:

- Ohne die Erfahrung ist jedes gesondert und verschieden.
- Ohne die Erfahrung sind alle Dinge wie von einer Familie.

Was Widerspruch zu sein scheint und „ohne die Erfahrung“ immer auch ein solcher ist, wird *„mit der Erfahrung“* zur großen Koinzidenz und zum schöpferischen Zusammen-Spiel der beiden unaufhebbar inkommensurablen Aspekte des Wirklichen: ursprünglich verbunden zu sein im All-Eines („wie von einer Familie“) und *zugleich* radikal (von der Wurzel her) „gesondert und verschieden“ zu sein. Alles ist Eines – *jedes jedoch auf seine ganz besondere Weise.*[80]

---

[80] Πάντα εν πᾶσιν, οικείως δέ εν εκάστω: Alles in allem, *jedoch auf je eigene Weise in jedem.* Proklos, Elementatio theologica prop. 103. Das „Eine“ kommt hier doppelt vor:

„Ohne die Erfahrung" ist dasselbe der Fall, jedoch in der verkehrten Form einer fixierten Opposition und gewaltsamen Verkettung der diskrepanten Aspekte. Die „gesonderten und verschiedenen" Dinge müssen sich hier bekämpfen und können auch nicht anders als dies zu tun, eben weil sie in einer falschen Gleichheit zusammengezwungen worden sind. Sie sind diesem Zwang zur Gleichheit unterworfen und können sich ihm, eben weil sie von der Wurzel her „gesondert und verschieden sind", doch nicht ausliefern. Die absurde Tragik dieses nie zu einer befriedigenden Lösung kommenden *verkehrten* Zusammenspiels liegt auf der Hand.

Aber man entgeht dem nicht überhaupt, weil man die doppelseitige Struktur: („gesondert und verschieden" | „wie von einer Familie") nicht aufheben kann. „Mit der Erfahrung" ist es immer noch dieselbe Struktur, nur aus der Verkehrung wieder herausgewendet: Jedes ist hier in der Tat „gesondert und verschieden" und darin frei, zugleich aber sind alle nun in Wahrheit „wie von einer Familie". Mit dem Zwang der Gleichheit ist die Opposition der Einzelnen verschwunden und mit dieser der Zwang.

Das vom Zen anvisierte transformative Verstehen liegt somit in der Linie: *Dasselbe – anders!* Diese Anweisung schneidet jeden Ausweg ab. *Es gibt keine einfachen Alternativen und trennenden Lösungen.* Dem zugrunde liegt die Einsicht, daß immer nur an dem Punkt, an dem etwas gerade *ist,* ein Weiterkommen möglich ist. Es gibt keine Bewegungsmöglichkeit *außerhalb des Ortes,* an dem sich einer befindet.[81] Dieses nicht zu wissen kennzeichnet

[81] Das Bewegungsgesetz der Existenz enthält ein Orts-Gesetz: Existenz-Entwicklung kann nur am je eigenen Ort geschehen und führt grundsätzlich nicht über diesen hinaus. Mit dem Leib, weil er ortsbeweglich ist, glaubt der Mensch über sich hinaus zu

den gewöhnlichen Menschen, der sich immer von sich weg bewegt und anderswo sucht, was er hier und jetzt und bei sich selber nicht findet oder zu finden glaubt. Weil er sich aber in Wirklichkeit nicht von sich wegbewegen kann, müssen die gesuchten Alternativen Wünsche bzw. Gedanken bleiben und als solche zu Ausflüchten werden.

Die Suche nach Alternativen führt in die Irre. Sie muß gestoppt werden durch eine gegenläufige Bewegung des Innehaltens, die zunächst nicht freiwillig geschieht und deshalb eines äußersten Punktes bedarf, an dem alle möglichen Alternativen versperrt sind und in der Tat keine auf sie bezogene Bewegungsmöglichkeit mehr gegeben ist. Der Durchbruch ereignet sich, wenn und indem der eigene Ort in seiner jeweiligen Befindlichkeit wirklich eingenommen wird und alle Energie, ohne noch abfließen zu können, sich ganz auf diesen einen Punkt konzentriert. Soll dieser Punkt durch höchste Intensität in sich schmelzen bzw. sich in sich durchbrechen, so darf er wenigstens für den Moment nicht mehr verlassen werden. Hinterher ist es immer noch derselbe Ort, an dem einer ist, nur anders gewendet: absolut gesondert und verschieden und zugleich in absoluter Verbundenheit. Die *immerwährende Paradoxie* löst sich nur in der Klimax ihres „Sterben-und-Lebens" je und je in eine schöpferische Möglichkeit auf.

---

können (vgl. Nietzsche, Also sprach Zarathustra, Erster Teil: Von den Hinterweltlern), und die Vorstellung folgt dem in ihrem Flug. Existenz aber kann sich nur in ihrem eigenen Ort bewegen und wird, wenn sie sich außerhalb von diesem befindet, gehemmt und zerrissen. Ein alter Satz drückt dies so aus: Motus in loco placidus, extra locum turbidus. „Bewegung in ihrem Ort ist beruhigt bzw. versöhnt, außerhalb ihres Ortes unruhig und verwirrt." Comenius' Wahlspruch drückt den Aspekt der Gewaltsamkeit bzw. Ungezwungenheit einer Bewegung außer ihrem Ort und in ihm noch deutlicher aus: Omnia sponte fluant, absit violentia rebus. „Alles bewegt sich (scil. im eigenen Ort) wie von selbst, es ist keine Gewalt in den Dingen."

Man kann sich nur an dem Punkt bewegen an dem man wirklich ist. Insofern scheint das Problem leicht und einfach zu sein. Voraussetzung für die Bewegung im eigenen Punkt ist es jedoch, die aus ihm heraus in die Horizontale führende Bewegung der Welthabe in Raum und Zeit an ein Ende zu bringen. Eine ganze, sich der Welt auf eine bestimmte Weise vergewissernde Bewegungsform muß an ein Ende kommen, damit eine andere, die Oberfläche durchbrechende und in die Tiefe gehende Bewegung möglich wird. Der Schock des Angehaltenwerdens und Selber-Innehaltenmüssens kann nicht erspart werden. Weil und solange dies nicht aus eigenem Impuls geschieht, muß eine hemmende und einmauernde Reaktion der Umwelt zu ihm führen. Ein solches Gehemmtwerden ist auf lange Sicht schon in der Dynamik der Paradoxstruktur als solcher enthalten. Jeder kommt irgendwann an den Punkt des Nicht-mehr-Wiederholenkönnens vergeblicher Lösungsversuche und wird darin vor sich selber gebracht. Zen unterstützt und beschleunigt diesen Prozeß des Ins-Gefängnis-Führens auf jede erdenkliche Weise mit höchst kunstvoll inszenierten Mitteln.

Damit ist auch im Verhältnis zur Natur ein Weg gewiesen, um aus der leidigen Alternative und Doppelbindung von ineins Übermacht und Ohnmacht herauszukommen und eine *Zweiseitigkeit* wiederherzustellen, in der die Größe der Natur ihrer Zerstörbarkeit keinen Abbruch mehr tut und umgekehrt. Beides ist innig verbunden in der Doppelseitigkeit der Übungsanweisung:

Gehe den Weg der Kunst: Übe mit Pfeil und Bogen! Und doch erst:
Wenn dein Bogen zerbrochen ist und du keinen Pfeil mehr im Köcher hast –
dann schieße! Schieße mit deinem ganzen Sein!

Diese in beiden Richtungen zu lesende Formel enthält ein großes Und in Verbindung mit einem großen Entweder-Oder der beiden, stets zu verbindenden Seiten. Aber nur beide zusammen drücken die ganze Wahrheit des Zen aus.

Oder mit einer Paraphrase des Koan noch einmal anders ausgedrückt:

Die Welt ist unermeßlich weit – wie dies:
Beim Erklingen der Glocke legen wir unser siebenstreifiges Gewand an!

5 Das Verhältnis von Mensch und Natur als pädagogisches Problem[82]

Die fünfte These lautet in Bollnows Worten:

5. These: *„Für den im praktischen Umgang mit den Dingen lebenden Menschen gibt es keine Natur ... Die Natur als solche ist dem Menschen nicht ursprünglich gegeben."*

Man sagt

- Kinder sind oft grausam und wie seelenlos zu Tieren und gehen ohne Einfühlung mutwillig mit ihnen um.
- Kinder haben, etwa auf der Reise, keinen Blick für die Schönheiten einer Landschaft.
- Kinder, die in den Städten aufwachsen, haben kein Verhältnis zur Natur.

---

82 Bollnow hat dazu in einem Vortrag Stellung genommen, den er auf dem Ersten Blaubeurer Symposion vom 23. bis 26. September 1987 zum Thema „Natur in den Geisteswissenschaften" gehalten hat: Otto Friedrich Bollnow, Der Mensch und die Natur als pädagogisches Problem. In: Natur in den Geisteswissenschaften I. Erstes Blaubeurer Symposion vom 23. bis 26. September 1987. Hrsg. von Richard Brinkmann. Attempto Verlag Tübingen 1988, S. 73-88. Er ging hier erstaunlicherweise nur in den letzten Minuten seines Vortrages auf die pädagogische Frage ein, nachdem er zuvor in geraffter Form die allgemeinere, uns schon vertraute Problematik des Verhältnisses von Mensch und Natur entwickelt hatte. Den Grund dieses Zögerns zu verstehen kann der einzig sinnvolle Gesichtspunkt sein, unter dem hier abschließend das pädagogische Problem wenigstens noch kurz angesprochen werden soll.

Zu den Entwicklungsaufgaben des Kindes gehört in jedem Falle

- die Kontrolle über den eigenen Organismus zu erwerben
- das Erlernen der Sprache und der mit ihr verbundenen kognitiven Fähigkeiten
- der Aufbau der Ich-Funktionen (ich werde gesehen und respektiert; ich will; ich kann)
- das Erlernen einer normativen gesellschaftlichen „Weltbeschreibung“ (gesagt bekommen, was „ist“ und was es „nicht gibt“; wie etwas „zu verstehen ist“ und wie es „sein soll“; was „Wert hat“ und was „keinen Wert hat“ usw.)
- das richtige bzw. erwartete Verhalten in der sozialen Welt übernehmen und zeigen.

Darin sind die von Bollnow in seinem Vortrag „Der Mensch und die Natur als pädagogisches Problem“ genannten, das Verhältnis zur Natur betreffenden Ziele *nicht* enthalten:

- die „Fähigkeit, auf die Stimme der Natur zu hören“ (a. a. O., S. 87)
- die „Anerkennung der Natur in ihrem eigenen, uns brüderlich verwandten Wesen“ (ebd.)
- die Voraussetzung, „daß im Menschen der auf Naturbeherrschung gerichtete Wille zum Schweigen gebracht (oder auf das lebensnotwendige Maß zurückgeführt) wird“ (ebd.)
- die „Ehrfurcht vor dem anderen Leben“ (ebd.).

Bollnow stellt in bezug auf die mit diesen Forderungen verbundenen pädagogischen Aufgaben ein theoretisches Defizit fest: „Auf die Schwierigkeiten habe ich schon zu Anfang hingewiesen, daß es nämlich für das Verhältnis zur lebendigen Natur weder in der Geschichte der Pädagogik noch in der gegenwärtigen Diskussion eine ausgearbeitete pädagogische Theorie gibt, von der ich hätte ausgehen können, und daß ich erst den Boden bereiten mußte, auf dem das pädagogische Problem entwickelt werden kann“ (S. 87).

Eine Selbstbescheidung des Erziehungsanspruchs ist notwendig: Die von Bollnow genannten Ziele können nicht im direkten Sinne pädagogische Aufgaben sein: „Damit drängt sich die Frage auf, wie dies alles in der Erziehung bewirkt werden kann, ob wir damit die Erziehung nicht mit Aufgaben überfordern, denen sie ihrem Wesen zufolge nicht gewachsen ist. Gewiß ist dies nicht in einem direkten Sinne machbar, und die in Analogie zum handwerklichen Tun entwickelte Vorstellung von der Erziehung findet hier ihre Grenze. Aber das Verständnis für diese tieferen Zusammenhänge, die Bereitschaft, auf die leise Stimme der Natur zu achten, kann wenigstens in einem vorsichtigen Aufmerksammachen geweckt werden. Daraus ergibt sich die Aufgabe einer appellierenden Pädagogik, wie sie im Anschluß an Karl Jaspers entwickelt werden könnte“ (a. a. O. S. 87 f.).

Bollnows Zweifel hinsichtlich der Frage nach einem sinnvoll möglichen Ansatzpunkt für pädagogisches Handeln hat in folgender Feststellung ihren Grund: *„Für den im praktischen Umgang mit den Dingen lebenden Menschen gibt es keine Natur,* wenn wir unter Natur die Gesamtheit des unabhängig vom Menschen Bestehenden, das von sich aus Gewachsene im Unterschied zu dem vom Menschen Gemachten verstehen. Oder genauer gesagt: Die einfachen, vor allem die bäuerlichen Menschen leben zwar in und mit der Natur, mit dem Wechsel der Jahreszeiten und dem Einfluß der Witterung und den Gesetzen des organischen Wachstums, aber trotzdem wird ihnen die Natur als solche nicht gegenständlich. Es ist oft mit einer gewissen Verwunderung festgestellt worden, wie gerade der einfache Mensch kein Organ für die Schönheiten der Natur hat und damit auch nicht imstande ist, die Natur als etwas ihm in ihrem Eigenwesen selbständig Gegenüberstehendes aufzufassen. *Das bedeutet, etwas zugespitzt ausgedrückt: Die Natur als solche ist dem Menschen nicht ursprünglich gegeben.* Um sie in den Blick zu bekommen, bedarf es erst eines radikalen Durchbruchs und zwar derart, daß der Mensch ihn nicht aus eigenem Antrieb leisten kann, sondern der nur in einer ihm von außen entgegentretenden Erfahrung, in einer Begegnung im vollen Sinn des Worts, entspringen kann" (a. a. O. S. 79 f.; kursiv von mir).

Der verlangte „radikale Durchbruch" ist ein außergewöhnliches und nicht allen Menschen je widerfahrendes Ereignis; er ist nicht Sache des „einfachen Menschen" und schon gar nicht des Kindes. Vorher lebt der Mensch in einer nahezu geschlossenen „Bewußtseinskapsel", in der es kein Geöffnetsein für die „andere Seite" der Natur, für ihre Stimme, ihre Schönheiten und ihr Geheimnis gibt. Wenn aber gleichwohl gilt, daß das Verhältnis zur Natur eine veränderte Bewußtseinsqualität und den Durchbruch einer ganz anderen Bewußtseinsebene verlangt, die im Vorherrschen der zunächst gegebenen Bewußtseinsform wie abgeblendet ist, kann sich die pädagogische Frage sinnvollerweise nur auf zwei Punkte konzentrieren:

An welcher Stelle ist Natur im alltäglichen Leben notwendig einbezogen in die zwischenmenschlichen Umgangsverhältnisse, und wie kann dieser *Umgang* so gestaltet werden, daß die Natur darunter nicht leiden muß?

Welchen indirekten Beitrag kann die Erziehung zur *„Begegnung"* mit der Natur und dem damit verbundenen radikalen Bewußtseinswandel leisten?

Stichworte, die in der pädagogischen Diskussion auftauchen, sind insbesondere

- ein verändertes Verhältnis zur eigenen *Leiblichkeit* im ganzen, vor allem jedoch
- die allseitige Entwicklung der *Sinne* in unmittelbarer Berührung mit den verschiedensten Sinnesmaterialien
- ein neu zu fassendes, fächerübergreifendes Konzept *ästhetischer Erziehung*
- eine ausdrückliche *Umwelterziehung* in Verbindung mit ökologischem Denken und vom „Herzen“ her kommenden Handeln
- eine Revision der Konzepte sittlicher Erziehung in Verbindung mit veränderten *Werthaltungen* und einer *Erziehung zur Ehrfurcht vor dem Leben.*

6 Anhänge

Anhang 1

Vorwort des koreanischen Übersetzers, Shin-Hann Choi in der koreanischen Ausgabe

Inzwischen ist die Natur ein höchst brennendes Problem geworden. Immer mehr gefordert ist das richtige Verständnis der Natur. Dieser Forderung liegt die ökologische Krise zugrunde. Der Mensch lebt in der Natur und muss in dieser überleben. Das Leben des Menschen in der Natur und das Erfordernis eines pfleglichen Umgangs mit ihr verlangt ein Umdenken und macht ein Paradox der gegenwärtigen Zeit aus. Der Geist des Menschen ist genötigt, dieses Paradox zu erhellen. Die neue Frage nach der Natur ist keine Frage der Natur an sich, sondern die Frage sowohl nach dem Verhältnis von Mensch und Natur als auch der Heilung des Menschen und der Natur, die in eine Krise gekommen sind. Diese Frage läuft darauf hinaus, den Geist, der die Moderne möglich gemacht hat und die von der Rationalität der Neuzeit und ihr Verhältnis zur Natur veränderte Wirklichkeit von neuem zu überdenken. Das Nachdenken über das Verhältnis von Mensch und Natur muss sich mit einem neuen Verständnis des menschlichen Geistes und insbesondere seiner Rationalität verbinden.

Spricht die Natur? erhellt das Verhältnis von Mensch und Natur in der Perspektive der hermeneutischen Philosophie. Kümmel nähert sich diesem Problem bezogen auf den späten Gedanken seines Lehrers Otto Friedrich Bollnow, der 1991 verstorben ist. Die Philosophie Bollnows, die uns schon bekannt ist, beschränkt sich nicht auf die Hermeneutik, sondern behandelt die gegenwärtige Philosophie überhaupt. Bollnow geht von der Lebensphilosophie aus und versucht die Existenzphilosophie aus der Perspektive der philosophischen Anthropologie zu überwinden. Nicht zuletzt beschreibt er mit der hermeneutischen Philosophie die geheimnisvolle Welt des existentiellen Erlebnisses und die vom Dichter beschriebene Wirklichkeit. Das Problem der Natur ist ein Thema, mit dem Bollnow sich in den letzten zehn Jahren seines Lebens beschäftigt hat, das er aber schriftlich nicht mehr in eine, für ihn befriedigende, abschließende Form bringen konnte. Die hinterlassenen Manuskripte haben für ihn einen unmittelbaren Bezug zum Problem der gegenwärtigen Philosophie und nötigt dazu, das auf die Vergangenheit bezogene Verständnis der Hermeneutik zu überdenken. Kümmel behandelt das Verhältnis von Mensch und Natur und entwickelt die Sichtweise Bollnows mit dem ostasiatischen Gedanken auf radikalere Weise.

Die Hermeneutik beschränkt sich auf das Verstehen des menschlichen Geistes und erweitert sich von der Kunstlehre des Textverstehens über das Verstehen des Lebens und der Existenz bis hin zum Verstehen der Geschichte. Die Welt, für die sich die gegenwärtige Philosophie interessiert, beschränkt sich auf die menschliche Lebenswelt. Somit kann das Verstehen der Natur nicht die primäre Aufgabe der Hermeneutik sein. Die Natur bleibt eine Grenze des Verstehens. Dieses Buch klärt diese Grenze des Verstehens zuerst im Blick auf die existentielle und wissenschaftliche Erfahrung der Entfremdung und diagnostiziert darüber hinaus die extreme Entzweiung von Mensch und Natur, die die Entwicklung der modernen Technik begleitet. Diese Grenze kann weder durch die die schöne Natur vorzeigende Ästhetik noch durch die Ethik, die an die Verantwortung des Menschen für die Natur appelliert, überwunden werden. Sie kann nur mittels einer neuen Erkenntnistheorie, die die Entzweiung von Mensch und Natur von Grund aus überwinden kann, ins richtige Verhältnis gebracht werden.

Da das Nachdenken über Mensch und Natur die Reflexion über den die Natur überwältigenden und beherrschenden Gedanken ist, berührt er sich mit der Reflexion über die traditionelle Erkenntnistheorie. Der Naturbeherrschung liegt der aufklärende Gedanke der Entzweiung von Mensch und Natur zugrunde. Die neue Erkenntnistheorie versucht anstelle des traditionellen alternativ trennenden Denkens einen alles vereinigenden Gedanken zu etablieren. Dies ähnelt dem Gedanken der Vereinigung und Verbindung, der das sich vermittelnde Denken im deutschen Idealismus und der All-Einheitsgedanke in Ost und West anvisieren. Friedrich Kümmel findet den Ansatz der neuen Erkenntnistheorie in der hermeneutischen Philosophie Bollnows, aber er geht in bezug auf die Zen-Philosophie weiter, wobei die im Gedanken des Zen eine zentrale Rolle spielende Paradoxie den Leitfaden bildet. Zen ist ein Denken, das in diesem Selbst die Paradoxie des Denkens aufklärt.

Der weiterführende Skopus der hermeneutischen Philosophie als neuer Erkenntnistheorie bei Bollnow ist „die artikulierende Beschreibung". Sie bringt die Natur und die Realität „treffend" heraus und drückt sie „rein und recht" aus. Hier ist die Sprache niemals die instrumentale, die sich der Natur entgegensetzt und sie bestimmt. Vielmehr ist sie das geheimnisvolle Wort, dass die Natur zum Menschen spricht und umgekehrt der Mensch die Stimme der Natur „evoziert". Durch die artikulierende Beschreibung wird die Sprache des Menschen und die Stimme der Natur vereinigt. Aber die sich durch die artikulierende Beschreibung zeigende Natur kann nicht im gewöhnlichen Sinn des Worts ausgedrückt werden, sondern verlangt das metaphorische Sprechen auf einer neuen Stufe. Nur die artikulierende

Beschreibung kann die ursprüngliche Tiefe der Natur zeigen. Somit ist das metaphorische Sprechen die Bedingung der Möglichkeit der Hermeneutik als der neuen Erkenntnistheorie und zeigt zugleich die Grenze der Bollnowschen Hermeneutik auf. Die Hermeneutik kommt an ihre Grenze, indem sie die Stimme der Natur berührt. Aber Kümmel geht an dieser Stelle noch einen Schritt weiter. Er geht weiter zur Analyse des verwandelnden Mechanismus des Zens und einer Erfahrung des Menschen in der dieser sich selbst durchbricht und sein Denken radikal verändert. Die mit diesem Werk intendierte Zielsetzung zeigt sich hier deutlich.

In diesem Buch können wir eine bestimmte Seite des gegenwärtigen Geistes in Bezug auf die Hermeneutik lesen und darüber hinaus die Problemsituation und die Aufgabe der Gegenwart finden. Das Buch kann einen bestimmten Horizont der Metaphysik eröffnen, durch die die ökologische Krise überwunden werden kann. Die Erkenntnis, die die Verbindung und Vereinigung sucht und die von ihr thematisierte metaphorische Beschreibung erweitern den Forschungsbereich der gegenwärtigen Sprachphilosophie. Das hermeneutische Denken von Georg Misch u. a. versucht die Aktualität der geheimen Welt zu erhellen.

Friedrich Kümmels Buch ist eine Sammlung seiner Vorträge, die auf einem Gedenksymposium zum Tode Otto Friedrich Bollnows im Rahmen der Tan Gye Academy Seoul 1994 gehalten wurden. Jeder der mit dem zenbuddhistischen Denken vertraut ist, schätzt die hier bevorzugt verwendeten Paradoxien. Als Ausdruck der Wertschätzung für Prof. Dr. Friedrich Kümmel werden der deutsche Text und dessen koreanische Übersetzung parallel gedruckt. Dem Verlagslektor, Herrn Sanghun Kim und dem Direktor der Tan Gye Academy, Herrn Professor Dr. Kyu Ho Rhee bin ich für ihre Unterstützung zu Dank verpflichtet.

Taejon, August 1995
Shin-Hann Choi

Anhang 2

Nachwort der japanischen Übersetzerin, Yuko Nakano-Murataka

Es ist mir eine große Ehre und Freude, dieses Nachwort für meinen Lehrer, Prof. Dr. Friedrich Kümmel, schreiben zu dürfen.

Ich denke, ich habe diese große Gelegenheit deshalb bekommen, weil ich die japanische Übersetzung mit meiner einleitenden Betrachtung in Japan veröffentlicht habe (Hokuju Verlag 2013, Tokyo, 245 Seiten). Friedrich Kümmel hat dazu auf meine Bitte ein Vorwort geschrieben und ich zitiere daraus weiter unten einige Sätze.

Friedrich Kümmel hat Japan bisher siebenmal besucht, davon dreimal auf Einladung.

Seit ich Friedrich Kümmel beim Kolloquium von Prof. Bollnow in Tübingen im Jahr 1976 kennen gelernt habe, ist er mein Lehrer und wissenschaftlicher Berater.

Im vorliegenden Buch fragt Friedrich Kümmel nach „dem Verhältnis des Menschen zur Natur“, ausgehend von der Sprache. In der gegenwärtigen Welt folgt aus „dem Verhältnis des Menschen zur Natur“ das Problem der globalen Umweltverschmutzung, sowie die Krise des Weiterbestehens der Menschheit und der Erde selbst, was zunehmend für alle Menschen eine unvermeidliche, ernste Aufgabe wird. Aber wir können nicht in die vergangene Zeit zurückkehren, wo das Verhältnis zur Natur viel schlichter war, obwohl es eine Tatsache ist, da das Resultat der Entwicklung der wissenschaftlich-technischen Zivilisation das gegenwärtige Problem der Zerstörung der globalen Umwelt mit sich gebracht hat. In diesem

Sinn ist die Zeit nicht umkehrbar. Welcher Weg bleibt uns dann übrig? In diesem Buch fragt Friedrich Kümmel nach der Möglichkeit eines dritten Weges und nimmt im letzten Kapitel den zenbuddhistischen Koan auf: *„Die Natur spricht, doch nur wenn wir lernen sie mit den Augen zu hören."* Dieser Koan findet sich auch im Gespräch Bollnows mit dem japanischen Religionsphilosophen Keiji Nishitani. Kümmel liest diese Aufforderung des Zen so „jeden Ausweg abzuschneiden", d. h., auf alle üblichen Lösungswege zu verzichten. Der übliche Weg besteht darin, „mit den Augen zu sehen und mit den Ohren zu hören" und „eine andere Weise (z. B. mit den Augen zu hören) als eine unmögliche zu betrachten. Aber alle Koans zielen darauf ab, den Gesprächspartner an einen Punkt zu bringen, an dem es keinen Ausweg gibt. Nur in einer solchen, äußersten Situation geschieht „Durchbrechung-in-sich."

Bollnow stellt fest, dass eine „radikale Umkehr" nötig ist, wenn wir Menschen die Stimme der Natur hören wollen. Die Gedanken des Zen auslegend, schreibt Friedrich Kümmel, dass „Durchbrechung-in-sich" nötig ist, um ein Denken in Alternativen und die dem entsprechende Lebensweise hinter sich zu lassen, will man dem oft in paradoxer Weise ausgedrückten Gedanken des Zen gerecht werden. Könnte man nicht sagen, dass diese „Durchbrechung" erst durch die Begegnung und das Gespräch mit den östlichen Gedanken des Zen klar aufgestellt wurde? Es war Bollnow, der das Gespräch mit den Gedanken des Zen begann, und Kümmel hat daran weiterarbeitend eine radikalere Konsequenz gezogen: „Das Thema 'Sprache der Natur' wird damit zum Paradigma für eine neue Ontologie ..." Auch für mich ist das, wie Friedrich Kümmel im quantentheoretischen Zusammenhang ausgeführt hat, der

Kernpunkt einer reinen „Beziehungsontologie“, die im Abendland noch nicht ausgearbeitet worden ist.

August 2014 in Kyoto, Japan

Yuko Nakano-Murataka
(emeritierte Professorin in Japan)

Anhang 3

Vom beherrschenden Raum des Sehens zum gelebten Raum des Hörens –

*geistesgeschichtliche Reminiszenzen zum bedeutendsten Übergang in der Menschwerdung des Menschen**

Einleitung

Bis hin zu Kant und Baumgarten hat die „Ästhetik“ – sei es im Sinne einer Sinnes- bzw. Anschauungslehre oder als Theorie des Kunstschönen – auf eine Differenzierung der Sinnesleistungen verzichtet. Dies mag der welt- und bewußtseinsbestimmenden Dominanz der Augen über alle anderen Sinne zuzuschreiben sein. Wenn an der Sinnesleistung gearbeitet wurde, so an der Entwicklung und Steigerung der Anschauungskraft. Für den als prototypisch geltenden „Augenmenschen“ Goethe bestand die Aufgabe darin, die Bedingungen des Sehens so zu verändern, daß die starre, bereits begrifflich vorschematisierte „Wahrnehmung“ zur frei-produktiven, sinnlich-geistigen „Anschauung“ erhoben werden konnte.

Erst der Übergang von der im Sehen zentrierten „Klassik“ zu der am Hören orientierten „Romantik“ hat eine grundsätzlich neue Situation geschaffen, die einer Veränderung der Grundeinstellung im ganzen gleichkommt. Kurz gesagt handelt es sich um den Übergang von einem *Denken in Kategorien der Räumlichkeit* zu einem *Empfinden und Gestalten reiner Zeitlichkeit,* in

* Erschienen in: Christoph Ertle und Hartmut Flechsig, Ganz Ohr, ganz Auge. Zugangswege zu musikalischen Bezugsfeldern in Schule und Lebenswelt, Schneider Verlag Baltmannsweiler-Hohengehren 1997, S. 46-91.

Kunstformen ausgedrückt um den Übergang von den bildenden Künsten zur Poesie und reinen Musik.

Eine Schlüsselfigur für diesen Übergang ist, nach Anregungen durch Lessing, insbesondere Herder geworden, der zu dem zuvor alles dominierenden Sehraum einen Hörraum oder besser gesagt eine Hör-Zeit erschlossen und in ihrer ganz andersartigen Qualität – so verschieden wie Tag und Nacht – herausgearbeitet hat. Dieselbe Differenz wurde von Schubert in seiner Auseinandersetzung mit Beethoven musikalisch gestaltet und hörbar gemacht. In theoretischer Unterscheidung hat Schopenhauer der Musik unter allen Künsten eine ausgezeichnete Sonderstellung gegeben und Nietzsche, daran anschließend, den antiken Gegensatz des Apollinischen und Dionysischen für eine Deutung der Moderne fruchtbar gemacht.

Gleichwohl wird erst seit den 20er Jahren unseres Jahrhunderts die traditionelle „Ästhetik" ausdrücklich mit einer „Ästhesiologie" (einer differenzierend verfahrenden Wahrnehmungs- bzw. Sinneslehre) in Verbindung gebracht und nach dem Spezifikum der verschiedenen Sinnesbereiche und Sinnesleistungen gefragt.[1]

---

[1] Vgl. dazu insbesondere Helmuth Plessner, Die Einheit der Sinne. Grundlinien einer Aesthesiologie des Geistes. Verlag von Friedrich Cohen Bonn 1923 (jetzt in: Gesammelte Schriften, Suhrkamp Verlag Frankfurt a. M., Bd. III, S. 7-315). Plessner hat diesen Entwurf einer „Ästhesiologie des Geistes" nicht in gleicher Intention, jedoch in Richtung einer „Anthropologie der Sinne" weitergeführt (1970, jetzt in Ges. Schr. III, S. 317-393). Zwei kleinere Vorträge von 1924 „Über die Möglichkeit einer Ästhetik" und „Zur Phänomenologie der Musik" sind wiederabgedruckt in: Ges. Schr. VII, S. 51-57 und 59-65. Ein kleiner Aufsatz über „Hören und Vernehmen" ist in: Melos 5, 1925, S. 285-290 erschienen.
Von entsprechenden Untersuchungen im Umkreis der phänomenologischen Schule sei hier nur hingewiesen auf Erwin Straus, Vom Sinn der Sinne. Ein Beitrag zur Grundlegung der Psychologie. 2. Aufl., Berlin/Göttingen/Heidelberg 1956; ders., Psychologie der menschlichen Welt. Ges. Schriften Berlin/Göttingen/Heidelberg 1960; ders., Die Ästhesiologie und ihre Bedeutung für das Verständnis der Halluzination

Nachdem das Gesichtsfeld in seinem Aufbau und seiner Leistung erkenntnistheoretisch, psychologisch und sinnesphysiologisch in jeder Hinsicht ausgeleuchtet worden ist, liegt die große Unbekannte immer noch beim Hören und einem daran geknüpften Verständnis nicht nur der neuen Musik, sondern auch des vom Hören her zu erschließenden Menschlichen überhaupt.

Aufgabe meines Beitrags soll es sein, diesen höchst aufregenden Übergang vom Sehen zum Hören in seinen historischen Grundzügen nachzuzeichnen und einige systematische, wenn möglich auch pädagogische Konsequenzen aus den vorgegebenen Entwicklungslinien zu ziehen. Um jedoch zunächst ihre eigenen Resonanzen für die hier anstehenden Problemlagen anzusprechen, beginne ich mit einer locker gehaltenen, vergleichenden Charakteristik der Leistungen des Sehens und Hörens und nehme dann erst die vertiefenden Elemente einer historischen Linienführung auf.

1 Versuch einer Beschreibung der Leistung der Sinne in differenzierender Absicht

Es ist häufig festgestellt worden, daß die philosophische Begriffsbildung sich im Abendland vor allem an der visuellen Wahrnehmung orientiert und, dieser Blickstellung entsprechend, ihre leitenden erkenntnistheoretischen Kategorien ausformuliert hat. Dem entspricht bis heute eine Dominanz des Auges in den alltäglichen praktischen Lebensbezügen. Vom ursprünglichen Verständnis des Geistigen her wäre aber auch eine andere, mit dem Hören verbundene Grundeinstellung möglich gewesen. So

---

(1949), in: Die Wahnwelten (Endogene Psychosen), hrsg. v. E. Straus und J. Zutt, Akademische Verlagsgesellschaft Frankfurt a. M. 1963, S.115-147 sowie auf die unten referierte Abhandlung von Hubertus Tellenbach.

verweist zwar die „Idee“ Platons auf das Sehen (ἰδεῖν), der „Nous“ jedoch auf das Vernehmen (νοεῖν) bzw. Hören. Xenophanes' berühmter Spruch: „Gott ist *ganz Auge, ganz Geist, ganz Ohr*[2]„ weist in der triadischen Anordnung von Sehen (ὁρᾶν), Verstehen (νοεῖν) und Hören (ἀκούειν) auf einen solchen, im griechischen Geist angelegten tiefgreifenden Unterschied hin, dessen hinreichende Ausarbeitung erst noch ansteht. Darüber soll noch mehrfach die Rede sein. Für die tiefgreifenden Differenzen in den Leistungen des Sehens und Hörens kann man aber auch schon ein Gespür bekommen, wenn man noch ohne Rücksicht auf die geistesgeschichtlichen Kontexte ganz unbefangen und gleichsam phänomenologisch an die Sache herangeht.

Mit dem Auge verbindet sich der Zugriff des Blicks, das wahrnehmende 'Fest-stellen' und prüfende 'Auf-fassen'. Das Sehen verbindet sich einerseits mit dem Tun, andererseits mit dem Ausdruck und der Bedeutung bis hin zum Theoretisieren und der Wesensschau. Jeder kann sich auf diese Weise mittels seiner Augen orientieren und glaubt, die so geordnete Welt im Griff zu haben. Das Hören verweist demgegenüber auf ganz andere, dienende und vielleicht sogar unterworfene Verhältnisse, in denen der Mensch viel weniger zugreifend und, wenn überhaupt, nur in einem ganz anderen Sinne aktiv sein kann. So steht das Auge für den ‚Täter', das Ohr aber für den zwar notwendigen, doch immer auch abgewerteten ‚Hörer'. Das „Hören, Horchen Lauschen“[3] geht beim Kind unmittelbar in ‚Gehorsam' und leicht auch in ‚Hörigkeit' über. Das kann beruhigen, es beunruhigt aber

---

2 Fragmente der Vorsokratiker, Fragment 24 bei Diels-Kranz: οὖλος ὁρᾶ, οὖλος δὲ νοεῖ, οὖλος, δέ τ' ἀκούει.

3 Vgl. Gottfried Bräuer, Vom menschlichen Hören, in: Musikhören, hrsg. v. Peter Fuchs, Ernst Klett Verlag Stuttgart 1969, S. 27-57.

auch, denn es ergibt sich ein ambivalenter Zusammenhang von Gehorsam und Hörigkeit, von ‚Ohrenbeichte' und ‚Ohropax', in dem konträre Gefühle miteinander streiten.

Eine andere, noch weniger erträgliche Seite des Hörens beleuchtet Wilhelm Busch: „Musik wird störend oft empfunden, dieweil sie mit Geräusch verbunden." Wir können die Ohren nicht wie die Augen schließen zum Schutz, und was durch sie hereinkommt, ist oft gar nicht artikulationsfähig. „Wie reden heute Laien gemeinhin nach einem Konzert? Sie rühmen die ‚Akustik', loben die ‚Atmosphäre' (sei sie sakral oder sonstwie bezaubernd), berauschen sich an Namen, denen das Fernsehen zur Prominenz verhalf, kurz, die Sache selbst wird ersetzt durch die trivialsten Äußerlichkeiten. Eine musikalische Erlebnisfähigkeit mag dabei durchaus vorhanden sein, die Fähigkeit zum Urteil und dessen Mitteilung scheint jedenfalls äußerst rudimentär geworden (bei Musikern übrigens nicht minder)."[4] Schließlich ist es allemal beunruhigend, wenn man ‚zuviel um die Ohren hat', wenn einem ‚die Ohren klingeln' oder gar ein ‚Hörsturz' droht und man diesem rätselhaften Vorgang kein erhellendes Verständnis abgewinnen kann.

Die Ratlosigkeit und Verwirrung geht aber noch tiefer, wenn man das Ohr als das Organ der Seele betrachtet und feststellen muß: „Der Seele Grenzen kannst du im Gehen nicht ausfindig machen, und ob du gleich jegliche Straße abschrittest; so tiefen Sinn hat sie" (Heraklit[5]). Auf seelische Kontexte bezogen enthält das Ohr sicher nicht zufällig eine spiralförmig gewundene ‚Schnecke' und ein ‚Labyrinth'. Nietzsche nimmt auf dieselbe

---

4 W. Klüppelholz, Was ist musikalische Bildung? In: Musik und Bildung, Heft 4, 1984, S. 84.

5 Fragment 45 bei Diels-Kranz.

Symbolik Bezug, wenn er Dionysos im Zwiegespräch mit Ariadne sagen läßt: „Sei klug, Ariadne! ... Du hast kleine Ohren, du hast meine Ohren ... *Ich bin dein Labyrinth.*“[6] „Oh Ariadne, du selbst bist das Labyrinth: man kommt nicht aus dir wieder heraus ...“[7] Und noch einmal: „Ariadne, sagte Dionysos, du bist ein Labyrinth: Theseus hat sich in dich verirrt, er hat keinen Faden mehr; was nützt es ihm nun, daß er nicht vom Minotaurus gefressen wurde? Was ihn frißt, ist schlimmer als ein Minotaurus.“[8] Der ‚Ohrwurm' ist am Werk.

Die Bereiche des Sehens und des Hörens haben somit sehr verschiedene Konnotationen und Assoziationsreihen und, wie sich zeigt, auch formal unterschiedliche Strukturprinzipien. Die ‚aktiven' Augen bewegen sich auf die Dinge zu und nehmen, deren Bewegung folgend, eine immer neue Blickstellung ein. Ihre Funktion ist die der Lokalisierung und Zuordnung, der Bestimmung und Feststellung, letztlich der Besitzergreifung und Vergegenständlichung. Die ‚Welt des Auges' ist eine Welt der Übersicht und Klarheit, der Verfügung und Macht, der Beherrschung und Unterwerfung. In diesem Sinne haben die Augen mit der Wahrung eines dem Willen zur Macht und der Selbstdurchsetzung verpflichteten, lebenspraktischen Schemas zu tun und folgen einem Bedürfnis, das durch Wunsch und Zweck, Nutzen und Schaden, Zielsetzung und Erwartungskalkül gekennzeichnet ist. In dieser Weise dem Auge dargeboten, wird auch die andere Person taxiert und die umgreifende Natur zum

---

6 Friedrich Nietzsche, Werke in drei Bänden, hrsg. von Karl Schlechta, Carl Hanser Verlag München o. J., Bd. II, S. 1259.

7 Friedrich Nietzsche, Kritische Studienausgabe, hrsg. v. G. Colli und M. Montinari, dtv/de Gruyter Berlin/New York 1967-1977, Bd. 12, S. 510 (Herbst 1887); im folgenden zitiert mit KSA, Band, Seitenzahl bzw. Fragment-Nummer.

8 Friedrich Nietzsche, KSA, Bd. 12, S. 401 ff.

Ding und schließlich zum Material und zur Energiequelle degradiert. Die Welt des Auges ist eine Welt ohne Geheimnisse, und wie ihr Licht Klarheit gibt, im Übermaß aber auch blendet, so erscheint sie in ihrer räumlichen Transparenz und Tiefe gleichwohl noch opak.

Demgegenüber wird das ‚passive' Ohr von den Dingen her angegangen und bleibt auch dann noch dem An- und Eindringen sämtlicher Geräusche ausgeliefert, wenn man diese in ihrer Intensität dämpfen kann und sich nur auf selegierte Töne einlassen will. Auch wenn der Mensch der Welt der Töne und Klänge, der Stimmen und Geräusche nicht überhaupt schutzlos ausgeliefert ist, fehlen ihm doch die Mittel, sich gegenüber dem Eindringenden gänzlich abzuschirmen und, wie das Auge dies kann, in Form einer Blendung selbst zu blenden. Spätestens der Hörsturz zeigt, daß man sich nicht willentlich taub machen kann.

Während es somit in der Welt des Auges distanzierbare und in ihrem Anspruch neutralisierbare Gegenstände gibt, behaupten die Dinge und Wesen in der Welt des Hörens somit ihr Eigenwesen bis hin zur Aufdringlichkeit und Überwältigung. Für das Hören ist deshalb der von außen kommende Anspruch auch nicht neutralisierbar: Hörend und gehorchend ist man in der Bindung und hat nicht die Freiheit des Sichlossagenkönnens.[9] Wer hört, steht in unmittelbarer Verantwortung, gleich ob er versteht, worum es geht und was der Fall ist.

---

[9] Eine solche ganz im Anderen und nicht im eigenen Selbst zentrierte Position nimmt in der gegenwärtigen philosophischen Literatur Emmanuel Lévinas ein.

Betrachtet man vor dem Hintergrund dieser Differenzen die von Xenophanes in die mittlere Position zwischen Sehen und Hören gestellte Leistung des Verstehens, so zeigt sich ein spürbarer Unterschied zwischen einem Verstehen im Sinne des Auges und der verstehenden Kommunikation im Hörbereich. Das Wort ‚Ver*stehen*' hat im Deutschen etymologisch mit dem ‚Ver*stand*' und dieser mit dem optischen und rationalen Bereich zu tun, während die Kommunikation und mehr noch die Kommunion auf die inneren Bereiche der Seele verweisen.

Dem Sinn des Auges entsprechend ist das Verstehen eine *Sichtweise,* die im besten Falle sehen läßt, was ist, aber auch viel mit Abblendung und Scheinerzeugung, mit ‚Vor-stellung' und ‚Ver-stellung' zu tun hat. Sichtweisen verstellen etwas, indem sie anderes in den Blick rücken. Für den Verstand heißt Verstehen, sich ein Bild von etwas machen, um es eben damit überblicken, etikettieren, einordnen und kontrollieren zu können. Als Hüter der eigenen Ordnung verfällt der Verstand allzuleicht dem eigenen Diktat und arbeitet in diesem Sinne eng mit dem Kontrollorgan des Auges zusammen, das sich, wie er selber, von sich weg nach außen wendet und seine Grenze im Nicht-Hineinsehenkönnen findet. Indem so im Anschein des Bildes Dissonanzen überspielt und Selbstwidersprüche verdeckt werden können, läßt sich in der Welt des Auges die Logik des Verstandes aufrechterhalten; das Auge leiht dem Verstand dazu die Kunst des Übermalens.[10]

---

[10] Das Auge als 'Bildermacher der Seele' ist besonders von Nietzsche herausgestellt worden: „Unser Verstand ist eine Flächenkraft, ist *oberflächlich* ... Was kann der Zweck einer solchen Flächenkraft sein? Dem Begriff entspricht zuerst das Bild, Bilder sind Urdenken, d. h. die Oberfläche der Dinge im Spiegel des Auges zusammengefaßt ...

Damit ist notwendig eine Illusionsbildung, auch und vor allem über sich selber verbunden, denn genauer hinzusehen, und gar in die eigenen Machenschaften hineinzublicken, käme den Verstand allzu hart an. Verstand und Auge haben es so mit einem Willen zu tun, der unter Umständen gar nicht sehen oder in seiner Voreingenommenheit nur eines und nichts anderes sehen will. Man kann im Blick auf dieses Mixtum aus Einbildung und Wirklichkeit („Schein haftet an allem“[11]) die Frage stellen, ob der Verstand und das Auge in ihrem Zusammenspiel überhaupt der Wahrheitserkenntnis dienen oder nicht vielmehr mit der Selbstbehauptung einer Weltsicht zu tun haben, die mit dem, was wirklich ist, wenn überhaupt nur in sehr eingeschränktem Maße zu tun hat. Was ich sehe, glaube ich zu kennen, und was ich sehen will, halte ich fest. Das Verstehen wird durch ein solches Sichbehaupten an ein ‚Vor-verständnis' zurückgebunden, das eher mit ‚Vor-habe' und ‚Vor-sicht' als mit Wirklichkeits- und Wahrheitserkenntnis zu tun hat und im ganzen die Struktur eines ‚Vor-urteils' zeigt.

Daß für eine wirkliche Kommunikation aber das Zuhören verlangt ist und dementsprechend gilt: „Verstehen und Verstehen ist zweierlei“[12], läßt sich bereits den alltäglichen Redewendungen

---

Bilder in menschlichen Augen! Das beherrscht alles menschliche Wesen: vom *Auge* aus! Subjekt! das *Ohr* hört den Klang! Eine ganz andere wunderbare Conception derselben Welt!“ (KSA 7, Nachgelassene Fragmente 1869-1874, Fr. 19[66].

[11] Xenophanes, Fragment 34 bei Diels-Kranz: δόκος δ'επὶ πᾶσι τέτυκται.

[12] Kierkegaard hat auf diese Redewendung verschiedentlich Bezug genommen, wobei er am Sprachverstehen und nicht am Unterschied von Sehen und Hören ansetzt, aber doch eine auch darauf beziehbare Differenz in Anschlag bringt: „Verstehen und Verstehen ist zweierlei, heißt ein altes Wort, und so ist es auch. Die Innerlichkeit ist ein Verstehen, aber *in concreto* geht es darum, wie dieses Verstehen zu verstehen ist. Eine Rede zu verstehen ist eines, das Deiktikose darin zu verstehen ist ein anderes; zu verstehen, was man selbst sagt, ist eines, sich in dem Gesagten zu verstehen, ist ein

abspüren. Was tut der, der einen Blick auf jemanden geworfen hat und zu ihm sagt „ich will dich sehen"? Absichten und Hintergedanken liegen da nahe, auch, daß er es vielleicht nicht ehrlich mit ihm meint. Schon ganz anders klingt es, wenn einer sagt: „Ich hab ein Ohr für dich – du kannst zu mir kommen, wenn du willst, und – laß etwas hören von dir ..." Selbst noch das drängendere „ich möchte *deine Stimme hören"* hat nichts von der zugreifenden Art des Blickes an sich und will vielmehr besagen: *„Ich erkenne dich* an deiner Stimme und *ich liebe dich*."

Es hilft an dieser Stelle nicht weiter, wenn man mit dem Verstehen am Leitfaden des Auges einen Zugang zum Inneren (dem ‚Wesen', dem ‚Selbst', der ‚Person') des Anderen verbinden und das Sehen zu einem ‚Hineinsehen' ins Innere bzw. zu einem Sehen mit dem ‚inneren Auge' machen will. Kann der Mensch überhaupt hineinsehen in etwas, in einen Anderen oder in sich selbst, und ist das Auge das geeignete Organ hierfür? Ein bekanntes Indianersprichwort geht dahin, daß man, um den Anderen zu verstehen, in dessen Schuhen gehen und d. h., sich so weit wie möglich in seine konkrete Situation hineinbegeben muß. Diese Positionsvertauschung meint aber gerade kein ‚Hineinsehen' in ihn, sondern vielmehr ein ‚Heraussehen' aus ihm, ein Sehen und Verstehen aus seinem Ort bzw. aus den Schuhen heraus, in denen er steckt. Die Frage, was in mir die Verstehensgrundlage für das Andere und Fremde sein kann, stellt

anderes. Je konkreter der Bewußtseinsinhalt ist, desto konkreter wird das Verständnis, und sobald dieses im Verhältnis zum Bewußtseinsinhalt ausbleibt, haben wir ein Phänomen der Unfreiheit, die sich gegen die Freiheit verschließen will." Der Begriff der Angst, Werke, hrsg. v. H. Diem und W. Rest, verlegt bei Jakob Hegner Köln und Olten 1960 ff., Bd. 2, S. 615. Es macht auch bezüglich des Hörens und Sehens einen wesentlichen Unterschied, ob und wie weit man innerlich „mitgeht" oder sich aus der Distanz heraus „bloß wissend verhalten will" (a. a. O., S. 616 Anm.).

sich damit neu und radikaler. Die klassische Theorie der Introspektion und des Fremdverstehens hat es sich an dieser Stelle zu leicht gemacht. Die herkömmliche Rede vom ‚Hineinsehen' entspricht einer Übertragung aus dem Eigenen: Ich verstehe den Anderen als *alter ego* und d. h. nach dem Maße meiner selbst. Will aber Senecas Aussage: „Nichts Menschliches ist mir fremd" *nur dies* besagen, daß, wenn und indem ich mich kenne, ich damit auch schon alles Menschliche kenne, weil ich bei alledem, was ich selber erlebt und erlitten habe, auch beim Anderen mitfühlen und ihn darin verstehen kann – oder ist darüber hinaus auch noch etwas ganz anderes damit ausgedrückt? Es ist beim Verstehen, insbesondere beim Verstehen des Anderen und Fremden gleichsam noch ein ungedeckter Wechsel im Spiel, dessen wahre Natur aufzuklären nicht einfach ist. Das Sehen ist in der Tat projektiv, es sieht hinein in einem aktiv übertragenden Sinn. Aber eben deshalb ist für die Erfassung des Anderen noch ein besonderes Organ erforderlich, und man weiß nicht, ob ein solches, sei es in der Seele, sei es in der Organisation der menschlichen Sinne, überhaupt schon ausgebildet ist.

Zusammenfassend kann gesagt werden: Das Auge ist durch sich selbst besetzt; es laufen Filme in ihm ab, die nach Bestätigung verlangen. Die Sehweise des Auges ist monologisch; ein Ego sitzt in ihm, eingenommen von sich selbst, und möchte sich bestätigt wissen. Im Unterschied dazu ist das Ohr nicht durch sich selbst besetzt und nimmt auch die leisesten Zwischentöne noch auf. Wollte man nun die zugreifende, Hunger wie Macht ausdrückende Tendenz des Auges korrigieren, so böte sich die Verbindung mit der gewährenlassenden Einstellung des Ohres an. *Augen, die hören,* könnten nicht mehr besetzt sein durch ‚Bilder der Eigen-Welt', die sich behaupten und durchsetzen wollen.

3 Die Dominanz des Auges über die anderen Sinne

Hubertus Tellenbach geht in seinem Aufsatz „Gebildete Sinne – Bedingung glücklichen Daseins“[13] wie selbstverständlich davon aus, daß man „seit je gute Gründe gehabt hat, mit dem *Gesicht* den Anfang zu machen.“[14] Wenn er die Sinne einer Bildung fähig und bedürftig hält, so denkt er vor allem an die „Formung des Sehens zur Anschauung des Wesenhaften“ (S. 299) und zitiert in diesem Sinne Goethes Forderung, „... daß mein Anschauen selbst ein Denken, mein Denken ein Anschauen sei.“[15] Wahrhaft geistiges Sehen, denkende Anschauung und anschauendes Denken gelten ihm als *intellectus archetypus* schlechthin, dem sich nicht nur die begriffliche Erkenntnis, sondern darüber hinaus auch die Intuition, die Einbildungskraft und die Evidenz untrüglicher Wahrheitserkenntnis bzw. Wesensschau verdanken. Das Auge ist das „Licht“, das den Körper erhellt[16], die Welt erscheinen läßt und zur Leuchte wird für den eigenen Weg. Mit Goethe verbindet es – wie ein Doppelspiegel – das Innere mit dem Äußeren: „In ihm spiegelt sich von außen die Welt, von innen der Mensch. Die Totalität des Inneren und Äußeren wird durchs Auge vollendet.“[17] Das Auge zu bilden verlangt, sich in

---

13 Hubertus Tellenbach, Gebildete Sinne – Bedingung glücklichen Daseins, in: Perspektiven der Philosophie. Neues Jahrbuch Bd. 5, hrsg. v. R. Berlinger, Hildesheim/Amsterdam 1979, S. 293-312.

14 A. a. O., S. 294.

15 Tellenbach zitiert diese Stelle (S. 298) aus J. W. v. Goethe, „Bedeutende Fördernis durch ein einziges geistreiches Wort“, in: Schriften zur Botanik und Wissenschaftslehre, dtv-Gesamtausgabe (textgleich mit der Artemis-Gedenkausgabe) Bd. 39, S. 186.

16 Vgl. Matthäus 6, 22-24, bei Tellenbach zit. S. 300.

17 J. W. v. Goethe, Farbenlehre, Weimarer Ausgabe II, 5, 2. Abt., S. 12.

„Dialogik von Sehen und (geistigem) Schauen“ hineinzubegeben: „Da vor allem ereignet sich dann auch die Bildung des Sehens durch die geistige Anschauung, die Bildung der Anschauung durch das zur Wesenserfassung erzogene Auge“ (S. 297).

Daß eine solche im Auge zentrierte Bewußtseinsstellung nicht ohne Bedenken bleibt, zeigt Sartres Thematisierung des „Blicks“, dessen objektivierende und negierende Tendenz Tellenbach so umschreibt: „Der Blick ist seinem Wesen nach reine Unmittelbarkeit, reine Spiegelung der Existenz. Der Wille zur Macht kann den Blick auf den anderen lenken wie einen Blitz, ihn zu durchbohren – indessen dieser im Senken des Blicks seine Ohnmacht bekundet“ (S. 300).

Tellenbach weist dann im einzelnen auf, wie auch die sog. niederen Sinne: Geruch, Geschmack und Tastsinn der Hegemonie des Auges unterworfen sind:

Der *Geruch* betrifft das ‚Atmosphärische‘, man kann sagen die Duftnote des vom Auge erfaßten Raums: „Spitäler, Kasernen, Schulen haben ihren eigenen Geruch ...“ (S. 307), und das gilt auch von Personen, die sich ‚nicht riechen können‘ oder aber ‚voneinander angezogen sind‘ und ‚Geschmack aneinander finden‘.

Das Schmecken hat es mit der Urteilsfähigkeit zu tun, dem Kosten, Prüfen, Erkennen und Wählen einer Qualität, wie dies für die ästhetische Urteilskraft und ihr kostend prüfendes Geschmacksurteil verlangt ist.

Am weitestgehenden aber kooperiert mit dem Auge die tastend fühlende und formende Hand, mit deren Hilfe es sich im Dasein einrichtet und zurechtfindet.

Zusammenfassend kann man sagen, daß das Auge sich mit der Hand, dem Geruchs- und Geschmackssinn komplettiert und die entsprechenden sensomotorischen Funktionskreise in Gang setzt, steuert und kontrolliert. Die Dominanz des Auges wird von seiten der niederen Sinne nicht in Frage gestellt.

Soll nun auch das Ohr sich in diesen Sehkontext einfügen, so muß es hier für die rechte ‚Stimmung' sorgen. So wenig etwas ohne das Atmosphärische geht, so wenig geht es ohne gute Stimmung. Stimmungen werden im tonalen Bereich geformt, sie sprechen das Geistige in seiner Empfänglichkeit an und schlagen zwischen Produzierenden und Rezipierenden die Brücke. Tellenbach zitiert in diesem Sinne (S. 305) Kierkegaard, der in „Der Begriff der Angst" schreibt: „Daß auch die Wissenschaft, ebenso gut wie Poesie und Kunst, sowohl bei dem Produzierenden als bei dem Rezipierenden *Stimmung* voraussetzt, daß ein Fehler in der Modulation ebenso störend wirkt wie ein Fehler in der Gedankenentwicklung, das hat man in unserer Zeit ganz und gar vergessen."[18] Auch zu allen wissenschaftlichen, philosophischen, religiösen und ethischen Akten gehört somit notwendig eine entsprechende Stimmung und das Treffen des richtigen Tons, ohne den ein Offensein für, ein Sich-Erschließen und Hinbilden auf die jeweiligen Gehalte nicht möglich wäre. Ein Hinweis auf Heideggers ‚Erschlossenheit' des Daseins in der ‚Befindlichkeit' und ‚Gestimmtheit' (S. 305 f.) rundet diese, gleichwohl immer noch in der Sehwelt zentrierte Ortsbestimmung des Hörvermögens ab.

Wie aber paßt damit zusammen, daß Homers „Seher" Teiresias *blind* und für Kierkegaard das *Hören* der „geistigste Sinn" ist? (vgl. S. 302). Und weshalb beunruhigt es Shakespeares Othello zutiefst, daß Jago die an ihn gerichteten Worte einfach wieder-

---

[18] Die zitierte Stelle steht bei Kierkegaard in der Einleitung des angegebenen Werks, Anmerkung 1.

holt: „By heaven, he echoes me!“[19] Ist dieses Mißtrauen schon der „Vorbote des Wahns“ (a. a. O.), ein Ausbruch äußerster Feindseligkeit und Dissonanz, wie es scheint – oder kann ein derartiges Echo-Geben auch noch ganz anders gehört werden, etwa als ein Sichfinden des Tons in der „Übereinstimmung des *ki“,* in dem ‚Pneuma', ‚Atem' und ‚Gemüt' eine äußerste Zusammenstimmung erreichen können?[20]

4 Die „Okularität“ der griechischen Bewußtseinsstellung in ihrem Einfluß auf die europäische Geisteshaltung

Während Tellenbach in seiner Orientierung an Goethe ganz fraglos von einer Dominanz des Auges ausgeht und diesen Sachverhalt gar nicht reflektiert, macht Graf Yorck von Wartenburg, ein Zeitgenosse und Freund Diltheys, diese zum ausdrücklichen Thema seiner geistesgeschichtlichen Untersuchungen.[21] Ihm zufolge hat die „Okularität“ der griechischen

---

19 Tellenbach zitiert die Stelle a. a. O., S. 303.

20 Tellenbach weist nicht an der zitierten Stelle, wohl aber im Zusammenhang mit dem „Schweigen“ auf eine solche Doppelsinnigkeit hin und führt dazu aus: „So sehr das Schweigen als Verweigerung von Einstimmung, als Ausdruck fühlbarster Dissonanz gelten kann, so kann es doch auch Bekundung jener innigsten Einstimmung sein, wie sie in der Lebenswelt des Fernen Ostens auf den Gipfel gekommen ist.“ In diesem Sinne zitiert er: „Wenn ein Mensch – so *Kimura* – ganz im Schweigen, d. h., ohne sich verbal oder mimisch auszudrücken, einen anderen vollends versteht, so bezeichnet die japanische Umgangssprache dies als 'Ki-ga-au', d. h. als 'Übereinstimmung des Ki'. Dieses Ki ist 'Pneuma', 'Atem', 'Luft', aber auch 'Gemüt'“ (S. 306; Bezug genommen wird auf B. Kimura, Der Sinn der schizophrenen Symptome. Tetsugaku-Kenkyu, *497,* 225, 1965).

21 Graf Yorck von Wartenburg, Bewußtseinsstellung und Geschichte. Ein Fragment aus dem philosophischen Nachlaß. Eingeleitet und herausgegeben von Irving Fetscher, Tübingen 1956, vgl. bes. S. 148 ff. Mittlerweile liegt auch eine zweibändige Werkausgabe der lange Zeit nur als 'Geheimtip' verhandelten Schriften von Graf Yorck von Wartenburg vor.

Bewußtseinsstellung auf die europäische Geisteshaltung im ganzen einen tiefen Einfluß ausgeübt. Damit verbindet sich eine Vorentscheidung für das Bleibende, Nicht-Vergängliche und Un-Wandelbare, wie sie in radikaler Weise von Parmenides ausgesprochen worden ist: nur Sein *ist* und, was nicht ist, *soll auch nicht sein*. Aber auch wenn, wie bei Platon, das Nicht-Sein und damit der Widerspruch in die Konstruktion des Weltganzen einbezogen wird (vgl. den ‚Timaios') und eingesehen ist, daß man ohne Gebrauch der Negation auch keine Bestimmung irgendeiner Sache vornehmen kann (vgl. den ‚Sophistes'), bleibt die Vorentscheidung für das Substanzialisierte, Substantivierte und Verdinglichte und damit die Wendung gegen das Heraklitische „Alles fließt"[22] bestehen. Das ‚Wesen' (οὐσία) ist ‚Form' und ‚Gestalt' und diese ein ‚Geschautes' (Platons „Idee"), in das die Abfolge im Sinne eines Gestaltwandels (einer ‚Metamorphose') durchaus einbezogen werden kann. Auch das Unbegrenzte (das ἄπειρον) und Unabsehbare (die αἰτία) lassen sich auf diese Weise noch in das Bildganze der wohlproportionierten Gestalt einbinden und unter dem Gesetz der Form beherrschen.

Dieselbe Grundeinstellung wird nun aber auch für den Bereich des Hörens verbindlich gemacht. Mit dem Blick auf die wohlgeformte Gestalt verbindet sich ein Sinn für Proportion, für

---

22 Heraklit versteht das „Alles fließt" im Sinne einer radikalen Verzeitlichung und ständigen Wandlung von allem und jedem, wenn er schreibt: „Denen, die in dieselben Flüsse hineinsteigen, strömen andere und wieder andere Wasserfluten zu; so auch die Seelen ..." (Fragment 12 bei Diels-Kranz). Graf Yorck von Wartenburg stellt dazu fest, daß ein solcher, jede mit sich identisch bleibende Substanz leugnende Gedanke dem Griechentum zutiefst fremd war und dessen „Lebensinteresse" sich (wie bereits im mythischen Denken) in der Exposition eines Unwandelbaren an ein „Raumproblem" bzw. an einen Vorgang der „Verräumlichung" knüpfen mußte.

deren Gestaltung die pythagoreischen Tonverhältnisse das bestimmende Prinzip abgeben. Musik ist Harmonie und findet nach Platon eben darin ihre Auszeichnung, daß die harmonischen Verhältnisse in der Lage sind, das Rationale mit dem Irrationalen zu verbinden und auch noch das Widersprüchliche als notwendiges, jedoch virulent bleibendes Radikale in das Band lebendiger Einheit (den σύνδεσμος) einzubinden. Die pythagoreischen Intervalle und Platons eigene Konstruktion des goldenen Schnitts geben dazu die Konstruktionsprinzipien her. Nur mittels einer solchen wohlproportionierten, rational-irrationalen Teilung und Verbindung ist das Seiende schön (im Sinne harmonischer Stimmung und Empfindung), wahr (als wohlgestaltet Vorgestelltes) und gut (als so Gewolltes).

Das alles ist tief gedacht und von Platon zur großartigen ästhetisch-ethischen Einheit gebracht. Sucht man nun aber für diese am Sehen orientierte Bewußtseinsstellung das zugrundeliegende Prinzip, so läßt sich dieses mit Yorck von Wartenburg als *„Negation des Wechsels der Empfindung mittels einer Projektion"* (S. 99) *ins Räumliche bzw. Dingliche* umschreiben. Seine These lautet: *Sehen ist Projektion,* und *„Projektion ist ein primärer Bewußtseinsvorgang"* (S. 176; kursiv von mir). Die in der Projektion als einer vorstellenden Tätigkeit vollzogene „Verräumlichung" ist jedoch erkauft um den Preis einer Abblendung der qualitativen, sich zeitlich aufbauenden Bewußtseinsgehalte. Sie verlangt das Hinausgehen über die Empfindung und die Abstraktion von ihr, ein „inneres Entfernen" (S. 100) der fließenden Empfindungsgehalte im Grundvorgang der Verräumlichung, die nicht nur den äußeren Raum betrifft, sondern auch den psychischen Raum vom beständigen Fluß der Empfindungsgegebenheit freistellt. Das

Hauptproblem wird von daher, wie nun mit dem Gegensatz und der Inkommensurabilität von ‚Vorstellen' und ‚Empfinden' – bei gleichzeitiger Rückverwiesenheit beider aufeinander – umgegangen werden kann.

Daß das der griechischen Bewußtseinsstellung zugrundeliegende Prinzip aus historischer Distanz heraus kurz und bündig „Projektion" genannt werden kann, ist nach Yorck von Wartenburg der Zwischenkunft des Christentums zu verdanken, das seiner Meinung nach hinter die im Bewußtsein vollzogene Ur-Teilung zurückgeht und ‚radikal', d. h. ‚wurzelhaft' bestimmt ist (vgl. S. 56). Erst die christliche Grundstellung ist für ihn *„frei,* weil radikal bestimmt" (S. 134) und d. h. von einer Freiheit, die auch die seitens der Aufklärung proklamierte, jedoch nach wie vor in Antithesen hängenbleibende Autonomie noch überbietet. Im Rückgang in die Tiefe der inneren Erfahrung findet das Christentum hin zum Paradox einer *„empfindungslosen Empfindung":* zur *Liebe,* deren Auslegung als Zugewandtheit-im-Entzug der Spur mystischer Erfahrung folgt: Nur wessen man *ledig* ist, in bezug auf das ist man wahrhaft frei geworden.

Die neuzeitliche, durch das Christentum mitbestimmte Bewußtseinsstellung unterliegt nach Graf Yorck von daher der Tendenz, „die Okularität in das Unsichtbare der Kraft zu resorbieren" (S. 81) und aus den verinnerlichten Kraftpunkten (Leibniz' „Monaden") im Sinne von Willens- und Vorstellungsprojektionen erneut hervorgehen zu lassen. Der sich daran anschließende neuzeitliche Konstruktionsgedanke kann mechanisch (ohne Empfindung) oder ästhetisch (mit Empfindung) durchgeführt werden und schließt dementsprechend das qualitative Moment aus oder ein. Mit der mechanischen Weltsicht verstrickt sich das neuzeitliche Bewußtsein aber erneut in die Antinomien von Erscheinung und Ding an sich, Quantität und Qualität und konfrontiert sich härter noch als die Antike mit dem Dualismus von Körper und Geist. Was in der griechischen Welt das lebendige kosmische Band: der alles durchwaltende und ordnende Syndesmos war und in den geometrischen Körpern als Prototypen aller Form selbst darstellbar wurde, kann nun, wie in Leibnizens prästabilierter Harmonie, nur noch in Gott gelegt oder aber, wie bei Goethe, in einem der geistigen Anschauungskraft zugrundeliegenden, sie insgeheim leitenden Empfindungsnexus gesucht werden. Auch Schleiermacher gehört hierher, wenn er das Ästhetische nicht mehr ins Auge fallen läßt, sondern mit dem „Gefühl" als dem „Organ für das Unendliche" bzw. Absolute verbindet.

Überblickt man die von Graf Yorck von Wartenburg geleistete Analyse im ganzen, so fällt auf, daß er die drei von ihm aufgewiesenen Bewußtseinsstellungen und ihre Amalgame immer noch im Rahmen der traditionellen Vermögenslehre rekonstruiert und d. h. im *Vorstellen* bzw. *Denken*, im *Wollen* und im *Fühlen* bzw. *Empfinden* zentriert. Obwohl ein Bezug dieser Vermögen auf die entsprechenden Sinnesorgane naheliegt und von ihm bezüglich der Verbindung von Vorstellen und Sehen auch ausdrücklich hergestellt wird, entwickelt er keine ausdrückliche Ästhesiologie der Sinne.

5 *Das Dionysische und das Apollinische oder: der Einbruch des Hörens in die Welt des Sehens*

Daß ein Zugang von den Sinnen her auch für die Deutung der alten Welt förderlich ist, zeigt ein kurzer Blick auf Nietzsches Behandlung des Dionysischen und des Apollinischen, die auf die helle griechische Welt ein noch anderes Licht wirft und auch ihre dunklen Seiten hervorkehrt. Nietzsche weist nach, daß die

Zentrierung der geistigen Grundstellung in der „Okularität" gar nicht der griechischen Ausgangslage entspricht, sondern selber schon eine „apollinische" Reaktion auf die tieferliegende „dionysische" Weltsicht darstellt, die sich einer dunklen Grundströmung der Lebenstiefe verdankt und zunächst auch noch gar nicht an der Lichtwelt apollinischer Klarheit orientiert ist. Von daher wird es möglich, die Kontexte des „ἰδεῖν (des sehenden Vorstellens) und des νοεῖν (des hörenden Vernehmens) auch vor dem Hintergrund des „Gegensatzes" wie „Bruderbundes" des Apollinischen und Dionysischen zu beleuchten und in ihrer radikalen Verschiedenheit auszudifferenzieren.

Noch einmal kann der Spruch des Xenophanes einen Hinweis auf die hier anstehende Problematik geben. Wenn von dem ‚einzigen' Gotte gesagt wird: *„Als ganzer sieht er, als ganzer versteht er, als ganzer hört er"* (in der Übersetzung von Jaap Mansfeld[23]) und man diese triadische, in beiden Richtungen zu lesende Formel nicht sogleich der Glocke der ‚Vernunft' (dem νοεῖν) als dem alles beherrschenden mittleren Term unterstellen will, so läßt sich mit ihrer Hilfe das eingefleischte Vorurteil revidieren, dem gemäß schon Platon und auch die ganze spätere Tradition das νοεῖν bzw. die Vernunft einseitig dem Auge zugeordnet sein läßt. Erst Herder empfindet und markiert, in der sprachlichen Kontrastierung geradezu übertreibend, die seiner Meinung nach auch in ästhetischer Erfahrung *nicht harmonisierbare Differenz,* wenn er, Xenophanes' Aussage aufnehmend und paraphrasierend, schreibt: „Ein Geist, ganz für die Musik geschaffen, kann gleichsam *ein ganz heterogenes Wesen* gegen ein Genie seyn, das

---

23 Die Vorsokratiker I griechisch/deutsch. Auswahl der Fragmente, Übersetzung und Erläuterungen von Jaap Mansfeld. Philipp Reclam jun. Stuttgart 1983 (Universal-Bibliothek Nr. 7695), S. 225.

eben so sehr für die bildenden Künste gebildet ist, wie jener für die Tonkunst: [und jetzt das Zitat:] *der eine lauter Auge, der andre lauter Ohr,* der eine ganz da, um Schönheit zu sehen, der andere um Wohllaut zu hören."[24] Solms[25] faßt die sich bei Herder daran anschließende Überlegung so zusammen: „Gesetzt, solchen ‚Geschöpfen' – Herder vermeidet wohl mit Gründen die Bezeichnung ‚Mensch' – fehle ‚ein gemeinschaftliches Organum der Empfindung' (4, 38): dann wäre dem einen ‚die Malerei zu kalt, zu superficiell, zu wenig eindringend, zu unmelodisch, zu weit vom Tone entfernt' (4, 37). Der andere dagegen würde ‚die Töne zu flüchtig, zu verworren, zu undeutlich, zu weit weg vom Bilde eines ewigen Anschauens' (4, 37) finden" (Solms, a. a. O. S. 134). Damit gibt Herder, den Spruch des Xenophanes aufnehmend, in der Sprache seiner eigenen Zeit eine präzise Explikation der mit dem Gegensatzpaar des Apollinischen und des Dionysischen verbundenen Problematik, wie sie später von Nietzsche vertiefend weitergeführt worden ist.

Um Nietzsches eigene Charakterisierung der beiden ‚Gottheiten' und ‚künstlerischen Mächte' in ihrer radikalen Gegensätzlichkeit und gleichzeitigen Angewiesenheit aufeinander kurz zu charakterisieren: Das Apollinische ist die Bilderwelt des ‚Traums', in der mittels einer hellen Oberfläche täuschenden Scheins die dunkle Tiefe verstellt, aber gleichwohl präsent gehalten und spürbar gemacht wird: „Mit dem Wort ‚dionysisch' ist ausgedrückt: ein Drang zur Einheit, ein Hinausgreifen über

---

24 Johann Gottlieb Herder, Sämtliche Werke, hrsg. von Bernhard Suphan, 33 Bände, Berlin 1877-1913, Nachdruck Hildesheim 1967/68, Bd 4, S. 37; kursiv von mir. Zitiert wird im folgenden diese Werkausgabe nach Band und Seitenzahl.

25 Friedhelm Solms, Disciplina aesthetica. Zur Frühgeschichte der ästhetischen Theorie bei Baumgarten und Herder. Verlag Klett-Cotta Stuttgart 1990 (Forschungen und Berichte der Evangelischen Studiengemeinschaft, Band 45).

Person, Alltag, Gesellschaft, Realität, über den Abgrund des Vergehens: das leidenschaftlich-schmerzliche Überschwellen in dunklere, vollere, schwebendere Zustände; ein verzücktes Jasagen zum Gesamt-Charakter des Lebens ...“[26] Für Dionysos ist das Leben wesentlich gerecht, so daß selbst das ewig Widersprüchliche und das aus ihm erwachsende Leiden noch bejaht werden kann. In der frühen, an Schopenhauer anklingenden Formulierung führt dies zu der doppelseitig zu lesenden „metaphysischen Annahme ... daß das Wahrhaft-Seiende und Ureine, als das Ewig-Leidende und Widerspruchsvolle, zugleich die entzückende Vision, den lustvollen Schein zu seiner steten Erlösung braucht ...“[27] Nietzsches Beschreibung des Gegensatzpaares weist somit die beiden heterogenen Mächte von vornherein in ihrer Verschränkung auf, wie dies an der folgenden Stelle mit dem eindrücklichen Bild einer durch Blendung zustandekommenden Reaktionsbildung verdeutlicht wird: „Sehen wir aber einmal von dem auf die Oberfläche kommenden und sichtbar werdenden Charakter des Helden (scil. der griechischen Tragödie) ab – der im Grunde nichts mehr ist als das auf eine dunkle Wand geworfene Lichtbild, d. h. Erscheinung durch und durch –, dringen wir vielmehr in den Mythus ein, der in diesen hellen Spiegelungen *sich projiziert* [!], so erleben wir plötzlich ein Phänomen, das ein umgekehrtes Verhältnis zu einem bekannten optischen hat. Wenn wir bei einem kräftigen Versuch, die Sonne ins Auge zu fassen, uns geblendet abwenden, so haben wir dunkle farbige Flecken gleichsam als Heilmittel (*remedium;* d. Verf.) vor den Augen: umgekehrt sind jene Lichtbilderscheinungen des

---

26 Friedrich Nietzsche, Werke (ed. Schlechta), Bd. III, S. 791.

27 Die Geburt der Tragödie aus dem Geiste der Musik, Werke (ed. Schlechta), Bd. I., S. 32.

sophokleischen Helden, kurz das Apollinische der Maske, notwendige Erzeugungen eines Blickes ins Innere und Schreckliche der Natur, gleichsam leuchtende Flecken zur Heilung des von grausiger Nacht versehrten Blickes“ (A. a. O., S. 55; kursiv von mir). Wie das gleichzeitig nach zwei Seiten hin metaphorisierende Zitat beweist, wird für Nietzsche gerade in der schroffen Antithese des Apollinischen und Dionysischen die Zusammengehörigkeit beider Mächte bestätigt. Er interpretiert die griechische Tragödie von daher aus ihrem musikalischen Grundgeschehen (getragen vom Chor) und versteht von daher erst die darauf aufbauenden, szenischen Gestaltungen. Der dunkle Unterton erläutert ihm den verklärenden Charakter des Lichts. Nietzsche wählt sorgsam abgestufte Formeln für den „ungeheuren Gegensatz, nach Ursprung und Zielen“ (Bd. I, S. 21), der zwischen den „beiden so verschiedenen Trieben“ herrscht. Er spricht von „deren geheimnisvollem Ehebündnis nach langem vorhergehendem Kampfe“ (Bd. I, S. 35), fügt aber sogleich hinzu: „Im Grunde war die Kluft nicht überbrückt“.

Das Verhältnis des Dionysischen zum Apollinischen gibt Nietzsche nicht nur den Schlüssel zum Verständnis griechischen Geistes, sondern wirft für ihn vor allem die Fragen der Moderne auf und gibt einen möglichen Lösungsansatz für diese – Probleme von einer Größenordnung, wie sie in den analogen Polarisierungen wechselnder Kunststile zwar immer wieder durchschienen, aber keineswegs hinreichend zum Bewußtsein gekommen waren. Man kann hier etwa denken an Schillers Unterscheidung von ‚naiver' und ‚sentimentalischer' Dichtung, Schlegels Gegenüberstellung von ‚objektiver' (griechischer) und ‚interessanter' (Shakespearscher) Tragödie, an Goethes Unterscheidung des ‚Schönen' und des ‚Charakteristischen', an die von Schopenhauer geltend gemachte, für das 19. Jahrhundert bestimmend gewordene kategoriale Differenz zwischen ‚bildender Kunst' und ‚Musik' und schließlich an die von Scheffler vorgenommene idealtypische Unterscheidung des ‚Griechischen' und des ‚Gotischen', mit der der Gegensatz des Schönen und Häßlichen vollends relativiert wird. In allen diesen Polarisierungen blieb der abgründige Gegensatz des Dionysischen und Apollinischen wie im fernen Abglanz spürbar, ohne doch in der Schroffheit aufzubrechen, in der die griechische Tragödie ihn reflektiert und zu überwinden gesucht hatte.

Am nächsten kommt dem dionysischen Grundton Goethes Empfinden, wenn er anläßlich seiner Rezension von Sulzers „Die schönen Künste in ihrem Ursprung" sagt, die Kunst entspringe dem Bemühen des Individuums, *„sich gegen die zerstörende Kraft des Ganzen zu erhalten"*[28]. Im gleichen Sinne läßt er seinen „Werther" ausrufen: „Ha, nicht die große seltne Not der Welt, diese Fluten, die Eure Dörfer wegspülen, diese Erdbeben, die Eure Städte verschlingen, rühren mich; *mir untergräbt das Herz die verzehrende Kraft, die in dem All der Natur verborgen liegt,* die nichts gebildet hat, das nicht seinen Nachbar, nicht sich selbst zerstörte. Und so taumle ich beängstigt! Himmel und Erde und ihre webenden Kräfte um mich her! *Ich sehe nichts als ein ewig verschlingendes, ewig wiederkäuendes Ungeheuer."*[29] Und auch

---

28 In Goethes Rezension von Sulzers „Die schönen Künste in ihrem Ursprung", in: dtv Gesamtausgabe Bd. 33, S. 16 (kursiv von mir). Die Stelle ist diskutiert in Josef Königs Abhandlung über „Die Natur der ästhetischen Wirkung" (1957), in: Vorträge und Aufsätze, hrsg. von Günther Patzig, Verlag Karl Alber Freiburg/München 1978, S. 262 ff. sowie in Königs noch nicht zur Veröffentlichung gelangten Vorlesungen über „Probleme der Ästhetik" 1951/1952.

29 J. W. von Goethe, Die Leiden des jungen Werthers, dtv Gesamtausgabe Bd. 13, S. 83 f. (Sperrungen von mir). Josef König bringt in seiner noch unveröffentlichten Vorlesung über „Probleme der Ästhetik" vom Sommersemester 1951 die spezifische Wirkung des Kunstwerks in Verbindung mit der Kraft eines Blicks, „der das

Hugo von Hofmannsthal folgt in seinem Vortrag „Der Dichter und diese Zeit" derselben Spur, wenn er sagt, daß, wer ein Gedicht in der rechten Weise aufnehme, „die Beglückung" erlebe, *„sein Ich sich selber gleich zu fühlen und sicher zu schweben im Sturz des Daseins."*[30]

Die Frage bleibt, ob eine derartige, an radikaler Vergänglichkeit ansetzende und den Harmoniegedanken wie auch den Gegensatz von ‚schön' und ‚häßlich' vollends hinter sich lassende Bandbreite ästhetischer Erfahrung überhaupt noch in *einen* Begriff zu fassen und in einer übergegensätzlichen Einheit zu versöhnen ist, wie dies Nietzsche im Blick auf das musikalische Gesamtkunstwerk der Wagnerschen Oper oder im Blick auf den Prospekt eines Wissenschaft und Kunst in sich vereinenden „musiktreibenden Sokrates"[31] zunächst intendiert hatte. Von Herder wird die Möglichkeit einer solchen Synthese eher verneint als bejaht. Der künstlerische Geschmack ist für ihn ein „Proteus" (4, 41), der sich hinter den verschiedensten Gegensatzbildungen verbirgt und in mannigfachen Kunststilen verkleidet, aber keineswegs mehr der *einen* Wahrheit oder einem einzigen Schönheitsideal verpflichtet werden kann. Nicht mehr das sich artikulierende Ausdrucks- und Urteilsvermögen, sondern *allein noch das Empfinden* kann hier seines Eindrucks halbwegs sicher sein. Damit sind wir an der Schwelle einer neuen Zeit angekommen.

Bewußtsein der zerstörenden Kraft des Ganzen in Bann schlägt. Ohne die bannende Kraft dieses Blickes würde die Bestie jenes Bewußtseins anspringen und den Menschen zerreißen. Im Anblick des Kunstwerks gewinnt der Mensch die Kraft, den Anblick dieser Bestie auszuhalten" (Manuskript Blatt 36).

30 Hugo von Hofmannsthal, Der Dichter und seine Zeit. Ein Vortrag, in: Hugo v. Hofmannsthal, Gesammelte Werke in Einzelausgaben, hrsg. v. Herbert Steiner, Prosa, Bd. 2, Frankfurt a. M. 1959, S. 258. Auch den Hinweis auf diese Stelle verdanke ich Josef König; vgl. Die Natur der ästhetischen Wirkung, a. a. O., S. 264 ff.

31 Fr. Nietzsche, Die Geburt der Tragödie, Werke (ed. Schlechta), Bd. I, S. 86 f.

6 *Herders „Kritik der Sinne"*

Bis zur ästhetischen Theorie im 18. Jahrhundert war Sinnlichkeit nie ausdrückliches philosophisches Problem geworden. Die *cognitio sensitiva* entzieht sich begrifflicher Klarheit und logischer Durchdringung, sie galt als unklar, verworren und dunkel. Das gilt auch noch für Kant, der zwar die *Formen* der Sinnlichkeit (Raum und Zeit) bestimmt und mit den kategorialen Formen des Begriffs verbindet, aber keine „Kritik der Sinne" leistet und diese auch nicht in ihrer je spezifischen Leistung und in ihrem Verhältnis zueinander bestimmt. Aber auch bezüglich der Theorie des Ästhetischen und der Geschmacksbildung gaben immer noch die traditionellen schönen und freien Künste und die in ihnen repräsentierten Kunstideale den Vorwurf her, so daß die Frage nach der Sinnesleistung selbst als solcher in der Grundlegung ästhetischer Erfahrung und Theoriebildung nur nach und nach an Aufmerksamkeit gewinnen konnte. Gleichwohl liegt ab der Mitte des 18. Jahrhunderts ein neuer Ton in der Luft, für dessen Einsatz im musikalischen Empfinden oft die Bachsöhne genannt werden. Eine ‚neue Empfindsamkeit' verschafft sich Gehör und gewinnt auch in poetischer Gestaltung rasch an Geltung.

Das Programm dazu wird von Alexander Gottlieb Baumgarten in seiner 1750 und 1758 in zwei Teilen erschienenen „Aesthetica" geliefert. Das künstlerische Erlebnis muß sinnlich sein, es verlangt das geschulte Empfindungsvermögen und verspricht eine „Verbeßrung der sinnlichen Erkenntnis", wie sie nun für eine *Weltauslegung in ästhetischer Repräsentation* (und nicht mehr nur in begrifflicher Bestimmung) unabdingbar geworden ist. Die Kunst ästhetischer Wahrnehmung und Geschmacksbildung bedarf nach neuzeitlichem Verständnis aber auch eines philosophisch-wissenschaftlichen Fundaments, und in diesem Sinne konzipiert Baumgarten seine Ästhetik als eine neue Disziplin vom Range einer Grundwissenschaft, die zwar der Logik des Begriffs den Vorrang nicht streitig machen will, aber doch gleichrangig neben diese treten soll. Baumgarten behandelt die sinnliche Erkenntnis als ein „analogon rationis", vernunft-*ähnlich* und doch freier und weiter als diese, so wie die frei spielenden Verstandeskräfte des Witzes, Scharfsinns und Urteilsvermögens auch ohne vollständige Analyse ihres Gegenstandes auskommen können, weil sie sich auf Empfindung, Einbildungskraft und andere intuitive Fähigkeiten verlassen können. In erkenntnistheoretischer Wendung heißt dies, daß das „phaenomenon" als eine *individuelle* Erscheinung seine *eigene* Wahrheit hat und diese *nicht nur* im allgemeinen Begriff findet. Und wenn im Bereich des Ästhetischen zudem „leere Einbildungen" *(vana phantasma)* und eine täuschende *„facultas fingendi"* mit im Spiel sind, bedarf es umsomehr eines Urteilsvermögens (Geschmack, *taste, bon goût)*, das der komplex-synthetischen Struktur ästhetischer Gegenstände und ihrer frei spielenden Auffassung angemessen ist.

Gleichwohl gelten für Baumgartens „Ästhetik" immer noch drei wesentliche Einschränkungen: Erstens orientiert er sich nach wie vor am Methodenideal der Logik. Hinzu kommt die weitere Einschränkung, daß der Geschmacksbegriff dem ‚honnête homme' und damit einem gesellschaftlich-kulturellen Stand und Sinn verpflichtet ist. An dritter Stelle bleibt das normativ verstandene Gefühl für das Schöne, Schickliche und Gute nach wie vor mit dem moralischen Sinn verbunden, ja in einem solchen zentriert. Die Künste haben somit im Zusammenhang mit dem kultivierten Geschmack einen gesellschaftlichen Ort und behalten darin eine moralische Funktion. Daß gerade die Kunst eine solche öffentliche Funktion zugesprochen erhält, ist einem an freier Kommunikation interessierten, bürgerlichen Publikum angemessen, das sich weder an bloßer Konventionalität noch an reiner Rationalität und schon gar nicht an gänzlich individueller bzw. genialer Spontaneität orientieren kann, sich aber auch nicht einfach ins Private abdrängen lassen will.

An alledem ist Herder nicht mehr interessiert, vielmehr nimmt die Sache bei ihm eine ganz andere Wendung, die in ihrer Radikalität einem Epochenwechsel gleichkommt. Solms schreibt dazu: "Das Konventionelle am Geschmack, ohne das der Begriff auch bei Kant seinen systematischen Sinn verliert, ließ sich nicht bruchlos mit der neu entdeckten, allen sinnlichen Wahrnehmungsakten immanenten Spontaneität verbinden."[32] In Verbindung damit sprengt der neu aufkommende Genie-Gedanke mit seiner emphatischen Herausstellung des Einmalig-Unverwechselbaren vollends den Rahmen allgemeiner Geltung und sozialer bzw. moralischer Verbindlichkeit. Auch Kant beleuchtet in diesem Sinne bereits scharf die Brüche in der von ihm gleichwohl noch einmal vollzogenen Verklammerung, wenn er ein *immer* subjektives bzw. singulares Geschmacksurteil zugleich für *alle* Subjekte im Sinne eines *„sensus communis aestheticus"* in Anspruch nehmen will, so *als ob* es ein *objektives* Urteil wäre?[33]

---

32 Friedhelm Solms, Disciplina aesthetica, a. a. O. (vgl. Anm. 24), S. 88. Um dem Leser ein weitläufiges Quellenstudium zu ersparen, entnehme ich die folgenden Herderzitate zumeist dieser ausgezeichneten Untersuchung. Die meisten Belegstellen finden sich in Herders „Kritische Wälder oder Betrachtungen, die Wissenschaft und Kunst des Schönen betreffend, nach Maßgabe neuerer Schriften", in der zitierten Gesamtausgabe Bd. 4. Eine Einzelausgabe dieses für unsere Thematik höchst wichtigen Werks ist mit gesondertem Kommentar- und Registerband 1990 im Aufbau-Verlag Berlin erschienen.

33 Immanuel Kant hat in seiner „Kritik der Urteilskraft" in § 40 „Vom Geschmack als einer Art von *sensus communis"* gesprochen, wohl eingedenk dessen, daß den

Mit einer solchen Frage läßt sich, bei nur 20 Jahren Abstand, die systematische bzw. kategoriale Differenz zwischen Baumgarten und Herder markieren und das epochal Neue in dessen Gedankenführung herausstellen.

Was für Baumgarten das Programm einer am Vorstellungs-, Einfühlungs- und Urteilsvermögen orientierten *„logica imaginationis"* (nach Breitinger[34]) ist, gewinnt eine neue Schärfe, wenn Herder nun das Augenmerk auf die „Werkzeuge der Sinne" (die *organa sensuum)* lenkt und nach ihrer je spezifischen Leistung für die zu begründende ästhetische Erfahrungskunst fragt. Dies verlangt eine Erweiterung des zunächst logisch-erkenntnistheoretisch und/oder psychologisch fundierten Feldes ästhetischer Erfahrung und Urteilskraft, wobei nicht mehr wie bisher die bildenden Künste den Prototyp abgeben, sondern die neu und anders empfundene Poesie den Schlüssel liefert.

Für eine solche Umorientierung hatte bereits Lessing mit seinem „Laokoon: oder über die Grenzen der Mahlerey und Poesie" (Berlin 1766) die Weichen gestellt (vgl. Solms S. 164 ff.). Herder nimmt das Erfordernis einer derartigen Differenzierung in verallgemeinerter Fragestellung auf. Die große Bandbreite, ja Heterogenität in den Geschmacksurteilen verweist auf deren Bindung an spezifische Bedingungen ihrer Ausbildung, sei es in der Ausprägung geschichtlich-kultureller Vielfalt in den „Stimmen der Völker", sei es in einem verschiedenen Gang der Natur in der „physiologischen" Entwicklung dieser Völker (vgl. Solms S. 135). Um dieser natürlichen und kulturellen

Geschmacksurteilen ein individuell sehr verschieden ausgebildetes Beurteilungsvermögen zugrundeliegt und das Finden einer *gemeinsamen* Urteilsgrundlage hier zu einem äußerst schwierigen Problem wird (vgl. Ausg. B 156 ff. und § 33 B 140 ff.).

34 Johann Jacob Breitinger, Critische Abhandlung von der Natur, den Absichten und dem Gebrauche der Gleichnisse, Zürich 1740; bei Solms zit. S. 97.

Differenzierung gerecht zu werden, muß von einer bis an die Wurzel gehenden Verschiedenheit in der Empfänglichkeit für sinnliche Eindrücke ausgegangen und auch der unproportionalen Entwicklung der Sinne Rechnung getragen werden. Die „geistig-physiologischen Wege" (13, 84) sind verschieden, auch und gerade in der unterschiedlichen Reizung und Ausbildung der einzelnen Sinne.

Ein solcher an der Variabilität interessierter Ansatz hat bezüglich einer neu zu konzipierenden Ästhesiologie der Sinne geradezu revolutionäre Konsequenzen, die sich sogleich in einer unterschiedlichen Bewertung des Gesichtssinnes und des Hörvermögens niederschlagen. Gegenüber der herkömmlichen Ineinssetzung von ‚Anschauung' und ‚Gefühl' stellt Herder nun fest, daß das Gesicht der *kälteste, künstlichste* und wegen seiner der begrifflichen Analyse zugänglichen Abstraktionsleistung auch der *philosophischste* unter den Sinnen sei (vgl. 4, 45, bei Solms zit. S. 142). Die sich dem Auge darbietende Erscheinung nimmt für ihn – der antiken Sinneskritik entsprechend – wiederum stark den Charakter eines „angenehmen Trugs" und „lieblichen Blendwerks" an. Auch wenn das Sehen in der Welt alltäglicher Praxis nach wie vor mit hoher Verbindlichkeit ausgestattet ist, kann sein Erkenntnis- und Wahrheitswert, aber auch sein ästhetischer Wert, wenn dieser sich hauptsächlich dem Gefühl bzw. der Empfindung verdankt, bestritten werden.

Im Zusammenhang einer *Kritik des Auges* interessieren Herder vor allem die Erfahrungen von Blindgeborenen oder Blindgewesenen (vgl. 4, 49), die die alte These des Xenophanes: *„Schein* (δόκος, δόξα, Meinen) *haftet an allem"* (nun genauer: an allem *Gesehenen)*[35] eindrücklich belegen. Herders Folgerung ist:

---

[35] Xenophanes, Fr. 34 bei Diels-Kranz (vgl. Anm. 11).

Die Koordination von Sehen und Gefühl, wenn sie überhaupt vorhanden ist, ist keineswegs angeboren, sie muß vielmehr allererst gelernt und eingeübt werden. Nimmt man aber die bislang gegebene *Ablösung* des Gesichtssinns vom Gefühl ernst – Herder redet von *„durchaus völlig getheilte[n] Gränzen* zwischen Gesicht und Gefühl" (4, 51; kursiv von mir; bei Solms zit. S. 144) – so rückt das Fühlvermögen an einen ganz anderen Ort, z. B. in die tastenden Hände eines Blinden. In der Rückanwendung auf die Theorie ästhetischer Erfahrung heißt dies: „... ich muß ein Blinder und Fühlender werden, um die Philosophie dieses Sinnes (scil. des Tastsinnes für die Schönheit plastischer Kunstwerke) zu erforschen!" (4, 443 f., bei Solms zit. S. 145). Das ist (auch wenn Michelangelos Schaffen hierzu einen konkreten Vorgang bietet) im philosophischen Sinne sehr radikal gedacht: Der Künstler und auch der Rezipient muß ‚blind' werden, um in fühlenden Rapport mit Stein und plastischer Form treten zu können. Man muß als Philosoph den „Versuch" eingehen, „wie ein blinder Philosoph sich eine Welt denken würde".[36]

In der Konsequenz dieses Versuchs wird deutlich, wie sehr sich das ganze Selbstbewußtsein durch den Wegfall eines Sinnes verändert und dabei nicht nur verlieren, sondern vielmehr noch hinzugewinnen kann. Eine weitere Konsequenz ist, daß das Gefühl kein vom Leib ablösbares Vermögen ist und vielmehr aufs engste mit der Genese und Bewegungsform des eigenen Körpers, vorzüglich der des Tastsinns zusammenhängt. Der ‚Blinde', und verallgemeinert gesprochen die ‚Seele', „fühlet sich in die Welt

---

36 Diese Stelle stammt aus Herders „Journal meiner Reise", S. W., Bd. 4, S. 343-486, zu dem von Hans Dietrich Irmscher erneut Material aus dem Nachlaß herausgegeben worden ist in: Euphorion, 54, 1960, S. 281-294 (im folgenden zit. mit „Reisejournal", ed. Irmscher 1960); hier S. 287.

hinein" (8, 104, bei Solms zit. S. 157) und bildet sich darin allererst ihren Fühl-Körper aus[37], und nur so kann sie – im Sinne von Leibnizens prästabilierter Harmonie – zum *„lebendigen* Spiegel des Universums" werden (32, 226; kursiv von mir). Im Herder'schen Originalton: „Alsdenn wirds offenbar werden, daß die Seele sich einen Körper *durchs* Gefühl *und zum* Gefühl *von außen* bilde, oder sich fühlend in die Welt hineinbilde!" (8, 104, kursiv von mir; bei Solms zit. S. 158). Goethes „Der Fisch wird *im* Wasser *durch* das Wasser *fürs* Wasser gebildet"[38] klingt in dieser Formulierung an. Leibwerdung und Weltbildung ist von daher für Herder ein und derselbe Prozeß: „Blos so kann ich die Welt erklären: wie hat sich mein Körper gebildet" – und durch ihn meine Welt.[39]

Die Verbindung mit dem Sinnesbereich des Hörens liegt an dieser Stelle auf der Hand, und sie gilt nicht nur für den Blinden: „... je größere *Kraft* eines denkenden Wesens: desto mehr *würkt* es ins Universum: desto weiter *fühlts:* desto mehr *hörts. So fühlt Gott und tastet gleichsam in der ganzen Welt: so hört er in der ganzen Welt: so denkt er die ganze Welt,* die ein Gedanke von ihm ist, der würklich existiert" (8, 104; bei Solms zit. S. 153 f.). Gott ist nun nicht mehr das große allwissende „Auge", das aus der Distanz von oben herab auf alles blickt, sondern vielmehr das *in der Welt denkend, fühlend bzw. tastend und hörend Wirkende* – das die ganze

---

37 Die Stelle lautet: „Alsdenn wirds offenbar werden, daß die Seele sich einen Körper durchs Gefühl und zum Gefühl von außen bilde, oder sich fühlend in die Welt hineinbilde" (S. W. Bd. 8, S. 104).

38 Vgl. zu dieser von Goethe auf das Licht wie auf die Tiergestalt gleichermaßen bezogenen Wendung die Einleitung zum Entwurf einer Farbenlehre, in: Zur Farbenlehre. Didaktischer Teil (dtv-Gesamtausgabe Bd. 40, S. 14) und den „Versuch einer allgemeinen Vergleichungslehre", a. a. O., Bd. 37, S. 58.

39 „Reisejournal" (ed. Irmscher 1960), S. 288, bei Solms zit. S. 154.

Sache überblickende Auge ist für diesen ‚blind' wirkenden Gott nicht mehr gefragt!

Tastend hören und hörend tasten: Der insbesondere von Gehlen im Anschluß an Herder herausgearbeitete sensomotorische Funktionskreis von Auge und Hand im Aufbau des Gesichtsfeldes erhält nun im empfindungsgeleiteten Tast-Hör-Kreis sein notwendiges Pendant, das dann, was die Sprache betrifft, leicht auf den ebenfalls in sich zurücklaufenden, Produktion und Rezeption verbindenden Stimm-Hör-Kreis (Gehlens 3. Sprachwurzel) übertragen und im Sinne „eigentätigen Lebens" ausgestaltet werden kann.[40] Das in beiden Fällen sich selber rückkoppelnde Kreisschema könnte in der Abstraktion der „Funktionskreise" die Verschiedenheit der Dimension und Wirkungsweise der einzelnen Sinne schon wieder verdecken und einnivellieren. Diese muß aber festgehalten werden und läßt sich an dem bereits angesprochenen Kontrast von bildender Kunst und Poesie näher verdeutlichen.

Entscheidend für diesen Unterschied ist das gänzlich andere Verhältnis zur Zeit. Lessing hatte festgestellt, daß die Malerei als Mittel der Darstellung „Figuren und Farben *in dem Raume*" benützt, während die Poesie und mit ihr alle Ton- und Sprachkünste „artikulierte Töne *in der Zeit*" verwenden.[41] Während das gemalte Bild in der Fläche, das plastische Kunstwerk in räumlicher Präsenz vor Augen steht und beide durch sich selber die Zeit negieren, wirkt die Poesie „durch die Zeit und Abwechslung der Augenblicke", eben vermöge der

---

40 Vgl. Arnold Gehlen, Der Mensch. Seine Natur und seine Stellung in der Welt. 7. Aufl., Athenäum Verlag Frankfurt a. M./Bonn 1962, S. 197 ff.

41 Gotthold Ephraim Lessing, Laokoon: oder über die Grenzen der Mahlerey und Poesie (Berlin 1766), bei Solms zit. S. 183.

besonderen „Folge in der Verbindung und Abwechslung dieser Augenblicke und Handlungen“ (3, 80). Was für die Poesie gilt: daß sie essentiell *Zeitgestalt* und *gestaltete Zeit* ist,[42] gilt für Musik und Tanz in gleicher Weise und verbindet diese in der Wurzel.[43]

In begrifflicher Abstraktion geht man über derartig tiefgreifende Differenzen allzuschnell hinweg, und umsomehr muß man sie deshalb kategorial bestimmen und festhalten. Herder bringt die radikale Verschiedenheit der kategorialen Bezugsrahmen mit der Aristotelischen Differenz von ἔργον und ἐνέργεια in Verbindung, wobei die ἐνέργεια nun in Verbindung mit den für das neuzeitliche Denken bestimmend werdenden Kraftmomenten eine neue Qualität erhält.

---

42 Adolf Portmann hat – auf Herders Spuren – auch die biologischen Formen als „Zeitgestalten“ bzw. „Zeitgestaltungen“ interpretiert (vgl. dazu sein Buch „Neue Wege in der Biologie“, München 1960). Die technische Regel „Form follows Function“ wird durch das „Gestaltprinzip“ geradezu umgekehrt, denn die Naturgestalt hat nachweislich nicht nur eine funktionale Bedeutung, sondern unterliegt auch einer Selbstdarstellungsfunktion und ästhetisch zu wertenden „Struktur auf Sicht“ (vgl. a. a. O., S. 73 ff.). Die bloße „Erhaltungsordnung“ wird somit durch umfassendere Sinn- und Sinnesbereiche überlagert, in denen das Erscheinungsbild (z. B. die Hautzeichnung von Tieren) im Sinne einer „Selbstdarstellung“ bzw. einer sich an das Auge wendenden „Struktur auf Sicht“ ausdrücklich auf „Erscheinen“ und sinnliche Wahrnehmung hin geordnet ist und nur von daher angemessen verstanden werden kann. So kann Portmann auch für die Tiergestalt sagen: „Die Erscheinung in ihrem Reichtum ist eine Entsprechung für den Reichtum der Innerlichkeit“ (S. 222), der gegenüber die „erhaltenden Strukturen und Prozesse“ (S. 227) in ihrer bloß dienenden Funktion untergeordnet sind.

43 Herder faßt diese Differenzierung so zusammen: „Wir sahen, es gab drei (scil. Sinne des Schönen): den Sinn des Gesichts, der *„Teile als außer sich neben einander“,* das Gehör, das *„Teile in sich und in der Folge nach einander“,* und das *Gefühl,* das Teile *„auf einmal in und nebeneinander“* begreifet. Teile als außer sich, neben einander, heißen *Flächen;* Teile in sich und in der Folge nach einander sind am ursprünglichsten *Töne;* Teile auf einmal in und neben einander solide *Körper* – es gibt also in uns einen Sinn für *Flächen,* für *Töne,* für *Körper,* und wenn es auf das Schöne ankommt, für die Schönheit in *Flächen,* in *Tönen,* in *Körpern“* (S. W. Bd. 4, S. 61 f.).

Die nun schärfer gefaßte ontologische Differenz führt dazu, auch Poesie (als *Sprach*kunst) und Musik (als *Ton*kunst) hinsichtlich der Regeln ihrer Bildung nocheinmal grundlegend zu unterscheiden. Mit James Harris[44] markiert Herder eine Differenz zwischen Künsten, die wie die Dichtkunst an das konventionelle Zeichensystem und die Vorstellungskraft der Sprache gebunden sind und solchen, für die ein an Repräsentation gebundener Gesichtspunkt nicht in gleicher Weise verbindlich ist. „Das Successive, die Verknüpfung und Abwechslung der Töne" als „Mittel der Musikalischen Wirkung" (3, 136) zeichnet die Musik vor der Poesie als *allein „durch die Zeitfolge"* (a. a. O.) *wirkend* aus, und nur sie kann deshalb, im Unterschied zur anschaulichen Gegebenheit und zur gesprochenen Sprache, im strikten Sinne *rein empfunden werden.* Indem die Musik *allein in* der Zeit, *durch* die Zeit und *als* gestaltete Zeit wirkt, tut sie dies im Sinne reiner ενέργεια und d. h. durch eine dynamische Gestaltung reiner Zeitlichkeit. Eine solche Akzentuierung zeichnet aber auch das Wesen der Poesie aus, die nur aus ihrem Musikalischen voll erfaßt werden kann. In einem wesentlichen Sinne verfährt die Poesie mit dem sinnlichen Substrat der Wörter wie die Musik mit den Tönen; in einem anderen, mit der Sprache als solcher gegebenen Sinne aber hat sie ihre andere Seite in der „Grundkraft der Seele, sich Vorstellungen zu verschaffen" (4, 34) und d. h. Bedeutung anzunehmen.

Die notwendige Ausdifferenzierung des ästhetischen Bereichs hängt somit ganz von einer Differenzierung der Sinne und d. h. von der Ausarbeitung einer Ästhesiologie ab. Herder kontrastiert

---

44 James Harris, Three Treaties, the First concerning Art, the Second concerning Music, Painting and Poetry, the Third concerning Happiness, London 1744; anonyme deutsche Übersetzung, Danzig 1756; bei Solms zit. S. 188 ff.

in diesem Sinne die beiden „Hauptsinne“ des Auges und des Ohrs und nimmt mit Bezug auf die Plastik als dritten den Tastsinn hinzu, der sich für ihn in besonderer Weise mit dem Fühlvermögen verbindet. Nun aber kommt es wesentlich auf die Differenzen und nicht mehr auf die sinnesübergreifenden Leistungen an. Abzuweisen ist die Vorstellung, als ginge es bei der Frage nach dem „Sinn der Sinne“ (Erwin Straus, vgl. Anm. 1) vor allem um die bekannten Synästhesien (‚Farbklänge' einerseits, ‚Klangfarben' andererseits) oder verallgemeinert um die Frage nach einem alle Sinnesleistungen übergreifenden und ihnen zugrundeliegenden *sensus communis* (einem „Sinn der Sinne“). Es geht Herder nicht um die „Einheit der Sinne“ (H. Plessner, vgl. Anm. 1) und auch nicht um einen dieser zugrundeliegenden ‚Gemeinsinn', sondern gerade umgekehrt um ihre unaufhebbare Differenz. „Immer aber vermittelt ein Sinn der Seele nur einen Aspekt, eine Dimension der Wirklichkeit. Die Welt ist für jeden Sinn immer nur seine je eigene, von ihm gleichsam präparierte Welt. Derselbe Gegenstand kann ‚für tausend andre Sinnen in tausend andern Medien ganz etwas anders, vollends in sich selbst ein Abgrund seyn, von dem ich nichts wittre und ahnde‘ (8, 187 f.). So bleibt die Seele angewiesen auf Organe, die sie sich eigens zum Zwecke der ‚Communikabilität' mit der Außenwelt gebildet hat. Vor aller Reflexion ordnen diese bereits, jeder für sich, die Welt, ‚präformiren' sie, wie Herder an anderer Stelle (21, 97) sagt“ (Solms, a. a. O. S. 207).

Auch der Versuch, die Leistung der Sinne von vornherein mit dem Medium und der Leistung der Sprache zu verbinden, muß deshalb abgewiesen werden. Der Titel „Vom *Erkennen* und *Empfinden* menschlicher Seele“ bezeichnet somit die beiden konjugierten Pole eines *Spannungsfeldes voller Brüche,* die nicht mehr ohne weiteres zur Deckung gebracht und wie bei Kant einer zentralen Einheitsfunktion (dem „Ich denke“ der transzendentalen Apperzeption) oder einem analogen Sprachapriori unterstellt werden können. Entsprechend besteht auch die Einbildungskraft, in der all dies zusammenströmt, „nicht blos aus Bildern, sondern auch aus Tönen, Worten, Zeichen und Gefühlen, für die oft die Sprache keinen Namen hätte“ (8, 189; vgl. bei Solms zit. S. 207 ff.). Das Ganze ist keine *Einheit,* sondern ein *Gewebe* vielfach verflochtener, in ihrer Verflechtung aber vereinzelt bleibender Fäden bzw. Linien: „Aus allem webt und würkt nun die Seele sich ihr Kleid, ihr sinnliches Universum“ (a. a. O.).

Der Gedanke gänzlich unterschiedener Sinnesgegebenheiten läßt sich verallgemeinern: Menschliche Erkenntnis kann in ihren einzelnen Inhalten grundsätzlich nicht mehr unabhängig von den Sinnen und ihrer je spezifischen Leistung gedacht werden. *„Innig wissen wir außer uns nichts“* (8, 188; kursiv von mir), und weil das so ist, „gab uns die Gottheit Sinne“ (8, 185), ohne deren strukturierende Leistung „uns *das Weltgebäude ein zusammengeflochtener Knäuel dunkler Reize“* (8, 188) *bliebe.* „Die Sinne sind demnach die organische Grundlage für alle Empfindungsleistungen der Seele“ (Solms S. 201), auf denen allein wiederum Erkenntnis aufgebaut werden kann. „Immer nehmlich ist jeder Sinn ein Organ, der Seele Empfindung und unter der Hülle derselben Erkenntniß zu geben“ (8, 239); es gibt „keinen anderen Schlüssel, in das Innere der Dinge einzudringen“ (8, 170). Deutlich ist, daß Herder die Erkenntnis nicht mit einem Konstruktionsgedanken verbindet, sondern als eine Möglichkeit versteht, unter der „Hülle der Empfindung“ „in das Innere der Dinge einzudringen“. Der „Schlüssel“ dazu liegt in der fortschreitenden Entwicklung und Sensibilisierung der Sinne, ohne die aus dem „zusammengeflochtenen Knäuel dunkler Reize“ keine Empfindungen werden und kein geistiger Erkenntnisgehalt gehoben werden kann.

An dieser Stelle ist das Hören gefragt, denn nur vermöge des Hörsinns kann das in die dunkle Gegebenheit hineingelegte „geistige Band“ (8, 174) zum Schwingen gebracht werden, so wie *spezifische Eigentöne* ihre *Resonanzen* anregen und durch diese selber wiederum ausgelöst werden. In den Resonanzen spricht an und wird aussprechbar, was die Dinge in ihren Eigentönen und d. h. *von sich selber her* zu sagen haben.

In Analogie kann dieser Vorgang natürlich auch auf das Auge und sein Lesenkönnen übertragen werden. Damit die beiden Sinne (Auge und Ohr) überhaupt *Gegenstände* haben, müssen ihnen in ihren je spezifischen Medien (Licht und Ton) „gewisse Eigenschaften und Seiten der Dinge *vorbuchstabiert“* (8, 187; kursiv von mir) werden, so als wirkte in der Modulation dieser Medien gleichsam ein *„Zeigefinger der Gottheit für unsere Seele“* (8, 188; kursiv von mir). Den Bedingungen des jeweiligen Mediums entsprechend, aber auch in der Beschränkung auf deren Eigensphäre, kann dann durch Eigenresonanz des Organs der jeweiligen spezifischen *Berührung* bzw. *Empfindung* ein Sinn entnommen werden.

Das *Grundphänomen* ist also die an je spezifische Eigentöne gebundene *selektive Resonanz*[45]*,* wie sie z. B. beim Anschlagen

---

45 Um den Zusammenhang von Eigenton und Resonanzphänomen in seiner biologischen Verwendung zu verdeutlichen: Fledermäuse und unter den Vögeln auch die Stachelschwanzsegler orientieren sich bei völliger Dunkelheit mit Echoortung, wobei sie auch bei gleichzeitiger Anwesenheit unzähliger zirpender Artgenossen den eigenen Ton in seinem Echo heraushören und damit ihren individuellen Schlafplatz

einer gestimmten Saite zu beobachten ist. Dieser Vorgang wird nun von Herder zum Modell für die Sinnesempfindung und die sich darauf beziehende „Erkenntnis des Inneren der Dinge“ überhaupt gemacht. Wellenvorgänge und darauf aufbauende Schwingungsmuster regen mittels ihrer spezifischen Resonanzen spezifisch antwortende Empfindungen an, so wie das Saitenspiel Töne erzeugt, aber auch durch andere Töne zum Mitschwingen angeregt wird. Es gehören somit immer Zwei dazu: „Da man das Nervengebäude der Empfindung sehr treffend mit einem Saitenspiel vergleichen kann: so merke ich hier an, daß wie eine Saite blos mit gleichgestimmtem Harmonisch tönet: so fordert das Wimmern der Elegie gleichsam einen Leser von gleichem Ton der Seele.“[46]

Was so immer noch metaphorischer Ausdruck und Vergleich zu sein scheint, nimmt in der Struktur des Hörens jedoch einen sehr genauen Sinn an[47], den Herder, im Gegensatz zu den meisten Musiktheoretikern seiner Zeit, dahingehend präzisiert: *„Schall ist kein Ton“* (4, 109; kursiv von mir), „Schall und Ton ist nicht Einerlei“ (4, 100 f.; bei Solms zit. S. 217). Umgekehrt ist auch der „Ton *als Ton“* (4, 93; kursiv von mir) kein *Schall* und auch kein in harmonischer Ausprägung gegebener *Klang* (vgl. 4, 114). Damit wird eine lange Musiktradition verabschiedet, die mit Pythagoras und Platon das Wesen der Musik im Verhältnis der Töne, in der Proportion der Intervalle bzw. in der Harmonie der Klänge begründet und deren Zusammenstimmung als Quelle musikalischen Wohllauts und Genusses angesehen hat. Eine

---

oder auch die eigenen Jungen mit absoluter Sicherheit finden. (So gezeigt in der Sendung „Spiele des Lebens“, Südwest 3 am 5. 11. 1995, 20.15 bis 21.00 Uhr.)

46 Herder, Von der Nachahmung der Lateinischen Elegien, Anmerkungen, S. W. Bd. 1. S. 489.

47 Vgl. zum Folgenden F. Solms, a. a. O., S. 210 ff.

solche Auffassung würde die Leistung des Hörens auf eine ganz andere Basis stellen, denn dieses würde nun nicht auf der spezifischen Resonanz zu Eigentönen in ihrer strikten *Punktualität* bzw. *Linearität* basieren (wenn man den angeschlagenen Eigenton in die Zeit hinein prolongiert), sondern im Sinne einer Spektralanalyse komplexe Schallwellenbündel abarbeiten. Dabei müßte offenbleiben, ob die aus dem diffusen Klangkomplex herausgehörten Töne wirklich in diesem vorhanden sind oder ob man sie in ihn ‚hineinliest' und d. h. *letztlich selber bildet.* Man käme so ohne metaphysische Entsprechungshypothesen nicht aus, die bezüglich der unterstellten Korrespondenz und Zusammenstimmung bestreitbar blieben. Über die fragliche ‚Übereinstimmung mit der Wirklichkeit' ließe sich von diesem Ansatz her nichts ausmachen.

In der Tat wurde bis hin zu Ohm, Helmholtz und Fechner der Hörvorgang in dieser Weise verstanden – was zeigt, wie mächtig ein historisches Vorurteil sein kann (vgl. dazu Solms S. 217 ff.). Demgegenüber unterlegt Herder den resonierenden Tönen der ‚Seele' bzw. der ‚Empfindung' je spezifische, durch und durch vereinzelte Korrespondenzverhältnisse im Sinne eines „Saitenspiels der Gottheit" (8, 191), dessen „zarten Silberbanden" (8, 190) die „Nervenfibern" (und die mittlerweile im sog. Corti-Organ nachgewiesenen, unterschiedlich langen Fasern im Ohr[48]) entsprechen, indem sie mit ihrem eigenen, ebenso spezifischen Eigenton resonieren. Dieser von vornherein mit etwas *Objektivem* als einem *Singularen* verbundene und ihm mittels Resonanzen

---

48 Vgl. dazu Horst-Peter Hesse, Die Tonhöhenwahrnehmung und die neurophysiologischen Bedingungen des Gehörsinnes, in: Jahrbuch des Staatlichen Instituts für Musikforschung, Preußischer Kulturbesitz, Berlin 1970, S. 128-143. Wiederabgedruckt in: Bernhard Dopheide (Hrsg.), Musikhören. Darmstadt 1975, S. 363-385; bei Solms diskutiert S. 224 ff.

korrespondierende Vorgang ist streng punktuell bzw. in zeitlicher Erstreckung linear: „Weder ein abstrakter mathematischer Algorithmus wie die Fourier-Analyse, noch die Idealität immanenter Proportionsmaße löst, das hat Herder richtig geahnt, die Empfindung der Tonqualität aus, sondern die unmittelbare Wahrnehmung der zeitlichen Folge von Impulsen, die ‚Schläge der Luft', wie er das nennt" (Solms S. 224). Vorrang vor dem Schall bzw. Klang, in dem noch alle Töne ungesondert liegen, haben somit *die einzelnen Töne,* deren Beziehung untereinander *strikt linear* (ein „Gewebe") ist und nicht (im Sinne eines Geräusches oder einer komplexen Klangqualität) vermischt oder gar verschmolzen werden kann. Die entscheidende Feststellung ist: vom ‚Schall' kommt man zu den ‚Tönen' *nicht;* vielmehr bewahrt der einzelne, *unteilbare* Ton gegenüber allen anderen Tönen seinen *absoluten* Charakter und kommt eben dadurch der *spezifischen,* genau nur ihm entsprechenden und wie er selber „unteilbaren" Empfindung entgegen.

Die Beobachtung Herders ist: „Die *erste* Schwingung ... gibt schon den *ganzen* Ton, der auf das Ohr würkt, und alle folgenden Schwingungen thun nichts, als ihn unterhalten, nichts als ihn jedes Moment durch einen wiederholten Schlag der Luft erneuren" (4, 92; bei Solms zit. S. 225). Dasselbe gilt für die durch den spezifischen Ton angeregte Empfindung, die als das *„erste Moment* der Sensation" (4, 94) ihren *ganzen Inhalt* schon in sich hat.[49] Ton und Empfindung sind somit im Sinne einer

[49] Eine entsprechende Beobachtung macht Paul Valéry in seiner „Rede über die Dichtkunst", in der er ausführt: „Deutlich unterscheiden wir den *Ton* vom *Geräusch,* und sogleich empfinden wir einen Gegensatz zwischen ihnen – eine Empfindung von großer Tragweite, denn dieser Gegensatz ist der des Reinen und Unreinen; er geht auf den von Ordnung und Unordnung zurück, der selbst zweifellos auf den Wirkungen gewisser energetischer Gesetze beruht ... Daraus ergibt sich, daß die Musik einen

„Musikalischen Monadologie" (4, 114) *punktuell,* sie treffen sich wie „Silberpfeile" in einem *Zeit*punkt, der als ein solcher *Treffpunkt* kein beständiger Raumpunkt ist und auch nicht zu einem solchen werden kann. Man darf diese *im spezifisch qualifizierten Treffpunkt gegebene* Korrelation nicht sogleich auf Dauer stellen wollen – so als ob sie ‚jederzeit' möglich wäre – und muß sich davor hüten, das Resonanzphänomen im Sinne physikalistischer Raumanalogien zu deuten.[50]

---

eigenen, ausschließlich ihr gehörigen Bereich besitzt. Die Welt der musikalischen Kunst, die Eigenwelt der Töne, ist scharf getrennt von der Welt der Geräusche. Während ein Geräusch darauf beschränkt ist, uns irgendein isoliertes Ereignis bewußt zu machen, *beschwört ein Ton, der erklingt, für sich allein schon den ganzen musikalischen Kosmos.* In diesem Saal, wo ich spreche, hören Sie das Geräusch meiner Stimme und verschiedene Nebengeräusche. Wenn jetzt plötzlich ein Ton angeschlagen würde, wenn eine Stimmgabel oder ein gut gestimmtes Instrument zu vibrieren begänne, dann hätten Sie, sobald Sie von diesem außergewöhnlichen, *nicht mit den andern zu verwechselnden* Geräusch berührt würden, die Empfindung eines *Anfangs.* Auf der Stelle wäre eine ganz andere Atmosphäre entstanden, ein besonderer Erwartungszustand würde sich einstellen, eine *Welt* sich ankündigen, und Ihre Aufmerksamkeit würde sich ordnen, um sie aufzunehmen. Mehr noch, in gewisser Weise würde Ihre Aufmerksamkeit danach streben, aus sich selbst jene Voraussetzungen zu entwickeln und weitere Empfindungen von gleicher Art und *gleicher Reinheit* wie die aufgenommene Empfindung zu erzeugen" (Werke Bd. 5 „Zur Theorie der Dichtkunst", Insel Verlag Frankfurt 1991, S. 50 und 51).

50 Herders Absage an die klassische, mathematisch und physikalisch unterbaute Harmonielehre konzentriert sich somit in dem Vorwurf: „Sie erklären nichts *vom einfachen Ton selbst; nichts von der Energie desselben aufs Gehör, nichts von der Anmut derselben, einzeln und in der Folge; von allem nichts"* (4, 91). Und: *„Ohr als Ohr fühlet so wenig ein Verhältnis,* als das Auge eine Entfernung unmittelbar siehet und der Geruch die Fläche fühlet. ... Und doch kann ein solcher Ton, ohne Verbindung und Folge, uns so tief erschüttern, so innig rühren, so gewaltsam bewegen, daß dies *eine erste* Moment der Empfindung, dieser einfache Akzent der Musik an innerer Masse mehr ist als das Produkt aller Empfindungen aus allen Verhältnissen, allen Harmonien eines großen langen Stücks" (4, 94). „... so wird immer die natürliche Folge bleiben, daß *aus Verhältnissen und Proportionen* sich durchaus *das Wesen, die Art und die Würkung* der Musik nicht erklären lasse ..." (4, 96). Zur Begründung dieser These kann Herder zunächst nur die eigene Hörerfahrung geltend machen: „Es ist Erfahrung, daß gewisse

Die weitreichenden Konsequenzen dieses Ansatzes kann ich hier nicht ausführen. Aber denken Sie z. B. an die Bildung sprachlicher Metaphern, mit denen man einen ganz spezifischen Eindruck zur ebenso spezifischen Aussagemöglichkeit bringen möchte. Es macht hier einen entscheidenden Unterschied, ob man die Metaphorik im Sinne einer analogen „Übertragung" aus lebenspraktischen bzw. sprachlichen Kontexten heraus versteht oder – mit Herder – als spezifische „Resonanz" auf eine ebenso spezifische Wirkung beschreibt, deren „Eigenton" und Qualität die Metapher aufnimmt und im Sinne einer *„treffenden Beschreibung"* wiedergibt.[51] Zwischen dem Verständnis der

---

einfache Töne, unabhängig von Höhe und Tiefe, von Stärke und Schwäche, von Länge und Kürze, *ihrer innern Art nach,* verschiedne Eindrücke auf uns machen. Der eine trifft uns gleichsam glatter und heller, ein andrer rauher und finstrer. Der eine scheint unsre Nerve aufzuwecken und zu erheben, der andre niederzuschmiegen und einzuschläfern. Der eine strengt sie zum Staunen an, ein andrer schmelzt sie in sanftes Gefühl hin – dies ist Erfahrung, und sie soll uns Grundsatz werden" (4, 98). Zur theoretischen Unterbauung dient ihm das wegen seiner Nichtvorstellbarkeit rein definitorische monadologische Argument: „Wie er nun aber das Einfache, gleichsam der hörbare Punkt wird, den ich in meinem Innern empfinde, den ich Ton nenne und vom Schalle so deutlich unterscheide, weiß ich das? ist dieser einfache fühlbare Ton ein Gegenstand der Physik? so wenig als der mathematische Punkt. Sie kann ihn nicht untersuchen, nicht erklären, nicht nutzen: sie weiß nichts von ihm" (4, 92).

51 Vgl. dazu Josef König, *Bemerkungen zur Metapher* (um 1937), in: Josef König, Kleine Schriften, hrsg. v. Günter Dahms, Verlag Karl Alber Freiburg/München 1994, S. 156-176 sowie dessen in Anm. 27 zitierte Abhandlung über *„Die Natur der ästhetischen Wirkung"* (1957) und die folgenden Schriften aus Otto Friedrich Bollnows letzten Lebensjahren:
Bemerkungen über das evozierende Sprechen in der Logik von Georg Misch, in: Josef Derbolav, Clemens Menze, Friedhelm Nicolin (Hrsg.), Sinn und Geschichtlichkeit. Werk und Wirkungen Theodor Litts. Verlag Klett-Cotta Stuttgart 1980, S. 61-77;
Versuch über das Beschreiben, in: Hommage à Richard Thieberger. Publications de la Faculté des Lettres et Sciences Humaines de Nice N° 37 - 1ère série. Études allemandes et autrichiennes, Les Belles Lettres Paris 1989, p. 57-75;
Mensch und Natur. Im August 1990 abgeschlossenes, nachgelassenes Manuskript von 44 Seiten;

Über den Begriff der ästhetischen Wirkung bei Josef König, in: Dilthey-Jahrbuch für Philosophie und Geschichte der Geisteswissenschaften Band 7/1990-91, hrsg. von Frithjof Rodi, Verlag Vandenhoeck & Ruprecht Göttingen 1991, S.13-43.
Der Vergleich beider Autoren ist an dieser Stelle in systematischer bzw. kategorialer Hinsicht aufschlußreich. (Vgl. dazu meine ausführlichere Darstellung dieser Problematik in: Friedrich Kümmel, Spricht die Natur? Zum Verhältnis von Mensch und Natur im Spätwerk von Otto Friedrich Bollnow. In deutsch-koreanischer Ausgabe erschienen im TAP Verlag Seoul/Korea 1995) König versteht die „treffende" Beschreibung ausdrücklich als ein Resonanzphänomen: „Daß es geschieht, daß die ästhetische Wirkung zu sich kommt, wenn und indem der Mensch sie beschreibt, kann man bildlich auch dahin ausdrücken, daß sie, wenn wir sie *treffend* beschreiben, gleichsam *erwacht*. Treffend ist die Beschreibung, die sie trifft oder anstößt oder weckt. Und daß sie gleichsam erwacht, kann man mit Gewinn wiederum dahin wenden, daß sie zurücktönt oder resoniert" (Die Natur der ästhetischen Wirkung, a. a. O., S. 303). Auch Bollnow nimmt mit Rückgriff auf Georg Mischs „evozierendes Sprechen" dieselbe Metaphorik auf: „Georg Misch spricht in einer von ihm gern gebrauchten Wendung davon, daß der gemeinte Gegenstand durch das treffende Wort zum Erzittern gebracht wird. Er sagt, daß der Gegenstand selbst von den Worten betroffen ist, gleichsam durch die Berührung des Wortes durch die Tat der Sprache erzittert" (Mensch und Natur, S. 24). Derartige Redeweisen sind für Bollnow „selbstverständlich metaphorisch gesprochen und vielleicht auch insofern mißverständlich, als die Wendung von einem erzitternden Gegenstand an ein körperliches Ding denken läßt, das in Schwingung gerät, während es sich hier zumeist um dinglich nicht faßbare Erscheinungen handelt" (a. a. O., S. 24). Gleichwohl meldet Bollnow gegenüber der suggestiven Kraft einer derartigen Rede- und Vorstellungsweise einen deutlichen Vorbehalt an: „Aber man darf dies Bild auch nicht übertreiben" (A. a. O., S. 26). Er stört sich offensichtlich an dem Fertigsein dessen, was nur noch erweckt zu werden braucht. Ihm fehlt bei dieser Vorstellung des „Treffens" die schöpferische Leistung des Gestaltgebens, das artikulierende und explizierende Moment. Wollte man das Resonanzphänomen an dieser Stelle wörtlich nehmen, so würde es seiner Meinung nach in eine magische Welt verweisen. Bollnow kann sich dem weder völlig verschließen noch völlig öffnen, handelt es sich doch auch in den von ihm zitierten dichterischen Beispielen (Theodor Storm, Ernst Jünger u. a.) um einen gegenüber der Alltagswelt verschobenen, geheimnisvollen Bereich, in dem die Naturdinge nicht als Gebrauchsdinge erscheinen, sondern „Selbst"-Charakter haben und in ihrem „Eigenwesen" von sich selbst her zur Sprache kommen.
Um derartigen Phänomenen gerecht zu werden, sind „eigene sprachliche Formen, besonders in metaphorischer Ausdrucksweise, erforderlich" (Versuch über das Beschreiben, S. 66). Die Natur dieser *notwendig* metaphorischen Sprechweise zu bestimmen, macht jedoch eigentümliche Schwierigkeiten. Um für den gemeinten

Sachverhalt ein von Bollnow öfters zitiertes Beispiel aufzunehmen: Die in Goethes Ballade „Der Fischer“ evozierte Anmutungsqualität des „Wasserhaften“ ist etwas, was weder als „objektive Eigenschaft“ des Wassers noch als „bloß subjektive Zutat“ verstanden werden darf und beides vielmehr in eigentümlicher Weise verschränkt. Für Goethe manifestiert sich im Physischen ein Geistiges und kann auf dieses hin transparent gemacht und überschritten werden. Gleichwohl läßt sich die Metaphorik in Goethes Ballade nach wie vor mit einer sinnlich wie seelisch unmittelbar erlebbaren Wasserqualität in Verbindung bringen. Anders aber liegt die Sache bei dem „blauen Band“ in Mörikes Frühlingsgedicht „Frühling läßt sein blaues Band / Wieder flattern durch die Lüfte ...“ Bollnow schreibt dazu: „Was hier angesprochen wird, ist keine objektive Bestimmung des Frühlings als einer bestimmten, mit bestimmten Eigenschaften ausgezeichneten Jahreszeit, aber auch nicht das subjektiv zu verstehende Gefühl des Frühlings, sondern ähnlich wie vorher beim Wasser der Frühling selbst, das Wesen des Frühlings, das Frühlingshafte mit dem erwachenden Leben, das hoffnungsvoll der Zukunft Zugewandte usw., alles das, was sich in sachlich bestimmter Rede nicht ausdrücken läßt. Wie aber kommt diese Wirkung zustande? Wörtlich genommen ist es ein Unsinn; denn wo gäbe es ein solches blaues Band? Es ist, wie man sofort erkennt, eine metaphorische Rede. Aber auch diese Bestimmung greift zu kurz. Denn es ist keine Metapher im üblichen Sinn, wo eine für sich bestehende Grundbedeutung im übertragenen Sinn angewandt wird, wie beim Stuhlbein oder Flußbett usw. Hier ließe sich zwischen wörtlicher und übertragener Bedeutung klar unterscheiden, und das metaphorisch Ausgedrückte ließe sich grundsätzlich auch in direkter Rede sagen. Hier aber kann man nicht sagen, daß der Frühling mit einem blauen Band verglichen wird. Er ist als ganzer in seinem Wesen mit dieser Metapher evoziert“ (Versuch über das Beschreiben, a. a. O., S. 67). Was mit „blauem Band“ hier gemeint ist, kann folglich nicht mit Hinweis auf die Grundbedeutung des Ausdrucks „blaues Band“ erklärt werden, weil es in bezug auf den Frühling gar keinen Vergleichspunkt zwischen der wörtlichen Bedeutung dieses Ausdrucks und einer möglichen übertragenen Bedeutung gibt. Was aber ist dann das „Wesen dieser eigentümlichen Form der Metapher“ (ebd.), die keine Metapher im üblichen Sinn ist und für die es gar keine wörtlich zu nehmende, sinnlich aufweisbare Grundbedeutung mehr gibt?

An dieser Stelle führt Königs Begriff *„ursprüngliche Metaphern“* weiter, die von ihm im Unterschied zur gewöhnlichen, einer direkten Bedeutung aufruhenden Metapher so umschrieben werden: „Sie sind bildliche Ausdrücke, die ein rein Bedeutendes bedeuten; und daher ist es im strengen Sinne unmöglich, sie durch Ausdrücke, die nicht Bilder wären, zu ersetzen. Sie geben kein Bild für das Bedeutete, sondern bilden es; sie sind die Sache selber als Bild; und diese Sache ist, als ein rein Bedeutetes, nur da und nur in der Welt als ein notwendig metaphorischer Ausdruck“ (Die Natur der ästhetischen Wirkung, a. a. O., S. 322). Wenn aber die von einer „ursprünglichen

Metaphorik als Analogisierung und als spezifische Resonanzbildung liegen ganze Welten, deren Differenz jedoch alsbald wieder einzunivellieren eine starke Tendenz besteht. Nur der Dichter, der die alten Metaphern als „verschlissene Sprachhülsen“ nicht mehr gebrauchen kann und gleichwohl weiterhin in metaphorischer Rede zu dichten gezwungen ist, weiß auch um die *andere Seite* der Metapher.[52]

Metapher“ bedeutete Sache *nur* in der Welt ist in Gestalt dieses notwendig metaphorischen Ausdrucks, so kann sie grundsätzlich nicht mehr an sinnlicher Wahrnehmung und einer mit dieser verbundenen Gegenständlichkeit überprüft werden. Die Metapher als ein *„rein Bedeutendes“* für ein *„rein Bedeutetes“* kann auch nicht durch andere Ausdrücke ersetzt werden, die vorgeblich dasselbe besagen. Dem „rein und genau“ angemessenen metaphorischen Ausdruck wie dem von ihm Bedeuteten eignet die unverwechselbare *Singularität* einer *Koinzidenz.*
Man kann sich die hier in Frage stehende kategoriale Differenz im Begriff der Metapher auch so klarmachen: Für Misch und Bollnow wird das metaphorische Reden zu einer schöpferischen, letztlich Wirklichkeit konstituierenden Macht. Seinen Rechtsgrund kann der metaphorische Ausdruck traditioneller Auffassung entsprechend von daher nehmen, daß das von ihm Geprägte *zugleich* in *sinnlicher* Repräsentation erscheint und so gleichsam *von anderer, zweiter Seite her* bestätigt wird. Dies ist jedoch Königs Auffassung zufolge bei „ursprünglichen“ Metaphern gerade nicht der Fall. Nach seinem Verständnis der Sachlage wird das ursprünglich-metaphorische Beschreiben zum Geburtshelfer für etwas *Unsichtbares* und *unsichtbar Bleibendes,* das zwar auch irgendwie schon ‘da‘ ist, nun aber im Sinne einer „zweiten Geburt“ *in* der Beschreibung und *durch* sie allererst zu sich selbst entbunden wird. Oder mit Königs anderem Vergleich ausgedrückt: Indem der ‘schlafende‘ Eindruck durch die Resonanz der ‘treffenden Beschreibung’ zu sich selbst ‘erwacht’ und zu ‘tönen’ beginnt, *und nur je auf diese Weise,* wird ein neues ‘Ding’, genauer gesagt ein bis dahin unbekannt gebliebener, *spezifischer Resonanzkörper* in die ‘Welt’ eingeführt. Es ist also nicht der sinnliche Eindruck, sondern die dichterische Beschreibung, vermöge deren die Welt ihre Wirklichkeitshaltigkeit gewinnt.
In der Konsequenz heißt dies für König, entgegen Bollnows Intention: Es gibt für diese *ursprünglich metaphorischen* Ausdrücke und ihr Bedeutetes keine übergreifenden sprachlichen und sinnlich-gegenständlichen *Kontexte* mehr, in die sie eingebettet und aus denen heraus sie verstanden und interpretiert werden könnten. Das heißt, *es gibt keine Hermeneutik dieser spezifisch treffenden, ursprünglich metaphorischen Ausdrücke.* Was sie sagen, *sagen nur sie selbst,* und es gibt keinen anderen Ausdruck, der ihnen im

7 *Schubert und Beethoven oder der Übergang vom Klangraum der Aufführung zum Liedton der vereinsamten Seele*

Der Übergang von der *„dramatischen Gestaltung"* eines zur Aufführung gebrachten Musikstücks zur *„ewigen Wiederholung"* der Tonempfindung in der Seele läßt sich im Verhältnis Schuberts zu Beethoven, allgemeiner ausgedrückt im Übergang von der klassischen zur romantischen Musik nachzeichnen.[53] Dies kann hier nur in aller Kürze geschehen.

Bedürfnis nach Klärung ihres Sinnes zu Hilfe eilen könnte. Sie sprechen, wenn sie „rein und genau" sind, ausschließlich durch und für sich selbst und lassen keinerlei Übersetzung in andere Kontexte und Ausdrucksweisen mehr zu.

52 Die um die Jahrhundertwende durch Nietzsche, Mauthner u. a. geleistete radikale Sprachkritik hat bei Hugo von Hofmannsthal in seinem fiktiven „Brief an Lord Chandos" (Gesammelte Werke in Einzelausgaben, Prosa II, Frankfurt a. M. 1959) und in Gedichten einen beredten Ausdruck gefunden. In dem Gedicht „Der Schatten eines Toten" heißt es:

„Verstehn, Gestalten, Künstler sein, wozu? / Wozu denn Leben? Und wozu die Kunst? Erlognes an Erlognes, Wort an Wort / Wie bunte Steinchen aneinanderreihn ..."

Die These ist: Der Gedanke lügt und das Wort lügt, denn sobald sich die Empfindung zum Gedanken und Wort zu formen beginnt, wird sie zu deren „Nachhall" und verliert sich selbst. Der Dichter befindet sich damit in einer aussichtslos scheinenden Lage und kann doch nicht anders, als die in Vorurteilsstrukturen verfestigten und sich verschleißenden Sprachwendungen gleichsam gegen ihre eigene Verfallstendenz wiederum zum Reden zu bringen.

53 Vgl. dazu auch Roland Barthes, Was singt mir, der ich höre in meinem Körper das Lied. Aus dem Französischen von Peter Geble, Merve Verlag Berlin 1979. Diese Ausgabe enthält in den 70er Jahren entstandene Texte über Beethoven, Schubert und das romantische Lied, in denen Roland Barthes nichts Geringeres intendiert, als einen Paradigmenwechsel im Musikhören einzuleiten bzw. einen solchen im Übergang von der klassischen zur romantischen Musik zu markieren. Seine für unser Thema höchst wichtigen Überlegungen lassen sich hier in Kürze nicht referieren. Am nächsten kommt ihrem Ton und Duktus wiederum Herder, wenn er sagt: „Singt die Nachtigall, durch bloße Töne und Tonfolgen ihr oder ein fremdes Ohr zu ergetzen? Nein! ihr Gesang ist Sprache, Sprache der Leidenschaft und des Bedürfnis, so wie dem Löwen sein Gebrüll und dem Wolfe sein Geheul und dem Menschen sein erster rauher

Ich beziehe mich dabei auf eine Untersuchung über die musikalische Vorbildung der im 19. Jahrhundert erstmals philosophisch ausgearbeiteten Kategorie der „Wiederholung", die Martin Bock in seiner musikwissenschaftlichen Magisterarbeit über Franz Schuberts „Reliquiensonate" (C dur, op. D 840, komponiert im April 1825) unternommen hat und in einer von mir betreuten Dissertation philosophisch weiter ausbauen will.[54]

Ausgangspunkt ist die nicht resignativ gemeinte, aber doch nicht leicht zu beantwortende Frage Schuberts an sich selbst: „Aber wer vermag nach Beethoven noch etwas zu machen?"[55] – und wie? Hauptertrag der von Martin Bock unternommenen Werkanalyse ist die Unterscheidung zweier grundverschiedener musikalischer „Zeitgestalten", wie sie im Übergang von der klassischen zur romantischen Musik, insbesondere bei Schubert in seiner Auseinandersetzung mit Beethoven und paradigmatisch an der „Reliquiensonate" nachgewiesen werden können.

Die ‚klassische' Zeitgestalt ist *dramatisch* und *final* strukturiert, während die ‚romantische' durch eine eher zeitlos wirkende Qualität von *Wiederholung* bestimmt wird. In der dramatischen Gestaltung (musikalisch ausgedrückt: der Exposition der Themen, ihrer motivischen Durchführung und schließlich in der auf die finale Steigerung folgenden Reprise und Coda) dient das musikalische Werk der ‚Aufführung' auf der Bühne der Welt, des Theaters oder der Oper. Die Bühne ist primär eine ‚Schaubühne' und hat als solche einen gesellschaftlichen Ort. Der soziale Rahmen verlangt das Rollenspiel, die Selbstdarstellung in der

---

Sprachgesang" (4, 115). In diesem Sinne reden beide von der „Wollust" der Töne, die, so Herder, „tief in uns verborgen liegt" (4, 90).

54 Martin Bock, „Über Franz Schuberts Reliquiensonate", unveröffentl. Manuskript der Magisterarbeit.

55 Schubert äußert sich so gegenüber seinem Freund Spaun (bei Bock zit. S. 33).

Rolle und ein Publikum, wobei die Verständlichkeit und Akzeptanz des Aufgeführten an sozial normierte, erwartbare Bedeutung zurückgebunden ist. Dazu gehört natürlich auch die ‚kleine' Überraschung und in Verbindung damit eine Abschätzung des Bedrohlichen, den Rahmen Sprengenden. Bedrohlich werden die Entsetzen auslösenden ‚Einbrüche' unmittelbarer Selbstkonfrontation, ‚Zeitlöcher' und ‚leere Zeiten', unliebsame ‚Erinnerungen' und die gefürchtete ‚Wiederkehr der Geister'.[56]

Demgegenüber ist der in der romantischen Musik erschlossene Hörraum kein Sehraum mehr, sein Leben spielt sich nicht auf der Bühne unter dem Blick eines Publikums ab. Gemäß der neuen Kategorie der Wiederholung folgt nun dem ‚Auftritt' das ‚Sichversenken', der auf den ‚Höhepunkt' zustrebenden Bewegung der plötzliche ‚Abbruch' im ‚Stillstand der Zeit', der entgleitenden ‚Zielbestimmung' (der „Apotheose" des Werks) das Sichverlieren' und ‚ins Leere Gehen' des musikalischen Gedankens – ein scheinbar stagnierendes Kreisen in sich selbst –, dem siegreichen ‚Vorwärtsdrängen' die ‚lange Weile' unendlicher Geduld usw., und dementsprechend unterscheidet sich die *klassisch-strebende* von der *romantisch-retardierenden* Zeitgestalt. Während jene im Gedanken der Einheit durch das Formprinzip aus den harten Widersprüchen herausführen will, führt diese umso tiefer in die Paradoxien der Form selbst als solcher hinein und entgrenzt die Möglichkeiten der musikalischen Materie und

---

56 Zu diesem Konzept dramatischer Musikgestaltung merkt Herder ironisch an: *„Handlungen durch Töne sinnlich machen:* als ob *eine* Handlung in der Welt durch Töne könnte sinnlich gemacht werden? Endlich *etwas* durch Töne sinnlich machen: wer in der Welt hat wohl so gesprochen? wer in der Welt will so sprechen? *Töne fürs Gehör sinnlich machen?* wer macht Töne je für Fuß und Rücken sinnlich? Und *Töne zum Vergnügen* sinnlich machen? und nicht auch zu mehr als zum kalten Vergnügen, zur *Bezauberung,* zur *Rührung,* zur *Illusion?"* (4, 137 f.).

Gestaltungskraft. „Durch die Entgrenzung der bisherigen, zielstrebigen Zeitlichkeit entsteht jetzt der Eindruck von Unendlichkeit“ (Martin Bock, a. a. O. S. 113). Die musikalischen Mittel sind „Klangrückung, Addition statt Modulation“ (Karl Michael Komma, bei M. Bock zit. S. 20), improvisatorische Weitungen und die Beleuchtung weit ausgespielter Themen, die durch die Tonarten ‚wandern‘ und in immer neuen Klangfarben beleuchtet werden, wobei die Charakteristik im ganzen liedhaft-vokal bleibt und die Hereinnahme subjektiver Reflexion gestattet. „Nicht Schicksal wird gestaltet, sondern Fatum geschieht“ (K. M. Komma, bei Bock zit. S. 19).

Die eminente Schwierigkeit, für das hier vorliegende Neue eine angemessene Sprache zu finden, liegt bei derartigen, mit unterschiedlichen Konnotationen ‚desselben‘ spielenden Formulierungen auf der Hand (was unterscheidet z. B. ‚gestaltetes Schicksal‘ und ‚geschehendes Fatum‘ so prinzipiell?). Derartige Differenzen werden philosophisch erstmals bei Kierkegaard in seiner Thematisierung der „Wiederholung“ und dann wieder bei Nietzsche mit seiner „Ewigen Wiederkehr des Gleichen“ kategorial ausgearbeitet. Dabei zeigt sich, daß die zuvor weder musikalisch ausgeschöpfte noch philosophisch begriffene Kategorie der ‚Wiederholung‘ sich grundlegend von den sonstigen, die Zeit betreffenden Kategorien unterscheidet, insbesondere von der durch Hegel ins Zentrum gerückten, immer noch teleologisch verstandenen Kategorie der ‚Vermittlung‘, so daß mit ihrer Einführung der Bezugsrahmen des Zeiterlebens im ganzen radikal verändert wird.

Daraus kann man bereits erste musiktheoretische Folgerungen ziehen. Die *musikalische Situation* ist in der sozialen Welt eine *„Enklave“*, und „jede Geste, jedes Unternehmen, jede Stimmung, jedes Erlebnis hat seine relativ abgeschlossene Gestalt, seine Zeiteinheit, seine *Frist.*"[57]

Bezeichnend ist nun aber, daß die sich im Verhältnis Schuberts zu Beethoven spiegelnde Differenz in der Grundkategorie, so radikal sie ist, keinen spektakulären Epochen- und Stilbruch bedeutet, sondern nahezu kontinuierlich erscheint und nur einem feineren Empfinden und genauester Analyse zugänglich wird. Das Neue kommt auf leisen Sohlen und geht nicht mit dem

57 Günther Anders, Die musikalische Situation als Enklave. Es handelt sich um den § 4 der als Habilitationsschrift gedachten, aber wegen der politischen Zeitlage nicht zum Abschluß gekommenen „Philosophischen Untersuchungen über musikalische Situationen" (um 1930), der in der Zeitschrift für Didaktik der Philosophie, Heft 3/1992, S. 146-148 abgedruckt worden ist. Es heißt hier weiter: „'Moment' bedeutet dabei nicht Augenblick als die kürzeste, sondern als *zukunftlose* Dauer, die etwa im Fall des Entsetzens gerade durch ihre Gelähmtheit unendlich lange dauert. Diese Situation steht deshalb nicht im Fluß des Lebens, weil sie nur steht. Sistiert der Schreck den Lebensfluß, so macht er damit jede Kommunikation mit der Welt derart unmöglich, daß sogar die Welt als *Horizont* verloren geht" (S. 146). „Gegen diese Enklavesituation grenzt sich die musikalische Situation nun folgendermaßen ab: sie ist nicht nur Lücke wie der Schreck, nicht nur Absinken wie der Schlaf, sie hat vielmehr, wie das Spiel, ihren eigenen Beginn und ihre eigenen Schemata, mit denen, in denen sie beschäftigt ist: im musikalischen Gegenstand selbst. Sie ist ferner wie die Spielsituation abgeschlossen durch die Gestalthaftigkeit und Geschlossenheit dieses ihres Gegenstandes" (S. 147). Aber die musikalische Situation teilt nicht mit der sonstigen Spielsituation die Möglichkeit der Abstraktion vom Leben und der Welt, sie ist nicht einfach das „Spiel tönend-bewegter Formen", sondern „ergreift den von ihr Ergriffenen in einer, gewöhnlich vom Leben nicht verwirklichten, aber dieses Leben eminent angehenden Möglichkeit seiner selbst" (a. a. O.). Aufschluß darüber gibt aber nicht eine der „Traumwelt" analoge „Schallwelt" (in Schopenhauers und Richard Wagners Deutung), vielmehr gilt hier: „Die Situation und das Produkt *ist* bzw. *hat* selbst eine ganz ausdrückliche Zeit, ist selbst durchartikulierter Prozeß" (S. 148). Anders gesagt ist die musikalische Situation eine aus und durch sich selbst bestimmte 'Zeitgestalt' *und sonst nichts,* so daß jede Unterscheidung von 'Situation' und 'Produkt' unmöglich wird. Mit Hilfe der auch von Herder aufgenommenen aristotelischen Kategorisierung drückt Günther Anders dies so aus: „Was wir vor uns haben, ist die Situation als *Energeia,* als *Musizieren ... außerhalb ihres historischen Zusammenhangs" (a. a. O.)* – und damit auch außerhalb aller gesellschaftlichen Bedeutung.

Pathos revolutionären Umbruchs einher. Schubert „wiederholt" Beethoven im Doppelsinn des Worts: Mit denselben Mitteln wird nun etwas ganz anderes erreicht, ohne daß zwei Welten unversöhnlich aufeinanderstoßen. Die „Wiederholung" wird darin für Schubert zum „Form"-Problem, wie es etwa im Verhältnis von Sonatenform und Liedform, in der kontrapunktischen oder mono–thematischen Verarbeitung des motivischen Materials oder im Verhältnis der orchestralen Harmonik zur liedhaften Melodik deutlich wird. Noch einmal mit Herder zugespitzt: ‚Ton' ist nun nicht mehr ‚Klang' und ‚Klang' nicht ‚Ton', auch wenn beides nach wie vor eng miteinander verbunden wird. Eine nicht uninteressante Begleiterscheinung dieses leisen und doch radikalen Wechsels der Bezugsrahmen ist es, daß über die romantische Musik philosophiert und geschrieben wird, bevor sie gemacht ist und daß in ihr der musikalische Geist gleichsam selber zu philosophieren beginnt. Der Philosophie, Wissenschaft und Kunst in sich vereinende „musiktreibende Sokrates" Nietzsches[58] ist nicht mehr fern und wird in der modernen Musik immer unüberhörbarer.

[58] Vgl. Die Geburt der Tragödie, Werke (ed. Schlechta) I, S. 82, 87, 95.

8 Pestalozzis Schrift „Über den Sinn des Gehörs in Hinsicht auf Menschenbildung und Sprache“[59]

Pestalozzis in den Jahren 1803/04 entstandene Abhandlung „Über den Sinn des Gehörs in Hinsicht auf Menschenbildung durch Ton und Sprache“, nimmt sicher nicht alle bisher gezogenen Linien auf, doch läßt sich ihr zentraler Gedanke durchaus im Umkreis der von Herder und Schubert aufgeworfenen Problematik verorten. Einige bekannte Stichworte will ich nur nennen, um sogleich auf den zentralen Punkt der Sache zu kommen. Pestalozzi betont

– die Notwendigkeit einer „Umstimmung“ und Einstimmung des Menschen auf das Menschliche, insbesondere im Anschluß an die Kritik des die menschlichen Kräfte schwächenden und zerstörenden „Wortwesens und Maulbrauchens“,

– die Rückbindung der notwendig „künstlichen“ Mittel der Ausbildung des Menschen („Zahl, Form, Wort“) an die natürlichen Grundlagen seiner Kraft und Sinnesorganisation;

– er hebt ab auf die „Individuallage“ und die „Realverbindungen“ der „nähesten Verhältnisse“, sowie auf

– deren Zentrierung in der die Einheit von „Anschauung, Sprache und Liebe“ verkörpernden „menschlichen Mutter“.

Was am „Faden der Natur“ (S. 63) allein nicht weitergehen kann: der Mensch und seine Welt, aber auch durch einen vom Naturgang gänzlich abgelösten, den Geist zur Verirrung führenden Kunstgebrauch nicht zu bewerkstelligen ist, *muß auf*

---

59 Johann Heinrich Pestalozzi, Über den Sinn des Gehörs in Hinsicht auf Menschenbildung durch Ton und Sprache, in: Kleine Schriften zur Volkserziehung und Menschenbildung, hrsg. von Theo Dietrich, 4. Aufl., Verlag Julius Klinkhardt Bad Heilbrunn/Obb. 1968, S. 59-81. Die Seitenzahlen im Text beziehen sich auf diese Ausgabe.

natürlich-kunstvolle Weise verbunden werden, und dafür bietet sich das Hören und Reden der Mutter zu ihrem Kinde an, wenn dieses der Natur Raum gibt *und* mit Liebe verbunden ist.

Natur, Geist und Liebe lassen sich aber nur bruchlos verbinden im *„Ton" der Mutter,* der das Ohr des Kindes erreicht und in ihm, indem er es zu einem Liebesabenteuer anstiftet, von vornherein *den Menschen* anspricht: „Es ist der Sinn des Gehörs, durch den du vorzüglich auf seine Entwicklung hinwirken kannst, wenn du für dasselbe ihm gleich und ein Kind wirst ... töne ihm, damit es sich freue, damit es an dir hange, damit es dich liebe; hohe Anmut fließe von deinen Lippen; gefalle ihm auch durch deine Stimme, wie ihm niemand gefällt, und glaube nicht, daß du um deswillen irgendeine Kunst notwendig habest; glaube nicht, daß du um deswillen auch nur singen können müßtest. Die Lieblichkeit des Redens, die aus deinem Herzen fließt, ist für die Bildung deines Kindes unendlich mehr wert als jede Kunst des Gesanges, in der du auf jeden Fall immer hinter der Nachtigall zurückstehst" (S. 62).

Die erste Feststellung ist somit: *„Der Mensch kommt durch das Hören zum Reden"* (S. 63; kursiv von mir), und insofern gehen die „Töne" und die Kraft, sie zu erwidern, der „Sprache" voraus. Im Medium der tönenden Stimme, insbesondere des Redens der Mutter, teilt sich dem Kind eine menschliche Herz-Empfindung mit, wird ihm selber eine von der ganzen Bandbreite dieser Empfindung durchtränkte, zwischenmenschliche Beziehung und Welt erschlossen.

Erst diese in der ersten Sprech-Hör-Empfindung *bereits menschlich qualifizierten Töne* werden nun für Pestalozzi im Herder'schen Sinne auch zu *„Erinnerungszeichen der Sachen" und „Taten"* (S. 64). Dazu ist jedoch noch eine weitere Bedingung erforderlich. Pestalozzi geht aus von einer alten Theorie, der gemäß die erste Sprache des Menschen eine (zunächst nur den Priestern lesbare) *Urschrift der Dinge* und ihrer wahren Zusammenhänge, aber noch keine gesprochene Sprache gewesen sei. Entsprechend geht für ihn die „Tonsprache", d. h. das *gesprochene* Sprach*zeichen* als solches bzw. der *Sprach*laut als *Wort*zeichen im Sinne einer „Ton*schrift"* zunächst aus der ganz anderen Quelle der *Schrift* hervor, in bezug auf die der über die Sprache verfügende Mensch *von vornherein sprachlesend* und nicht sprachhörend ist (vgl. S. 64).

In der menschlichen Sprache begegnen und verschränken sich somit zwei in der Wurzel getrennte Linien: „Die Schriftsprache des Menschengeschlechts ging also von der Bilderschrift aus, von dieser zur (scil. buchstabierenden) Zeichenschrift und endlich zur (scil. gesprochenen) Tonschrift hinüber" (S. 65). Erst die gesprochene „Tonschrift", in der sich erstmals das Sprechen und das Lesen und damit der Sinn des Auges mit dem des Gehörs verbindet, befreit das Menschengeschlecht einerseits aus den *tönenden Banden der Natur* und löst es gleichzeitig ab von den *„ewigen Ketten des Geistes"* (a. a. O.), an die es mit der ebenso in Schrecken versetzenden *sichtbaren Schrift,* der nur wenigen Priestern „lesbaren Ursprache der Vorwelt" (S. 64), gefesselt war.

Die Notwendigkeit einer Verbindung dieser beiden, zunächst *getrennten* und je für sich selber unfrei machenden Seiten macht sich Pestalozzi von der These eines *doppelten Sprachursprungs* her verständlich. Erst wenn der *lebendige Eindruck* und der ihm korrespondierende Stimmton sich mit dem an sich *leblosen, rein geistigen Sprach- bzw. Schriftzeichen* verbindet, kann aus dieser *Synthese* eine *menschliche Sprache* und ein *menschlicher Mensch* hervorgehen und das in seinem Dualismus hängenbleibende, aristotelische ‚Tier plus Geist' überwunden werden, das der Mensch im Anfang, nach beiden Seiten hin unfrei, gewesen war.

Der Mensch *als Mensch* ist somit im strengen Sinne „Werk seiner selbst" (Nachforschungen[60]) und hat *sich selber zur Aufgabe,* die ihm niemand, keine Natur, kein Geist und auch kein Gott abnehmen kann. Doch muß er die Mitgift nutzen. Von der *Natur* hat er die Lebendigkeit, wie sie sich an das Ohr wendet und in *beseelten Tönen* manifestiert; der *Geist* in Verbindung mit dem Auge vermittelt ihm die *Schrift* (ursprünglich als Bilderschrift), in der der Zusammenhang der Dinge selber vor Augen liegt. Beides soll nun in der *menschlichen Sprache* zusammenkommen, indem diese den beseelenden Sinn des Gehörs mit dem die Anschauung und den klaren Begriff gebenden Sinn des Auges verbindet. Erst indem die im Ausgang doppelt: in der tönenden Natur einerseits und der Geistschrift andererseits gegebene Sprache sich im Menschen zusammenschließt und d. h. indem das Lesen der Schrift mit dem Hören des Tons und des Worts verbunden wird, kann der Mensch wahrhaft zum Menschen gebildet werden.

Ohne diese Verbindung bleibt alles in den ersten rohen Anfängen stecken. Von der nur lesbaren Ursprache sagt Pestalozzi: „Der sprachlesende Mensch mußte durch die Natur der Sprache ein Ungeheuer von Einseitigkeit und Anmaßung werden" (S. 64). *Fortschritt ist somit nur von der anderen Seite her zu erwarten,* denn der Ton der Mutter, den das Kind vernimmt, verweist es von vornherein auf sich selber als ein Tönendes zurück und bringt ihm im Rücktönen den Mittelpunkt seines eigenen Seins zum Bewußtsein: „Der Mittelpunkt seines Seins, es selbst und das Nächste, das es umgibt, ist auch das, was ihm durch den Sinn des

---

60 In seinen „Nachforschungen über den Gang der Natur in der Entwicklung des Menschengeschlechts" bestimmt Pestalozzi den Menschen im Sinne eines dreifachen „Werks der Natur", der „Gesellschaft" und „seiner selbst", wobei auch hier erst in dritter, eigener Instanz die Vermenschlichung des Menschen erreicht ist und in der Grundkraft der „Liebe" verankert wird.

Gehörs ... *zuerst* zum Bewußtsein gebracht wird" (S. 59). Deshalb kann auch nur hier, auf der Seite der Natur und des Hörens, das Geschäft der Verbindung und d. h. der Menschwerdung des Menschen seinen Ausgang nehmen.

Die Aufgabe ist schwer, denn zunächst „war durchaus keine Harmonie zwischen der Sprache, insofern sie in der Schrift verfaßt war, und der Sprache, insofern sie durch den Mund ausgesprochen wurde. Die letzte war gänzlich nur durch das Ohr und die erste gänzlich nur durch das Auge begreifbar. Und diese nur durch das Auge begreifbare Schrift hatte zugleich in ihrer Form (scil. als willkürlich gewordene Buchstabenschrift und daran geknüpfte Wortsprache) den Zusammenhang mit der Sache selber, die sie ausdrückte, das Bild der Sache, die das Wort bezeichnete, verloren" (S. 65). Die Einseitigkeit in rein seelischer *oder* rein geistiger Bestimmtheit, die Gefahr der Ablösung des Zeichens vom Gegenstand und die sich daran anschließende Verirrung des Geistes und Sinns ist somit in der ebensowohl tönenden als auch schriftlich verfaßten „Mundsprache" noch keineswegs überwunden, denn die Sprachlaute bzw. Wortzeichen teilen mit der in Buchstaben zerlegten Zeichenschrift schon deren Willkürlichkeit.

Pestalozzi legt die prekäre Verbindung beider Seiten deshalb in die Hände einer *dritten Kraft* des *Herzens* und der *Liebe,* die allein imstande ist, das natürlich-geistige „Gängelband" (S. 59) zu flechten, an dem das menschliche Geschlecht zu seiner Vervollkommnung geführt wird. *Der Weg dazu fängt unten, mit den ersten Eindrücken des Kindes an.* Von daher – und nicht wie heute oft aus rein psychologischen Gründen – wird begreiflich, warum Pestalozzi der Mutter eine so überragende Weltstellung und persönliche Wichtigkeit beimißt: „Mutter! Erkenne deine hohe Bestimmung! Erkenne dich als Mittlerin zwischen der Natur und deinem Kinde! ... Dein Benehmen in der Leitung der ersten Eindrücke, die ihm durch seine fünf Sinne zum Bewußtsein gebracht werden, entscheidet durchaus, ob es in der ersten Richtung seines Geistes und seines Herzens besorgt oder verwahrlost, ob es durch das erste Fühlen seines Herzens, ob es durch die ersten Aufmerksamkeiten und die aus diesen entkeimenden Fertigkeiten seines Geistes beruhigt, erheitert und erhoben oder aber verwirrt, erniedrigt, beunruhigt und verkrüppelt werde; das alles liegt vermöge deiner Stellung, in der du von Gottes wegen gegen dein Kind stehst, in deiner Hand" (S. 60).

Das mit dem „Sinn des Gehörs in Hinsicht auf Menschenbildung durch Ton und Sprache" verbundene Prinzip der Vereinigung zunächst getrennter Sprach- und Sinneskontexte in einer dritten Kraft – dem ursprünglichen Band bzw. Syndesmos des Wirklichen – ist nun klar: *„Jeder Sinneneindruck mit dem sich der Eindruck deiner Liebe vermischt, wird ein menschlicher Eindruck, jeder Sinneneindruck, der durch die Sprache bestimmt wird, ist ein menschlicher Eindruck"* (S. 68). Die von der Mutter gesprochene Sprache gibt dem Kind nicht nur einen Rückwurf seiner Eindrücke als Mittel zum Aufmerken und zur progressiven Verdeutlichung seiner Begriffe, sondern vermittelt ihm darin zugleich einen „Ausdruck seines Selbstgefühls" (S. 63) und eine „menschliche Ansicht" der Dinge. Diese ist daran gebunden, daß Geist, Herz und Hand und in Verbindung damit das Sehen, das Hören und der Gebrauch der eigenen in der Sprache zentrierten Kraft in Harmonie gebracht werden, denn *nur verbunden können sie entwickelt werden.* Die von Pestalozzi mit Vorliebe verwendeten triadischen Formeln erhalten von daher ihre tiefe Berechtigung.

Man kann die von Pestalozzi beschriebenen Funktionskreise mit den Mitteln heutiger Anthropologie und Sinnesphysiologie auch formaler ausdrücken[61] und muß sich dann natürlich die Frage stellen, ob der Sache damit in jeder Hinsicht besser gedient ist. Im Sinne einer Zusammenfassung werden die hier verwendeten Formulierungen auch nicht mehr mißverständlich sein:

1. Der Vorzug des Gehörs in Hinsicht auf Menschenbildung durch Ton und Sprache hat damit zu tun, daß der Ton im Sprech-Hör-Kreis zurückkehrt und in ein und derselben dynamischen Beziehung Aktivität und Empfänglichkeit zu verbinden erlaubt (dasselbe gilt in abgewandelter Form auch für den Auge-Hand-Kreis).

2. Das Aufmerksamwerden auf die eigene Lautproduktion führt zu ihrem selbsttätigen Einsatz in kommunikativer Absicht, so daß das Erkennen des Zusammenhangs der Töne mit ihren „Ursachen" gefördert wird.

3. Das Tönende ist nicht nur ein „Lebendiges", sondern wird als menschliche Stimme zum „Organ der Seele". Dies erlaubt, menschliche Emotionalität („Herz" und „Liebe") als Basis und Ingrediens eines vermenschlichten Weltverhältnisses mitzuteilen.

4. Im menschlichen Ton wird sowohl eine bloß tierische Ansicht der Dinge als auch die lediglich geistbestimmte Betrachtung derselben überwunden und beides hinübergespielt in ein mehrseitig und mehrsinnig verpflichtendes Verhältnis, das der Mensch durch sich selber ausfüllen und im Sinne seiner Welt ausgestalten muß.

5. Die Mutter wird in alledem – vorgreifend wie herabsteigend – zur „Weltmutter", („Weltmatrix") und zum „Weltkeim", an den alle spätere Erkenntnis sich anschließen kann. Damit ist in

---

[61] Vgl. dazu insbesondere das in Anm. 38 genannte Werk von Arnold Gehlen.

ihr das qualitative Moment als Bedingung der Menschlichkeit des Menschen gewahrt.

6. In der emotionalen Fundierung und personalen Vermittlung der Selbst- und Welthabe ist der Gottes- und Weltbezug durch die „Mutter" *immanent* vermittelt und behält gleichwohl seinen transzendierenden Charakter bei.

7. In der Verbindung des Hörens mit dem Sehen ergibt sich allererst eine wahrhaft menschliche Ansicht der Dinge.

*

9 *Exkurs:* *Der Menschen muß lernen, „mit den Augen zu hören"*

Das zuletzt angesprochene Leitmotiv kann abschließend noch von einem ganz anderen Kulturkreis her beleuchtet und in seiner schon von Herder betonten Dringlichkeit nahegebracht werden. In einem Gespräch Bollnows mit dem 1990 verstorbenen Religionsphilosophen Keiji Nishitani über das Verhältnis zur Natur (Bollnow hatte unmittelbar zuvor am 9. Mai 1986 auf dem in Osaka/Japan veranstalteten International Green Forum über „Die Stadt, das Grün und der Mensch"[62] gesprochen) verwies Keiji Nishitani auf den alten zen-buddhistischen Spruch, daß der Mensch *lernen müsse, mit den Augen zu hören.*[63] Bollnow beschreibt seine unmittelbare Reaktion auf zwei verschiedene Weisen:

---

62 Otto Friedrich Bollnow, Die Stadt, das Grün und der Mensch, in: ders., Zwischen Philosophie und Pädagogik. Vorträge und Aufsätze. N. F. Weitz Verlag Aachen 1988, S. 44-62.

63 Dieser Koan (wörtlich: 'Denkaufgabe') ist enthalten in Mumons Kommentar zum Fall 16: Der Glockenklang und das siebenstreifige Gewand, wo es heißt: „Wenn ihr mit den Ohren hört, könnt ihr es nicht erreichen. Wenn ihr mit den Augen hört, dann werdet ihr dessen zum ersten Mal innewerden." In: Die torlose Schranke. Mumonkan. Zen-Meister Mumons Koan-Sammlung. Kösel Verlag München 1989, S. 100. Den Hinweis verdanke ich Professor Takashi Morita, Hirakata-Shi, Osaka/Japan.
Eine ähnliche Formulierung, wenngleich mit anderer Sinnrichtung, findet sich in Nietzsches „Also sprach Zarathustra": „Als Zarathustra diese Worte gesprochen hatte, sahe er wieder das Volk und schwieg. 'Da stehen sie', sprach er zu seinem Herzen, 'da lachen sie: sie verstehen mich nicht, ich bin nicht der Mund für diese Ohren. Muß man ihnen erst die Ohren zerschlagen, daß sie *lernen, mit den Augen zu hören?"* (Vorrede 5; kursiv von mir.) Aber auch der umgekehrte Brückenschlag wird von Nietzsche anvisiert: „Es giebt Musik, welche so sehr den Eindruck sichtbarer Dinge nachahmt, daß man sie allen denen empfehlen kann, welche *Ohren haben, um zu sehen"* (KSA Bd. 9, Nachgelassene Fragmente 1880-1882, Fr. 1[124]).

(1) „Das leuchtete mir sofort ein, denn mir schien darin eine tiefe metaphysische Erfahrung zusammengefaßt.“[64]

(2) „Das klingt zunächst widersinnig und verlangt nach einer näheren Begründung ..., denn die verschiedenen Sinnesorgane, hier also das Auge und das Ohr, sind in bezug auf die formale Struktur ihrer Leistungen sehr verschieden.“[65]

Bollnow führt zu dieser Verschiedenheit im Sinne der Romantik aus, daß die Welt des Auges eine klar gegliederte Welt mit gegenständlichem Charakter und „ohne Geheimnis“ ist, während die Welt des Ohrs „eine hintergründige Welt, eine Welt der Geheimnisse“ darstellt (a. a. O., S. 63 f.). Um dem Zen-Spruch gerecht zu werden, sind deshalb seiner Meinung nach „zunächst einige naheliegende Erklärungsversuche abzuweisen“ (ebd.). Abzuweisen ist die Meinung, es ginge dabei um die bekannten Synästhesien oder verallgemeinert um die Frage nach einem alle Sinnesleistungen übergreifenden *sensus communis* (einem „Sinn der Sinne“). Aber auch die *Sprache* als Medium einer derartigen sinnesübergreifenden Leistung muß abgewiesen werden, „denn der Satz, daß man mit den Augen hören müsse, bezieht sich ganz offensichtlich nicht auf den sprachlichen Umgang mit Menschen. Das Verstehen menschlicher Sprache bedarf ja nicht der Vermittlung durch das Sehen“ (S. 64 f.). Bollnow folgert weiter: „Wenn aber das Hören in einen unmittelbaren Zusammenhang mit dem Auge gebracht wird, so kann es doch nur bedeuten, daß die Dinge, die wir *sehen,* uns *von sich aus etwas zu sagen haben.*

---

64 Unveröffentlichtes Manuskript zu dem Zen-Spruch, S. 2; es gibt dazu auch einen 13 Seiten langen Brief an Professor Nishitani vom Juni 1986.

65 Zu einem zen-buddhistischen Spruch; in: Zwischen Philosophie und Pädagogik. Vorträge und Aufsätze. Norbert Friedrich Weitz Verlag Aachen 1988, S. 63.

Aber hier entspringt erst das eigentliche Problem. *Wie sprechen denn die Dinge?"* (S. 65; kursiv von mir). Der Hinweis, daß es sich bei dem Zen-Spruch um eine metaphorische Redeweise handle: „zu sagen, das Hören sei bildlich gemeint, nur ein metaphorischer Sprachgebrauch, führt nicht weiter; denn dann entsteht die Frage, was bei aller offensichtlichen Verschiedenheit (scil. der Sinnesleistungen des Auges und des Ohrs) eine solche Metapher ermöglicht?" (S. 65).

So kommt Bollnow schließlich zu der allgemein-anthropologisch gewendeten Antwort: „Was den Zen-Spruch so erregend macht, ist, daß er darauf aufmerksam macht, daß die Menschen im alltäglichen Leben gerade nicht mit den Augen hören ... Dieser natürlichen Einstellung gegenüber bedeutet die Forderung, mit dem Auge zu hören, eine radikale Umkehr. Sie bedeutet den Verzicht auf die ich-bezogene Einstellung des Alltagslebens ..." und verlangt das Hintanstellen der mit ihm verbundenen „Kenntnis" bzw. „erweiterten Erkenntnis", die „die Dinge unter den Bedürfnissen der Praxis (erfaßt)" (S. 65 f.). Unter Anführung von Beispielen schließen die Bemerkungen zu dem von Nishitani geäußerten Zen-Spruch mit der Aussage: „Die dichterische Sprache ist also die Form, in der allein gefaßt werden kann, was die Dinge zu sagen haben" (S. 67).

Bollnow hat seinen Hinweis auf die kategoriale bzw. formale Verschiedenheit der Leistungen des Auges und des Ohres nicht weiter ausgeführt und auch das *Widersinnige* der Aufforderung, „mit den Augen zu hören", nicht aufzulösen versucht. Seine Frage zielte von vornherein in die Richtung sprachlicher Kommunikation über den Umkreis des Sprechens mit Menschen hinaus. *Die Dinge, die wir sehen und hören – was sagen sie uns –* wenn sie *überhaupt etwas sagen?* Bollnows Antwort lautet: Sie sagen uns *nichts* in der „natürlichen Einstellung", sondern können nur zum Sprechen kommen im „Verzicht auf die ichbezogene Einstellung des Alltagslebens“ oder, wie er das ausdrückt, in „radikaler Umkehr“ (ebd.). Er hört in der Zen-Aufforderung, *„mit den Augen zu hören“* ebensosehr einen ethischen Appell als auch eine erkenntnistheoretische Aussage und versucht beides – durchaus im Sinne der Funktion eines Koan – als *transformativen Mechanismus* zu verstehen. In diesem Zusammenhang ist es durchaus sinnvoll, nach der Leistung der Sinne zu fragen: nach ihrem *Eingebundensein* in bestimmte Wahrnehmungsweisen *und* nach ihrem darüber hinausweisenden *Wandlungspotential*.

*

Auch wenn Bollnows intensive und zugleich immer ratloser werdende Bemühung um das Verständnis des Zen-Spruches durchaus der Funktion eines Koan entspricht und in manchen Schulen zum Zen-Übungsweg gehört, kann nicht davon ausgegangen werden, daß der Aufforderung, „mit den Augen hören zu lernen“, mit dem Ausgeführten bereits Genüge getan ist. Ein „Koan“ (wörtlich: Denk-Aufgabe) ist in paradoxer Zuspitzung so konstruiert, daß es im allgemeinen Wissen keine Lösung für ihn gibt. Er hat vielmehr umgekehrt seine Funktion gerade darin, *alle denkbaren Lösungen abzuarbeiten* und existentiell an einen Punkt zu führen, an dem die *äußerste Bemühung* zu einem plötzlichen *Loslassen* führt und eine *Durchbruchserfahrung* möglich wird. Nur im äußersten Punkt kann ‚Erleuchtung‘ (oder besser ‚Selbst-Realisation‘ mit den Konnotationen des englischen Wortes *‚to realize‘*) eintreten, jene radikale „Umkehr“ und „Wandlung“, von der Bollnow spricht. Der an diese Spitze treibende Koan verlangt, auch noch die ethischen Kontexte hinter sich zu lassen; für seine Beantwortung zählt allein die individuelle, existentiell zu vollziehende Stellungnahme. Das Eingeständnis, keine Antwort mehr zu wissen, beleuchtet dann nur die eine Seite der Sache; von der anderen Seite her betrachtet, ist dieses Scheitern die notwendige Bedingung für den Durchbruch einer tieferen Kraft, auf deren Freisetzung der Koan abzielt.

„Eh' das Äußerste erreicht ist, kehrt sich nichts ins Gegenteil.“[66]

Ein anderer Zen-Spruch drückt dies so aus:

„Wenn dein Bogen zerbrochen ist
und du keinen Pfeil mehr im Köcher hast –
dann schieße!
Schieße mit deinem ganzen Sein.“

*

Der in Zen-Meister Mumons Koan-Sammlung enthaltene Fall 16: „Der Glockenklang und das siebenstreifige Gewand“, in dem der Koan: „Lerne mit den Augen zu hören!“ enthalten ist, geht von einer alltäglich wiederkehrenden Situation im Leben der Zen-Übenden aus, in der scheinbar Unvereinbares zusammentrifft und eine offensichtliche Diskrepanz zu bewältigen ist: Wenn Unmon[67] fragt: „Die Welt ist unermeßlich weit, wie dies.

---

66 Liä Dsi (Lieh Tzu), Das wahre Buch vom quellenden Urgrund, Buch IV. 10 (Eugen Diederichs Verlag 4. Aufl., 1992, S. 92). Die Formulierung „kehrt sich nichts ins Gegenteil“ möchte ich im Sinne unserer zwei-seitigen Betrachtungsweise übersetzen mit: „wendet sich nichts in seine andere, nicht-verkehrte Seite zurück“.

67 Unmon Bun-en (864 – 949) war ein berühmter chinesischer Zen-Meister der To-Periode.

Warum [aber] legen wir beim Erklingen der Glocke unser siebenstreifiges Gewand an?", so spitzt Mumons Kommentar die darin angesprochene Diskrepanz noch zu: „Beim Studium und der Übung des Zen ist es im allgemeinen höchst verwerflich, Tönen und Farben nachzugehen. Auch wenn du möglicherweise beim Hören von Klängen erleuchtet wirst oder beim Sehen von Farben den Geist erfährst, bleibt das gewöhnlich und banal." In beiden Sinnesbereichen ist der Mensch normalerweise gebunden, dem „nachzugehen", was die Sinne ihm vorführen, d. h. er folgt einfach den Klängen und Farben ohne jede Reflexion. Selbst noch der Zen-Übende legt beim Ertönen der Glocke wie selbstverständlich sein siebenstreifiges (d. h. aus 7 Stoffbahnen genähtes) Gewand an und kommt zur Morgenzeremonie in die Halle.

Was aber hat dieser alltägliche Vorgang mit dem Geist des Zen und seiner Übung zu tun? Zunächst gar nichts, sagt Mumon, denn selbst wenn einer beim bloßen Hören der Stimme erleuchtet wird – was nicht selten geschieht – „bleibt das gewöhnlich und banal". Mumon zielt ab auf die Befreiung der Sinne von ihrer Bindung, wenn er feststellt, „daß für echte Zen-Mönche, wenn sie Töne und Farben *frei* verwenden, *jedes* Ding und jede Handlung *hellklar und ein erfülltes Wunder ist.* Wenn ihr einen Klang hört, sagt mir doch: Kommt der Klang zum Ohr oder geht das Ohr zum Klang? Auch wenn ihr beides, Klang und Stille, ausgelöscht habt, was wollt ihr dann noch hier erfahren?" (hervorgehoben von mir). Die Befreiung der Sinne ist mit einer neuen Erfahrungsqualität und einem insgesamt verwandelten Bewußtseinszustand verbunden, in dem die zuvor bestimmenden Differenzen: das Hin und Her auf das Zeichen des Glockenklangs, Innen und Außen, Klang und Stille nicht überhaupt aufgehoben, aber doch im Sinne einer neuen, beide Seiten durchwaltenden Qualität transformiert worden sind. *Dazu können die Sinne selber die Brücke schlagen, wenn man sie so zu verbinden weiß, daß sie einander aus ihrer Beschränkung befreien.* Es heißt deshalb: *„Wenn ihr mit den Ohren hört, könnt ihr es nicht erreichen.* [Aber:] *Wenn ihr mit den Augen hört, dann werdet ihr dessen zum ersten Mal innewerden.“* Es kommt somit darauf an, den Gehorsam und das Fühlvermögen der Ohren mit der Freiheit und königlichen Übersicht der Augen zu verbinden, um *ineins* sehend *und* hörend, hörend *und* verstehend oder, allgemein ausgedrückt, fühlend *und* wissend da zu sein und d. h. mit den Augen hören zu können.

Die Aufforderung des Zen geht mit dem Hinweis auf die *Koinzidenz* von „Klang und Stille“ aber *nicht* dahin, ein Jenseits des Klanges zu erreichen und an einem Ort zu verharren, wo „Klang und Stille überhaupt ausgelöscht“ sind. Aufgabe ist es vielmehr, „Töne und Farben *frei zu verwenden“* und d. h., die Sinnesleistungen selber in ihrer beständigen Übung qualitativ zu verändern. Die mit jeder Bewußtseins- und Sinnesleistung notwendig verbundene Beschränkung ist damit *in sich selber durchbrochen, aber nicht überhaupt aufgehoben.* Eine, die *keine* Beschränkung mehr ist, *indem* sie eine Beschränkung ist, wird zum Symbol des an kein Ende kommenden Übungsweges als eines solchen.

Im Sinn dieser paradoxen Verschränkung und Durchbrechung-in-sich der Sinnes- und Bewußtseinsdimensionen kann der dem Koan beigegebene Vierzeiler verstanden werden. Seinem ein paradoxes Strukturmuster spiegelnden Aufbau entsprechend, müssen die vier Zeilen grundsätzlich in allen Richtungen: nach beiden Seiten hin und von oben nach unten wie von unten nach oben gelesen werden.

In der Ausgangsform sind die beiden Rahmenbedingungen *„Mit der Erfahrung“* (d. h. im erleuchteten Zustand) und *„ohne die Erfahrung“* (d. h. im gewöhnlichen Zustand des Menschen) spiegelverkehrt angeordnet:

Mit der Erfahrung	sind alle Dinge wie von einer Familie.
Ohne die Erfahrung	ist jedes gesondert und verschieden.
Ohne die Erfahrung	sind alle Dinge wie von einer Familie.
Mit der Erfahrung	ist jedes gesondert und verschieden.

Die spiegelsymmetrische Anordnung kann aber auch auf die in beiden Zuständen gegebenen Bestimmungen *„jedes gesondert und verschieden“* und *„alle Dinge wie von einer Familie“* angewendet werden:

Ohne die Erfahrung	ist jedes gesondert und verschieden.
Ohne die Erfahrung	sind alle Dinge wie von einer Familie.
Mit der Erfahrung	sind alle Dinge wie von einer Familie.
Mit der Erfahrung	ist jedes gesondert und verschieden.

Man kann die Umstellung aber auch so vornehmen, daß dabei sowohl die Parallelität als auch der Widerspruch hervorgekehrt wird:

Ohne die Erfahrung	ist jedes gesondert und verschieden.
Ohne die Erfahrung	sind alle Dinge wie von einer Familie.
Mit der Erfahrung	ist jedes gesondert und verschieden.
Mit der Erfahrung	sind alle Dinge wie von einer Familie.

Die beidemale gegebenen Daseinsbestimmungen „jedes gesondert und verschieden“ und „alle Dinge wie von einer Familie“

müssen dann offensichtlich im Zustand „Mit der Erfahrung" einen ganz anderen Sinn annehmen als den, den sie zuvor im Zustand „Ohne die Erfahrung" besaßen, wenn die beiden Zustände sich überhaupt so grundlegend voneinander unterscheiden sollen. Was „Ohne die Erfahrung" einerseits zum harten *Widerspruch und Konflikt* der „Gesonderten und Verschiedenen" und andererseits – in der Reaktion auf diesen unguten Zustand – zum ebensowenig erträglichen Brei bzw. zum hartgefrorenen Eis einer *‚Alles ist Gleich'-Indifferenz* führt, kommt „Mit der Erfahrung" zur paradoxen Koinzidenz von *absolutem Getrennt- und Verschiedensein* in Verbindung mit der ebenso befreienden *Erfahrung der Allverbundenheit* und d. h. zum schöpferischen Zusammen-Spiel. Es ereignet sich hier das „Wunder", *ursprünglich verbunden zu sein im All-Einen („wie von einer Familie"), und zugleich radikal (von der Wurzel her) „gesondert und verschieden" zu sein.* Ein jedes ist, was es ist, auf seine ganz eigene und besondere Weise, und gleichwohl sind alle ohne jede Gleichmacherei und Einnivellierung miteinander und mit allem verbunden.[68]

---

68 Dieser Gesichtspunkt wird von Keiji Nishitani auf die zwischenmenschliche Beziehung angewendet: On the I-Thou Relation in Zen Buddhism, in: The Eastern Buddhist (New Series) Vol. II, No. 2, November 1969, p. 71-88. Die Ausgangsfrage ist: Wie können absolut Entgegengesetzte *zugleich Seite an Seite existieren?* In Jesu Worten ausgedrückt: Wie wird es möglich, daß „des Menschen Hausgenossen seine Feinde" (Mt 10, 36), des Menschen Feinde seine Hausgenossen sind und d. h. wie können 'Nächste' sich 'Feinde' und 'Feinde' sich wiederum die 'Nächsten' sein und unter einem Dach zusammenwohnen? Zur Lösung dieses zentralen Beziehungsproblems hier nur einen Hinweis: Personen können sich *nicht* begegnen, indem sie sich in einem „Dritten" wiederfinden, und sei dieses wie gemacht für sie. Der „liebende Kampf" (Jaspers) läßt sich aber auch nicht beenden durch die Devise „wir sind alle gleich". Vielmehr muß diese hartgefrorene „Alles ist Gleich"-Mentalität weggeschmolzen werden, wenn die Beziehung gelingen und der Einzelne in ihr überhaupt eine Lebenschance erhalten soll. Verlangt ist dazu ein durchdringender „Realismus" am konkreten Ort der aktuellen Wirklichkeit, wie ihn das alltägliche Leben bietet. Hier beraubt jeder den Anderen und macht ihm seinen Platz streitig - doch: wenn *ein jeder*

„Ohne die Erfahrung" und „mit der Erfahrung" sind als die beiden Grundbestimmungen des Daseins somit *dieselben,* nur drücken sie sich das eine Mal in einem unerträglichen Konflikt und seiner gewaltsamen Unterdrückung, das andere Mal in einer paradoxen „Beziehung Getrennter" (Martin Buber) aus. Was hier in Harmonie gebracht ist, erscheint dort in der verkehrten Form einer fixierten Opposition und gewaltsamen Verkettung von nicht mehr zur Einheit zu bringenden Seiten bzw. Aspekten. Die „gesonderten und verschiedenen" Dinge müssen sich bekämpfen, weil und solange sie in einer ‚falschen' Gleichheit zusammengezwungen sind, und umgekehrt. Die absurde Tragik eines solchen in Doppelbindungen verstrickten und nie zur befriedigenden Lösung kommenden ‚verkehrten Zusammenspiels' liegt auf der Hand.

Der Befreiungsweg des Zen hat aber seine Spitze darin, daß man auch in dem *„mit der Erfahrung"* erreichten Zustand *dem Kampf nicht entgeht.* Im Sinne des Zen gehören nicht nur je zwei Zeilen, sondern *alle vier Zeilen stets zusammen,* und nur dadurch ist die volle existentielle Wahrheit hinreichend umschrieben.

Natürlich hängt dies mit dem Bodhisattva-Motiv der Rückkehr[69] zusammen, um allen nichterlösten Wesen zu helfen

---

das tut, faßt der Dieb den Dieb und findet der Meister seinen Meister, und keiner wird mehr der Sieger oder der Verlierer sein. „Liebe" ist so definiert ständige Platzvertauschung *ohne Preisgabe des eigenen Platzes,* und das allein kann sie erhalten und nähren. Paradox ausgedrückt: „Die Ich-Du-Beziehung ist eine Ich-Du-Beziehung, *weil sie keine Ich-Du-Beziehung ist"* (p. 81).

69 Der 'Bodhisattva' ist, wie auch der 'Arhat', ein „Erleuchteter" der höchsten Stufe; aber im Unterschied zum 'Arhat' verzichtet er auf Grund seines Gelübdes auf das Eingehen ins Nirvana, so lange, bis alle Wesen erlöst sind – und d. h. für unabsehbare Zeiten. „Die sein Handeln bestimmende Eigenschaft ist das Erbarmen *(karuna),* getragen von höchster Einsicht und Weisheit *(prajna).* Ein Boddhisatva leistet tätige Hilfe und ist bereit, das Leid aller Wesen auf sich zu nehmen und karmisches Verdienst

und sie zur Befreiung zu führen. Was aber als *Grundeinsicht* noch viel wesentlicher ist: *die doppelseitige Struktur:* („gesondert und verschieden“ | „wie von einer Familie“) *läßt sich grundsätzlich nicht aufheben* und kann deshalb nur eine *Verkehrung* oder aber eine *Rückwendung* erfahren. *In der Wirklichkeit geht* es *stets auf beide Weisen zu,* auch wenn jeweils die eine *oder* andere Weise in die Erfahrung fällt und das ihr entsprechende Verhalten bedingt. Anders gesagt, kommt man auch „mit der Erfahrung“ aus der „ohne die Erfahrung“ gegebenen, existentiellen Lage nicht heraus. Der Weg der Befreiung führt vielmehr immer tiefer in die unaufhebbar zwei-seitige Struktur der *alltäglichen* Existenz hinein. „Mit der Erfahrung“ ist es immer noch *derselbe Ort,* an dem einer ist, *nur anders gewendet;* was nun als absolut gesondert und verschieden eingesehen ist, kann *eben vermöge dieser Getrenntheit* nun auch *in absoluter Verbundenheit* erfahren und gelebt werden. Die paradoxe Koinzidenz beider Erfahrungen löst das Pendeln von der einen zur anderen und die dadurch eintretende Verkehrung wie Verkettung beider ab.

Die folgende Anordnung betrifft in diesem Sinne *‚dieselben'* Sachverhalte, nur sind sie jeweils auf einem anderen, *das Ganze umstimmenden Nenner* verrechnet und *insofern* in ihrer Qualität *nicht mehr dieselben:*

jedes gesondert und verschieden	jedes gesondert und verschieden
alle Dinge wie von einer Familie	alle Dinge wie von einer Familie
Ohne die Erfahrung	*Mit der Erfahrung*

auf andere Wesen zu übertragen“ (Das Lexikon des Buddhismus, verfaßt und hrsg. von Franz-Karl Ehrhard und Ingrid Fischer-Schreiber, Goldmann Verlag München 1995, S. 48).

Das vom Zen anvisierte, transformative Geschehen liegt somit auf der Linie: *Dasselbe – anders! Diese Anweisung schneidet jeden Ausweg ab,* denn es gibt nun auch hinsichtlich der Alternative von Freiheit und Bindung keine einfachen, ‚trennenden' Lösungen mehr. Man kann die beiden Daseinsbestimmungen nicht gegeneinander ausspielen. Dem liegt die Einsicht zugrunde, daß immer nur an dem Punkt bzw. Ort, an dem einer bzw. etwas *jetzt gerade ist,* etwas getan werden kann und ein Weiterkommen möglich wird. *Es gibt keine Bewegungsmöglichkeit außerhalb des Ortes, an dem sich einer konkret befindet.* Dies nicht zu wissen, kennzeichnet den gewöhnlichen Menschen, der sich im Glauben an vermeintliche Alternativen immer weiter von sich wegbewegt und anderswo sucht, was er bei sich selber – hier und jetzt – nicht findet, oder genauer, *nicht finden zu können glaubt.* Weil er sich aber in Wirklichkeit gar nicht von sich selber wegbewegen *kann,* müssen alle gesuchten Alternativen und Befreiungsversuche Gedanken bzw. Wünsche bleiben und in der Konsequenz zu Ausflüchten werden.

Die Suche nach Alternativen führt in die Irre. Ihre zentrifugale Bewegungsfigur muß deshalb gestoppt werden durch eine gegenläufige Bewegung des Innehaltens. Diese geschieht aber vorderhand nicht freiwillig, sie kommt entweder ganz allmählich vom Rücken her oder muß, wo der Vorgang beschleunigt werden soll, künstlich induziert werden. Zen ist die Kunst, an einen *äußersten Punkt* zu führen, an dem alle denkbaren Alternativen versperrt sind und *keinerlei Bewegungsmöglichkeit mehr ist.* Der Durchbruch ereignet sich in dem Moment, in dem der eigene Ort in seiner *ganzen* Befindlichkeit wirklich eingenommen wird und alle Energie, die zuvor noch abfließen konnte, sich ganz in diesen einen Punkt konzentriert. Weil dieser nach außen hin bewegungslos geworden ist, wird die gesteigerte Intensität nun *sich selber durchbrechen* und im Prozeß des Schmelzens einen *Nullpunkt* herbeiführen, in dem allein der *von der anderen Seite her kommende* Impuls zur Wandlung wirksam werden kann. Die *immerwährende Paradoxie* der existentiellen Lage wandelt sich *nur in der Klimax ihres Sterben-und-Lebenkönnens* in eine befreiende und schöpferisch werdende Möglichkeit um.

Natürlich kommt jeder auf lange Sicht irgendwann selber an den Punkt des Nicht-mehr-Wiederholenkönnens vergeblicher Lösungsversuche und wird durch die allmählich eintretende Engführung vor sich selber gebracht. Zen unterstützt diesen Prozeß mit ‚künstlichen', für den immer beweglichen Leib wie für den unaufhörlich fließenden Gedanken höchst kunstvoll inszenierten Mitteln, und beschleunigt so das *befreiende Ins-Gefängnis-Führen* auf jede erdenkliche Weise. Damit ist ein Weg gewiesen, um aus der die menschliche Lage kennzeichnenden, in Doppelbindungen führende Komplexion von Übermacht und Ohnmacht herauszukommen und die *echte Zweiseitigkeit* wiederherzustellen, in der die *„Größe"* des Menschen seinem *„Elend"* nicht mehr widerstreitet und umgekehrt.

Die Wahrheit dieses Übungsweges liegt darin, daß jeder sich *in der Tat* nur in dem Ort bewegen kann, den er wirklich einnimmt und jedes Tun an verschobenem Ort letztlich unwirksam bleibt. Die Tragik des Menschen liegt darin, daß er etwas zwar durchaus an der richtigen Stelle sucht, nämlich *außen,* aber das dort Gefundene nicht mit sich selber zu verbinden weiß. Erst wenn die beiden ‚Örter' seiner Existenz: das ‚Innen' und das ‚Außen', auf paradoxe Weise koinzidieren, kann vermöge ihres Getrenntseins der wirkliche Kontakt im Sinne einer Überbrückung hergestellt und die Gefahr der Isolation wie eines Sichverlierens überwunden werden.

Diese so einfach erscheinende Lösung ist jedoch in Wirklichkeit sehr schwierig und erscheint, näher besehen, geradezu als *unmöglich.* Notwendige Voraussetzung für die *Auslösung* der zentripetalen bzw. vertikalen Bewegung *im eigenen Punkt bzw. Ort* ist es, die aus ihm heraus in die *Horizontale* bzw. *in die Fläche* führende Bewegung zu beruhigen und für eine Weile zum Stillstand zu bringen: „Eh' nicht das Äußerste erreicht ist, wendet sich nichts in seine andere Seite zurück" (Lieh Tzu). Eine ganze, sich ihrer Welt auf ‚horizontale' Weise vergewissernde Bewegungsform muß an ihr *Ende* kommen, damit die andere, diese ‚Oberfläche' durchbrechende und in ihrer Tiefe sich öffnende Bewegung möglich wird. Der *Schock* des Angehaltenwerdens und Innehaltenmüssens kann dazu nicht erspart werden. Weil und solange dieses Anhalten nicht aus eigenem Impuls geschieht, muß eine hemmende Reaktion dem zu Hilfe kommen und die äußeren Bewegungsmöglichkeiten gleichsam einfrieren. Eine solche Hemmung ist in der *Paradoxstruktur als solcher* - zugespitzt im Widerspruch des *alternativenlosen ‚double bind'* – unausweichlich enthalten, so daß die Grenzsituation des Nicht-mehr-aus-und-ein-Könnens zum *eigentlich wirksamen Faktor* in der Übung des Zazen (des reglosen Sitzens) und des Koan (der paradox konstruierten „torlosen Tür") wird.

Die *Übungsanweisung* dazu ist im Prinzip *immer doppelt,* und ihre *eine* Seite hebt die *andere* nicht auf. Einerseits heißt es:

Gehe den Weg der Kunst. Übe mit Pfeil und Bogen!

Andererseits wird darin aber unmißverständlich klar gemacht:

(Erst) wenn dein Bogen zerbrochen ist und du keinen Pfeil mehr im Köcher hast – dann schieße! Schieße mit deinem ganzen Sein!

Die ‚*Übung vor dem Durchbruch*' und die ‚*Übung danach*' heben sich somit nicht gegenseitig auf. Die gleichzeitig in beiden Richtungen zu lesende *Doppelanweisung* enthält sowohl ein ‚Großes Und' als auch in paradoxer Koinzidenz damit ein ‚Großes Entweder-Oder'. *Aus beidem kommt man nicht heraus und hat es vielmehr immer neu zu verbinden.*

Die Wahrheit des Zen, die in dieser paradoxen Koinzidenz liegt, kann – mittels einer Paraphrase der von Unmon geäußerten Verwunderung – auch so ausgedrückt werden:

Die Welt ist unermeßlich weit ... ***wie dies:***
Beim Erklingen der Glocke legen wir
unser siebenstreifiges Gewand an!

*

Ist, der so denkt und fühlt, in seiner absoluten Freiheit etwa aus dem Gehorsam ausgetreten?

Oder wechselt er etwa, noch von der einen Seite zur anderen schwankend, sein Gesicht und fällt immer wieder unbewußt in alte Gewohnheit zurück?

Doch wohl nicht.

Indem er vielmehr *beide Dinge zugleich in paradoxer Koinzidenz* realisiert, hat er das Höchste gelernt, was einem Menschen zu lernen aufgegeben ist.

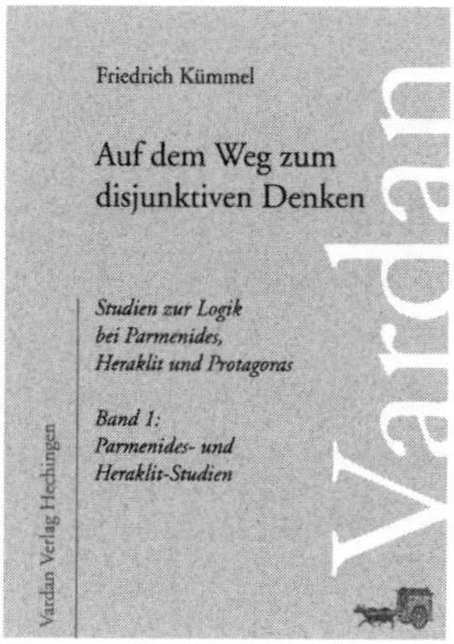

FRIEDRICH KÜMMEL

Auf dem Weg zum disjunktiven Denken

Studien zur Logik bei Parmenides, Heraklit und Protagoras

Band 1: Parmenides- und Heraklit-Studien

Vardan Verlag Hechingen 2020
Format B5, 272 Seiten, kart., 24,90 Euro
Bd. 1 und Bd. 2 zusammen 48,80 Euro
ISBN-13: 978-3-941060-15-9

Nach Friedrich Kümmels systematisch orientierter Untersuchung zur Logik der Disjunktion, die 2017 unter dem Titel Der Ort des Menschen in der disjunktiven Struktur erschien, folgt nun seine zweibändige hermeneutisch orientierte Untersuchung zur disjunktiven Logik bei Parmenides, Heraklit und Protagoras. Diese Denker haben die disjunktive Logik auf den Weg gebracht. Sie angemessen zu würdigen ist deshalb das vorzügliche Anliegen dieser Studien, die allerdings selber insofern noch ‚auf dem Weg' sind, als sie aufgrund der Erkrankung des Autors von ihm nicht abgeschlossen werden konnten. Über den Grad ihrer Ausarbeitung informiert die Editorische Vorbemerkung.

Friedrich Kümmel sieht Parmenides und Heraklit nicht, wie sonst üblich, in Opposition zueinander. Seiner Auffassung nach bedienen sie sich der gleichen Logik. Nur der Bezugspol ist bei ihnen verschieden: Parmenides macht die Einheit an einem zeit-überhobenen Bleibenden fest, während Heraklit das Ganze und seine Einheit unter dem Aspekt der Zeit thematisiert und sie in das Absolute selbst hineinnimmt: als ein in der Aktualität vor sich gehendes Werden. Der von Protagoras aufgestellte Homo-mensura-Satz bringt hinsichtlich des menschlichen Erkenntnisvermögens die von Parmenides aufgestellte Disjunktion von Sein und Nichts in Anschlag, und zwar so, daß sie sich bezüglich der Unterscheidung von Wahrheit (aletheia) und Schein (doxa) nicht mehr relativieren läßt. Der Homo-mensura-Satz zielt so auf ein absolutes Maß der Unterscheidung und wehrt die von Platon vorgelegte und seitdem kanonisch gewordene relativistische Deutung des Satzes gerade ab. Friedrich Kümmel zeigt, daß der Satz mit seiner Zentrierung auf die Unterscheidung des Wirklichen vom Unwirklichen in den Umkreis einer Logik der Disjunktion gehört, die, von Parmenides entwickelt, sich der von Aristoteles etablierten Logik der Alternativen entzieht.

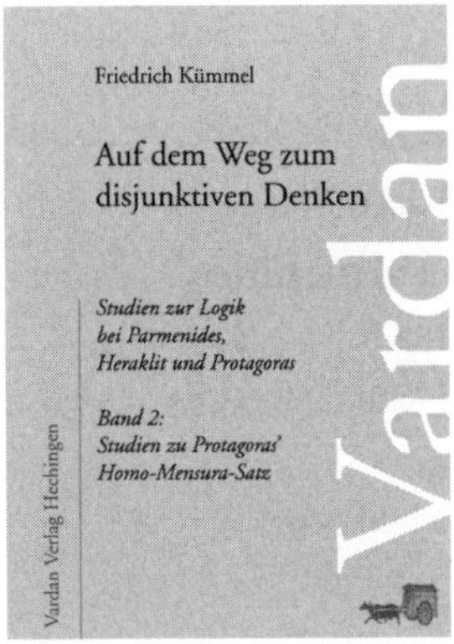

FRIEDRICH KÜMMEL

Auf dem Weg zum disjunktiven Denken

Studien zur Logik bei Parmenides, Heraklit und Protagoras

Band 2: Studien zu Protagoras' Homo-Mensura-Satz

Vardan Verlag Hechingen 2020
Format B5, 387 Seiten, kart., 29,80 Euro
Bd. 1 und Bd. 2 zusammen 48,80 Euro

ISBN-13: 978-3-941060-16-6

Nach Friedrich Kümmels systematisch orientierter Untersuchung zur Logik der Disjunktion, die 2017 unter dem Titel Der Ort des Menschen in der disjunktiven Struktur erschien, folgt nun seine zweibändige hermeneutisch orientierte Untersuchung zur disjunktiven Logik bei Parmenides, Heraklit und Protagoras. Diese Denker haben die disjunktive Logik auf den Weg gebracht. Sie angemessen zu würdigen ist deshalb das vorzügliche Anliegen dieser Studien, die allerdings selber insofern noch ‚auf dem Weg' sind, als sie aufgrund der Erkrankung des Autors von ihm nicht abgeschlossen werden konnten. Über den Grad ihrer Ausarbeitung informiert die Editorische Vorbemerkung.

Friedrich Kümmel sieht Parmenides und Heraklit nicht, wie sonst üblich, in Opposition zueinander. Seiner Auffassung nach bedienen sie sich der gleichen Logik. Nur der Bezugspol ist bei ihnen verschieden: Parmenides macht die Einheit an einem zeit-überhobenen Bleibenden fest, während Heraklit das Ganze und seine Einheit unter dem Aspekt der Zeit thematisiert und sie in das Absolute selbst hineinnimmt: als ein in der Aktualität vor sich gehendes Werden. Der von Protagoras aufgestellte Homo-mensura-Satz bringt hinsichtlich des menschlichen Erkenntnisvermögens die von Parmenides aufgestellte Disjunktion von Sein und Nichts in Anschlag, und zwar so, daß sie sich bezüglich der Unterscheidung von Wahrheit (aletheia) und Schein (doxa) nicht mehr relativieren läßt. Der Homo-mensura-Satz zielt so auf ein absolutes Maß der Unterscheidung und wehrt die von Platon vorgelegte und seitdem kanonisch gewordene relativistische Deutung des Satzes gerade ab. Friedrich Kümmel zeigt, daß der Satz mit seiner Zentrierung auf die Unterscheidung des Wirklichen vom Unwirklichen in den Umkreis einer Logik der Disjunktion gehört, die, von Parmenides entwickelt, sich der von Aristoteles etablierten Logik der Alternativen entzieht.

FRIEDRICH KÜMMEL

Der Ort des Menschen in der disjunktiven Struktur

Studien zur Logik der Disjunktion

Vardan Verlag Hechingen 2017
Format B5, 425 Seiten, kart., 29,80 Euro

ISBN-13: 978-3-941060-14-2

Ausgangspunkt dieser systematischen philosophischen Untersuchung Friedrich Kümmels ist die Beobachtung, daß Gegensatzstrukturen die Denk- und Wahrnehmungsweise des Menschen und die dadurch bedingte Dichotomisierung seiner Welt in Subjekt und Objekt immer schon bestimmen. Ihnen liegt eine biologische Matrix zugrunde, die auch noch im Körperschema und in den sprachlichen Oppositionen ihren Niederschlag gefunden hat. Die Untersuchung nimmt jedoch vor allem die später im Namen der Philosophie und der Logik erfolgten Überformungen dieser Gegensatzstrukturen kritisch in den Blick: das Widersprüche ausschließende Verfahren der klassischen aristotelischen Logik, das im westlichen Denken tief verwurzelte Räsonieren in einander ausschließenden Alternativen, das in unauflösliche Dilemmata führt, sowie den dialektischen Umgang mit Gegensätzen in der westlichen Moderne. Um diesen Fehlorientierungen entgegenzuwirken, greift die Studie Ansätze paradoxlogischen Denkens auf, wie sie sich z. B. bei Parmenides, bei Nietzsche und im fernöstlichen Denken finden, und systematisiert sie zu einer *Logik der Disjunktion* bzw. zu einer *disjunktiven Logik*. Was aber heißt hier ‚Disjunktion' bzw. ‚disjunktiv'? In der herkömmlichen Logik bezeichnet der Ausdruck sowohl das ausschließende Oder (*entweder – oder*) als auch das nicht-ausschließende Oder (*und/oder*). Friedrich Kümmel nimmt dieses Verständnis auf, aber modifiziert es, und zwar in zwei Richtungen: Zum einen füllt er die im traditionellen Verständnis rein formale Kategorie mit anthropologischem Gehalt und zeigt so ihre Gesättigtheit mit menschlicher Wirklichkeit; zum anderen läßt er das nicht-ausschließende Oder an die Stelle des ausschließenden Oder treten, sodaß es auch noch Widersprüche integrieren kann. In dieser Perspektive auf die *conditio humana* erscheint das Fremde, das Abweichende, das dem Selbstverständnis zunächst Widersprechende als die Kehrseite desselben (vgl. z. B. Luthers Erkenntnis, der Mensch sei *simul iustus et peccator*). So gewinnt der Mensch in Friedrich Kümmels Philosophie seinen „Ort in der disjunktiven Struktur".

Um nur den wesentlichen Punkt hervorzuheben: Wertekataloge sind zweiwertig und bringen alles in die Form von Alternativen, die es so im Leben gar nicht gibt. Unreflektiert angewendet, verfehlen zweiwertige Schematisierungen oft genug den wesentlichen Punkt und verletzen das Gebot humanen Verhaltens. Die Konsequenz daraus ist: Man kann und darf, was der Fall ist, nicht einfach an den Werten messen. Um dem, was ist, gerecht zu werden, ist es vielmehr notwendig, vom ‚Urteilen', ‚Werten' und (wie Jesus sagt) vom ‚Richten' zu lassen.

FRIEDRICH KÜMMEL

Hermeneutik als Methode

Möglichkeiten und Grenzen

Vardan Verlag Hechingen 2017
Format A5, 384 Seiten, kart., 19,90 Euro

ISBN-13: 978-3-941060-10-4

Methode (μέθοδος) heißt ursprünglich: „einem Weg (odos) folgen". Die Offenheit und Komplexität des Bedeutungsspektrums von „Weg" wird in der „Methode" allerdings allmählich zur Engführung gebracht, im Sinne eines überschaubaren Verfahrens „methodisiert". Das gilt sowohl für das Verstehen von Texten als auch für das experimentelle Vorgehen in den Naturwissenschaften. Das wissenschaftliche Denken der Neuzeit macht in diesem Sinne aus dem Weg ein streng geregeltes Verfahren, das der Gesinnung, Begründung und Sicherung eines allgemeinen, jedermann zugänglichen Wissens dient. Doch die Hermeneutik als Methodenlehre des Verstehens weist diese Engführung ab, ohne aber die Wegemetapher gänzlich zu verwerfen: Sie erläutert, welche Art der inneren Offenheit und Bereitschaft erforderlich ist, um die nicht im vorhinein, sondern nur in der Begegnung selbst sich darbietenden Schritte zum Verständnis eines Menschen oder des überlieferten dichterischen Worts zu tun. Es gibt also auch hier zu bahnende Wege des Verstehens, aber sie sind nicht absehbar und deshalb auch nicht planbar. Demgegenüber folgen die Methoden der so genannten „exakten" Wissenschaften der absehbaren, seit Aristoteles etablierten axiomatisch-deduktiven Logik, die sowohl den Weg als auch jede Schrittfolge auf ihm nach vorab bestimmten Regeln vorschreibt und steuert. Aber selbst hier geht aller Sicherheit die Ungewißheit erster tastender Schritte voraus: Auch der Naturwissenschaftler macht seine Versuche zunächst noch in unbegangenem Gelände, muß sich erst noch einen Weg bahnen und festen Grund unter die Füße bekommen, bevor er weiter gehen kann.

Ein genauer Blick zeigt darüber hinaus, daß nicht nur die ersten Anfänge und Gründe einer Wissenschaft Verstehensleistungen erfordern, die durch die etablierten Logiken nicht einzuholen sind; denn das Erfordernis des Begreifens ist durch methodisches Vorgehen allein noch nicht gesichert: Sowohl die Grundbegriffe als auch die Forschungsergebnisse sind zu deuten und vor Un- und Mißverständnissen zu bewahren. Auch hier stellt sich das Problem des „hermeneuein", nämlich einen Gang zu gehen, wo es noch keine eindeutigen Wege und die Möglichkeit hundertfacher Täuschung gibt. Die vorgelegten Untersuchungen weisen einer solchen zweiseitig orientierten Theorie des Verstehens das Wort. Sie knüpft an ältere Wissenstraditionen an, die einen unteren und einen oberen Pol des Wissens unterscheiden und ein „höheres" Moment der Offenbarung bzw. Divination mit einem in Zeit und Raum zu verortenden, „niederen" Wissen der Erfahrung in ein Verhältnis zu bringen nötigen. Entsprechend den zwei unterschiedlichen, jedoch disjunktiv verbundenen Wissensformen handelt es sich um zwei grundverschiedene Begriffe von Verstehen: gewöhnliches und tieferes Verstehen, die sich in ihrer Reinform geradezu ausschließen und doch in ein Verhältnis zueinander gebracht werden müssen, weil Verstehen überhaupt nur zustande kommen kann, indem unsichtbare Fäden das Heterogene verbinden.

FRIEDRICH KÜMMEL

Logik und Hermeneutik

Vardan Verlag Hechingen 2013
Format A5, 356 Seiten, kart., 19,90 Euro

ISBN-13: 978-3-941060-08-1

Logik und Hermeneutik haben sich noch nie bruchlos ineinander gefügt; zu verschieden sind die Grundlagen und die entsprechenden Verfahrensprinzipien. Klar definiert sind die Prinzipien der Aussagenlogik: Wahr bleibt Wahr; aus Wahrem kann nichts Falsches folgen. Aus Falschem folgt alles mögliche, d. h., aus ihm kann nichts geschlossen werden. Schwieriger wird die Sache für die Prädikatenlogik, die umgangssprachliche Bedeutungen untersucht und nach logischen Kriterien aufeinander abzubilden unternimmt. Eindeutig definiert ist: Junggeselle = unverheirateter Mann. Sobald man aber die Art der Beziehungen zwischen Mann und Frau näher ins Auge faßt, findet man die unterschiedlichsten Spielarten. Und um noch ein anderes Beispiel anzuführen: Bei Synonymen oder im Verhältnis fremder Sprachen muß offen bleiben, ob eine identische Substitution der gleichen bzw. einander entsprechenden Wörter möglich ist. Kann man „mind“, „Verstand“, „spirit“, „Geist“ als gleichbedeutend setzen? Nur wenn das der Fall wäre, könnte man die Wörter in allen möglichen Kontexten füreinander einsetzen. Dies ist aber gar nicht möglich. Das bedeutet, daß die Suche nach einem analytischen Bedeutungskriterium gescheitert ist. Aber auch das Verständnis von Bedeutung als meaning (verständlicher sprachlicher Ausdruck) und als reference (Bezug auf einen objektiv vorgegebenen Sachverhalt) läßt sich nicht zur Deckung bringen. Bedeutungen sind etymologisch zu klären. Das ist aber ein ganz anderer Vorgang, als objektive Sachverhalte zu benennen. Hier muß die Frage, was wahr und was falsch bzw. vage, mißverständlich oder gar widersprüchlich ist, offen bleiben.

Die Hermeneutik geht davon aus, daß sich die Sprache im miteinander Sprechen zweier Gesprächspartner erfüllt. Der Autor hat sich zur Aufgabe gemacht, Differenzen dieser Art herauszuarbeiten und zu zeigen, daß im Logischen ein Hermeneutisches und im Hermeneutischen ein Logisches unverzichtbar enthalten ist. Der reine Logiker würde dem nicht zustimmen. Das auf Verstehen angelegte Gespräch aber muß notwendig davon ausgehen. Daß die mit beiden Verfahrensweisen verbundenen Methodologien verschieden sind, sich jedoch ergänzen müssen, ist eine notwendige Konsequenz der Überlegung. Mit ihr kann dem Streit über die „richtige“ Methode die Schärfe genommen werden.

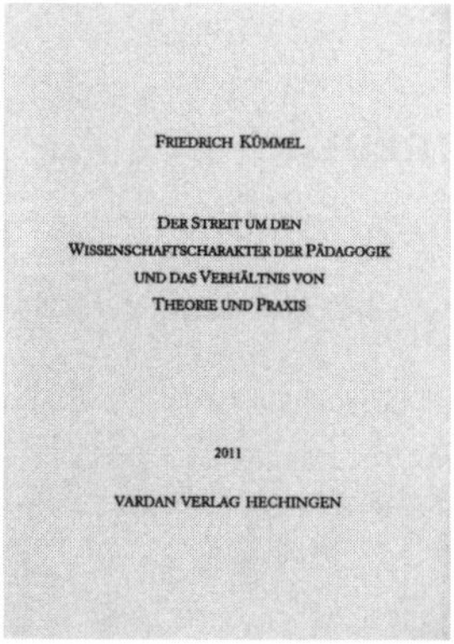

FRIEDRICH KÜMMEL

Der Streit um den Wissenschaftscharakter der Pädagogik und das Verhältnis von Theorie und Praxis

Vardan Verlag Hechingen 2011
Format A5, 388 Seiten, kart., 19,80 Euro

ISBN-13: 978-3-941060-06-7

Das Buch wendet sich vor allem an Lehrer und Erzieher, die unmittelbar davon betroffen sind, was heute in Theorie und Praxis der Schulerziehung geschieht. Für die Reformen kann das nicht gleichgültig sein, die heute in rascher Folge das Schulleben mitbestimmen und oft genug Frustrationen auslösen, die den Reformeifer oft eher verschleißen und den längerfristigen Erfolg der getroffenen Maßnahmen wieder in Frage stellen. Reformen brauchen Zeit, und sie können sich nicht auswirken, wenn sie die erforderliche Zeit nicht bekommen. Auch kann es keine Reform von oben geben, wenn die Basis sie nicht innerlich akzeptiert und aktiv mitträgt.

Es gilt hier das Paradox der Veränderung (siehe das Buch S. 323–328), das meines Erachtens zwei Varianten hat, eine positive und eine negative, aus deren Verhältnisbestimmung sich allererst eine hinreichende Einsicht in die Zusammenhänge ergibt.

Die positive Variante ist noch kaum zum Bewußtsein gekommen und erscheint auf den ersten Blick widersinnig: daß wirkliche Veränderung nur durch einen Schritt zur Bejahung des zu Verändernden zustande kommen kann – und zwar auch und gerade in seinen negativen Aspekten. Das Bekämpfen allein tut's nicht und erweist sich näher besehen als eine Falle. Ausgangspunkt jeder Veränderung und allen Wachstums muß die Realität sein, das heißt die Akzeptierung dessen, was wirklich vorhanden ist.

Um dies einsehen zu können, muß aber auch die negative Version des Paradoxes der Veränderung ins Auge gefaßt werden. Leider ist noch nicht für jeden einsehbar, daß Reformen durch utopische Zielvorstellungen und/oder zu kurzfristig bemessene Zeitvorgaben unterlaufen, ja verhindert werden können. Die mit dem permanenten Verändernwollen einhergehende Blockierung wird durch ein französisches Sprichwort treffend ausgedrückt: *„Plus ça change, plus c'est la même chose"*: Je mehr Veränderung, umso mehr bleibt alles beim Alten. Ein taoistischer Weisheitsspruch drückt dieselbe Wahrheit aus: *„Was jeden Tag anders ist – die ältesten Dinge!"* Permanentes Verändern führt entgegen der Absicht zur ewigen Wiederkehr des Gleichen. Man kann mit kurzfristigen Reformvorhaben die Wirksamkeit von Reformen also geradezu verhindern.

Was hier nicht bewältigt worden ist, ist das Theorie-Praxis-Verhältnis und der vielbeklagte Theorie-Praxis-Bruch. Die Praxis hat ihre eigene Dignität, für die Theorie gilt, daß das pädagogische Feld keine einseitigen Reduktionen zuläßt. Ohne eine Zusammenschau der verschiedenen Ebenen und Faktoren kommt man hier gar nicht aus. Kein methodologischer Standard und kein wissenschaftstheoretisches Paradigma läßt sich hier gegen das andere ausspielen. Damit lösen sich die Fachgrenzen nicht auf, aber die Forschungsfelder selbst werden zunehmend interdisziplinär. An die Stelle eines fruchtlosen Methodenstreits, wie er die bisherige Diskussion weithin bestimmt hat, muß die Zusammenarbeit von den unterschiedlichsten Ansätzen treten.

Obwohl die Pädagogik auch bisher schon als Integrationswissenschaft konzipiert war, hat sie es nicht vermocht, diesen Anspruch auch wirklich einzulösen. Die in diesem Band veröffentlichten Arbeiten zum Wissenschaftscharakter der Pädagogik und zum Verhältnis von Theorie und Praxis nehmen das Thema an dieser Stelle auf.

Herausgegeben von
FRIEDRICH KÜMMEL

Otto Friedrich Bollnow

Rezeption und Forschungsperspektiven

Forschungskolloquium zum 100. Geburtstag von Otto Friedrich Bollnow am 14. März 2003, Beiträge und Diskussionen

Vardan Verlag Hechingen 2010
Format A5, 347 Seiten, kart., 19,90 Euro

ISBN-13: 978-3-941060-04-3

Aus Anlaß des 100. Geburtstages von Otto Friedrich Bollnow am 14. März 2003 fand am 25. und 26. September 2003 in Hechingen ein Forschungskolloquium statt. Autoren unterschiedlicher Fachbereiche stellten ihre Forschungsarbeiten zu verschiedenen Aspekten des Werkes von Otto Friedrich Bollnow vor. Der Band enthält die acht überarbeiteten, z. T. stark erweiterten Beiträge zum Kolloquium und eine vom Herausgeber vorgenommene Zusammenfassung der sich anschließenden Diskussionen. Die Publikation gibt einen Einblick in die vielfältigen Fragestellungen und Themenschwerpunkte, unter denen Bollnows Werk heute in verschiedenen Disziplinen rezipiert und von deren Fachvertretern produktiv weitergeführt wird. Otto Friedrich Bollnow hat zu seiner Zeit Schule gemacht und ein umfangreiches, viel gelesenes und gewürdigtes Werk hinterlassen. Sein Denken ist nach wie vor aktuell und hat von seiner Relevanz für die derzeitige Diskussion nichts eingebüßt. Die Beiträge dieses Bandes geben einen Eindruck davon, wie sein Werk in den verschiedensten Disziplinen aufgenommen und unter methodologischen und sachlichen Aspekten produktiv weitergeführt wird.

Bollnows zahlreiche Bücher, Aufsätze und Besprechungen sowie die erreichbaren Übersetzungen sind in der von Friedrich Kümmel erstellten Homepage www.otto-friedrich-bollnow.de nahezu vollständig zugänglich gemacht. Sie enthält auch bisher unbekannte Textentwürfe und -varianten, die für das Verständnis der Genese von Bollnows Denken unverzichtbar sind.

Die Homepage wurde der Otto Friedrich Bollnow-Gesellschaft übertragen (www.bollnow-gesellschaft.de).

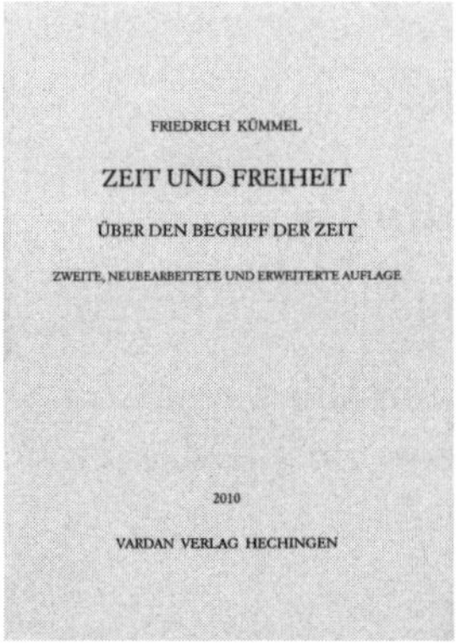

FRIEDRICH KÜMMEL

Zeit und Freiheit

Über den Begriff der Zeit

Zweite, neubearbeitete
und erweiterte Auflage

Vardan Verlag Hechingen 2010
Format B5, 370 Seiten, kart., 29,80 Euro

ISBN-13: 978-3-941060-04-3

Es scheint, daß die Pathologien des Umgangs mit der Zeit durch deren Terminierung, Verknappung und Beschleunigung noch zugenommen haben. Das sich theoretisch und praktisch stellende Zeitproblem hat von seiner Aktualität nichts eingebüßt: Freiheit oder Unfreiheit entscheidet sich an der Art und Weise des Umgangs mit der Zeit. Umso wichtiger ist es, sich über die Zeit Gedanken zu machen und zu fragen, was sie für den Menschen tatsächlich bedeutet. Dabei kann eine gravierende Diskrepanz nicht übersehen werden: Kosmisch rechnen wir mit unvorstellbar großen Zeiträumen, und im Alltag wird die Verwendung jeder einzelnen Minute zu einem Problem. Je mehr wir die Zeit wie einen Meßbecher von außen her füllen, umso mehr verliert sie an wirklichem Inhalt und lebenswerter Qualität. Wer mit der Uhr am Arm nur noch die Minuten zählt, setzt sich aus allem heraus, was vor sich geht und kann es nur noch ‚abhaken'. Ist das Ziel erreicht, so ist die Sache auch schon ‚erledigt' und ‚hinter sich gebracht'. Man beraubt sich so der Früchte der Zeit, die – wie alles Lebendige – nur langsam und von innen her wachsen. Wenn das in der Tat so ist, beweist das Diktat der Uhrenzeit einen Zustand extremer Unfreiheit im Umgang mit der Zeit. Wie aber kommt man aus den im Umgang mit der Zeit selbst erzeugten Fesselungen und Beraubungen wieder heraus? Und was kann es heißen, das Verhältnis von Zeit und Freiheit positiv zu realisieren? Die zentrale These dieser Arbeit versucht darauf eine Antwort zu geben: Zeit ist Freiheit, und Freiheit gibt es nur als Freiheit in und vermöge der Zeit. Man kann den Zusammenhang von Zeit und Freiheit nicht eng genug sehen. Die Zeit beinhaltet für das freie Wesen das Realitätsprinzip und verkörpert es, indem sie dessen ungebundene und gebundene, gehandelte und erworbene Zustände manifestiert und zurückspiegelt. In diesem Sinne hat der Mensch zur Zeit keine Alternative, sowenig er zur eigenen Freiheit eine solche hat. Er ist durch und durch ein „Zeitwesen" und nicht, wie das Tier, ein „Raumwesen". Dies verlangt tiefgreifende Veränderungen in der Bewußtseinsform und eine Wende von „Außen" nach „Innen".

FRIEDRICH KÜMMEL

Moralerziehung

zwischen Wertorientierung
und Wirklichkeitsbezug

Vardan Verlag Hechingen 2009
272 Seiten, 19,90 Euro

ISBN-13: 978-3-941060-01-2

Auch wenn die Wertediskussion im Bereich politischer Entscheidungsfindung heute unverzichtbar ist, weil eine rein dezisionistische Machtpolitik an ihr Ende kommt, kann man nicht davon ausgehen, daß die Werte im zwischenmenschlichen Zusammenleben und im Bewußtsein des Einzelnen eine ebenso wichtige Rolle spielen wie in der Öffentlichkeit. Hier werden immer auch andere Orientierungen maßgeblich.

Moralerziehung kann folglich auch nicht einfach mit Werterziehung gleichgesetzt werden. Der gewählte Titel: „Moralerziehung zwischen Wertorientierung und Wirklichkeitsbezug" gibt zwei Bezugspole moralischen Denkens und Handelns an, die durchaus konträr zueinander stehen und sich, prinzipiell gefaßt, geradezu ausschließen müssen. Es sind verschiedene Bezugsrahmen, Einstellungen und Denkweisen, mit denen man im einen oder anderen Fall an die Dinge herangeht und Lösungen für die Probleme sucht. Kurz gesagt: Die Logik der Wertorientierung ist eine andere als die Logik des Wirklichkeitsbezugs.

Um nur den wesentlichen Punkt hervorzuheben: Wertekataloge sind zweiwertig und bringen alles in die Form von Alternativen, die es so im Leben gar nicht gibt. Unreflektiert angewendet, verfehlen zweiwertige Schematisierungen oft genug den wesentlichen Punkt und verletzen das Gebot humanen Verhaltens. Die Konsequenz daraus ist: Man kann und darf, was der Fall ist, nicht einfach an den Werten messen. Um dem, was ist, gerecht zu werden, ist es vielmehr notwendig, vom ‚Urteilen', ‚Werten' und (wie Jesus sagt) vom ‚Richten' zu lassen.

FRIEDRICH KÜMMEL

Schleiermachers Dialektik

Die Frage nach dem Verhältnis von Erkenntnisgründen und Wissensgrund

Vardan Verlag Hechingen 2008
Format B5, 452 Seiten, kart., 29,80 Euro

ISBN-13: 978-3-941060-00-5

Schleiermachers „Dialektik“ besteht aus Entwürfen und Nachschriften der inzwischen vollständig edierten, nach wie vor aber schwer zu erschließenden Vorlesungen aus den Jahren 1811, 1814/15, 1818/19 und 1822, sowie einer Einleitung zur geplanten Drucklegung aus dem Jahre 1833. Schleiermacher verknüpft hier die Frage nach den logischen und anthropologischen Grundlagen der Erkenntnis mit der Frage nach dem absoluten Grund des Wissens, mit Bezug auf den allein der Anspruch auf Wahrheit so gestellt werden kann, daß er einer skeptischen Destruktion standhält, und ohne daß man genötigt wäre, „Welt“ als Bezugsrahmen menschlicher Erkenntnis zu verlassen. Der absolute Grund des Wissens fällt nicht selber ins Wissen, und doch läßt sich ohne den Rückbezug auf ihn das Wissen nicht unterscheiden von den Meinungen, die der Mensch sich über die Dinge und über sich selbst bildet. Ein vorangestellter Prolog skizziert die damit umrissene erkenntnistheoretische Problematik, die angesichts der modernen Skeptizismen noch keineswegs eine befriedigende Lösung gefunden hat. Deutlich ist jedoch, daß es einer komplexeren Logik bedarf, die nicht mehr in den Alternativen von Rationalismus versus Empirismus bzw. Idealismus versus Positivismus hängen bleibt. Absolute und relative Gesichtspunkte der Erkenntnis sind vielmehr so in ein Verhältnis zu setzen, daß das eine das andere nicht negiert. Wenn nun aber auch ein Vermittlungsdenken hier nicht weiterführt, dringt Schleiermacher mit seiner „Dialektik“ in logisch-erkenntnistheoretisches Neuland vor, das zu betreten im Zeichen der fortgeschrittenen Moderne an der Zeit ist.

TON-KU KANG

Schleiermachers Hermeneutik

Zum Verhältnis von grammatischer und psychologischer Interpretation

Herausgegeben und redigiert von Friedrich Kümmel

Vardan Verlag Hechingen 2009
Format A5, 198 Seiten, kart., 19,90 Euro
ISBN-13: 978-3-941060-03-6

Eine weitere, im Vardan Verlag erschienene Arbeit über Schleiermacher nimmt die von Heinz Kimmerle nach den Handschriften neu herausgegebene Hermeneutik Schleiermachers zum Anlaß einer Auseinandersetzung mit der durch die beiden Bezugspole ‚Dilthey' und ‚Gadamer' umschriebenen Kontroverse über die Grundlagen des Verstehens und die Reichweite der Hermeneutik als Methode. Unbestritten ist hierbei der Bezug auf die Sprache, strittig jedoch der Stellenwert des Faktors „Individualität", der bei Schleiermacher und Dilthey für die Produktion und Rezeption von Sprachwerken eine zentrale Rolle spielt, von Gadamer und seiner Schule jedoch an die zweite Stelle gerückt worden ist. Schleiermacher verteidigt das subjektive Moment im sprachlich verfaßten Sinngebilde gegenüber dem Geltendmachen einer übergreifenden Ordnung des sprachlichen Universums und seiner Tradition. Demgemäß kommt es zunächst einmal darauf an, die Rede eines Anderen im Gespräch zu verstehen, bevor man daran gehen kann, ein intersubjektiv gültiges Allgemeines ins Auge zu fassen. Wenn die Sprache weder in einer Geistmetaphysik hinterlegt ist noch einem Rationalitätsanspruch unterworfen werden kann, muß nach den tiefer liegenden Grundlagen des Verhältnisses zwischen Redendem, Vernehmendem und Verstehendem gefragt werden. Auf diesem nicht objektivierbaren Grund hat die Hermeneutik als „Kunstlehre des Verstehens" ihre Regeln zu entwickeln und muß dabei auch den Grenzen des Verstehens Rechnung tragen. Was an Sinn geschöpft und ausgedrückt werden kann, reicht in der Sprache wie im einzelnen Menschen in eine unergründlich bleibende Tiefe. Menschliches und Zwischenmenschliches gelangt nie zu der Selbstverständlichkeit, die Tradition und Rationalitätsanspruch bzw. Klassik und moderne Kommunikations- und Zeichentheorien in Anspruch nehmen möchten. Fremdheit ist nie ganz in Verstehen auflösbar und weist auf noch andere Grundlagen des zwischenmenschlichen Verkehrs und der Verständigung hin. Da erst wird die Sache des Verstehens spannend und eine hermeneutische Reflexion unverzichtbar!

BYUNG-OK LEE

Der Begriff der Individualität beim frühen Schleiermacher

Vardan Verlag Hechingen 2009
Format A5, 324 Seiten, kart., 19,90 Euro

ISBN-13: 978-3-941060-02-9

Schleiermachers philosophisches Werk stand lange Zeit im Schatten Hegels und ist erst im Zeichen der „hermeneutischen Wende" wieder zur Geltung gebracht worden. Wie bei den Frühromantikern, wurde für den jungen Schleiermacher der Begriff der Individualität zum Ausgangpunkt eines weiterführenden Denkens und hat insbesondere die Konzeption seiner Hermeneutik nachhaltig bestimmt. Mit dem Faktor „Individualität" bzw. „Person" verbindet sich ein tiefgreifender Umbruch im philosophischen Denken, der die Moderne heraufgeführt hat und bezüglich seiner Implikationen noch gar nicht hinreichend ausgelotet worden ist. Immer noch hängt man dem Traum eines egalisierenden, individuelle Differenzen leugnenden Denkens nach.

Die Kategorie der „Individualität" wird von Schleiermacher in der Spur von Leibniz und Spinoza aufgenommen und mit Bezug auf Herder und Schlegel weitergeführt. Für die Ethik, die am Begriff intersubjektiver Gültigkeit bzw. Normativität interessiert ist, und für die Dialektik, die in der Suche nach der Wahrheit am Begriff allgemeingültigen Wissens festhält, ergibt sich daraus ein schwierig zu lösendes Problem. Wenn nämlich auch in allen diesen weiterreichenden Kontexten des Denkens und Handelns der Faktor „Individualität" nicht mehr ausgeklammert werden kann, verändert dies den Begriff des Allgemeinen bzw. allgemeiner Geltung, bis hin zu Georg Simmels paradoxer Rede von einem „individuellen Allgemeinen", das auch für das gesellschaftlich geltende Allgemeine allererst begründend sein kann. So im „Zwischen" verortet, vereinigt das Thema „Individualität" Tradition und Moderne und verlangt, beides in ein produktives Verhältnis zueinander zu setzen. Die Geschichte ist der Ort des Austrags dieses spannungsreichen Gefüges, in dem es weder ganz und gar stimmige noch ganz und gar aporetische Lösungen gibt.